온천의 문화사

건전한 스포츠로부터 퇴폐적인 향락에 이르기까지

English Spas: A Cultural History

문명탐험 · 3

온천의 문화사

건전한 스포츠로부터 퇴폐적인 향락에 이르기까지

설혜심 지음

한길사

지은이 설혜심(薛惠心)은 연세대학교 사학과를 졸업한 후, 미국 캘리포니아대학교에서 석사·박사학위를 받았다. 저서로는 한길사에서 나온『온천의 문화사: 건전한 스포츠에서 퇴폐적인 향락에 이르기까지』(2001),『서양의 관상학, 그 긴 그림자』(2002)를 비롯해『제국주의와 남성성: 19세기 영국의 젠더 형성』(공저, 아카넷, 2004),『지도 만드는 사람: 근대 초 영국의 국토·역사·정체성』(도서출판 길, 2007),『역사, 어떻게 볼 것인가』(도서출판 길, 2011) 등이 있다.

2003년부터 연세대학교 사학과 교수로 재직하고 있으며 한국연구재단과 연세대학교 인문학 분야 최우수 강의교수로 선정되었다. 2011년에는 제1회 연세대학교 최우수교육자 상을 받았다. 역사의 대중화 작업에 큰 관심을 가지고 대중강연에 활발하게 참여하는 한편, 본격적으로 부드러운 역사 쓰기를 해보겠다는 계획을 가지고 있다.

온천의 문화사

건전한 스포츠로부터 퇴폐적인 향락에 이르기까지

지은이 · 설혜심

펴낸이 · 김언호

펴낸곳 · (주)도서출판 한길사

등록 · 1976년 12월 24일 제74호

주소 · 413-756 경기도 파주시 교하읍 문발리 520-11

www.hangilsa.co.kr

E-mail: hangilsa@hangilsa.co.kr

전화 · 031-955-2000~3

팩스 · 031-955-2005

상무이사 · 박관순 | 영업이사 · 곽명호

편집 · 배경진 | 전산 · 한향림

마케팅 및 제작 · 이경호 박유진 | 관리 · 이중환 문주상 장비연 김선희

출력 · 예하프로세스 | 인쇄 · 현문인쇄 | 제본 · 광성문화사

제1판 제1쇄 2001년 11월 30일

제1판 제3쇄 2011년 10월 20일

ⓒ 설혜심 2001

값 23,000원

ISBN 978-89-356-1099-0 03900

장-레옹 제롬이 그린 「목욕탕」(1880~1885). 흔히 터키 목욕탕이라 불린 동양풍의 목욕탕은
19세기 유럽 문화에서 오리엔탈리즘을 전형적으로 드러내는 주제 가운데 하나였다.

위·영국 배스에 있는 킹스 배스. 주변의 여관에서 직접 탕으로 연결되는 개인통로가 보인다.
아래·배스에 있는 고대 로마 목욕탕의 유적. 영국을 침공한 로마군은 기원후 43년부터 배스에 병사들을 위한
휴양지를 세웠다. 이 목욕탕은 1세기에 세워진 것으로, 로마 멸망 이후 1790년까지 흙 속에 파묻혀 있었다.

로렌스 알마타데마가 그린 「카라칼라 욕탕」(1899). 로마 제국에서 도시마다 세워진 욕탕은
날이 갈수록 사치스러워지고 웅장해졌다. 카라칼라 황제는 민심을 얻기 위해 대욕장을 세웠는데,
현재 로마에 남아 있는 유적으로 보아 당시 욕탕의 엄청난 규모를 짐작할 수 있다.

1767년 배스에 건설된 로열 크레슨트. 아름다운 잔디 위에 초승달 모양으로 세워진 아파트와 상점가는
화려한 휴양지로서의 배스의 이미지를 한층 살려주고 있다.

위·스위스의 온천 바덴을 알리는 포스터.

다음쪽·1610년 이전에 만들어진 존 스피드의 지도. 서머싯셔의 지도에는 대표적인 명물로 배스 시가

왼쪽 위에 따로 그려져 있다. 킹스 배스와 크로스 배스, 뉴 배스, 핫 배스 등이 보인다.

Gascoine Tower

ROP

West Gate

West Gate

The Boate stall

DIEV

Flatholmes Island

Northe Gate

Bathwick Mill

A

B

C

Monkes Mill

D

Shepholme Island

The Kings Bathe

H

S T

V

M L

N

E

F

The forme of the Hotte

of the Bathe

The forme of the New Bath

AVON FLV

G

Southgate

East Gate

the hote Bathe

The forme of the Crosse Bathe

Lazours Bathe

Stert p

Porlock Bay

Botestall poynt

Stokland M

CANT

Porlock

Culbone

Almesworthy

Oure

Luckim

Wotton Courtnay

Mynhead

Watchet

Kylue

Lystoke

Kilton

Stokland

Otterhampton

TON

Stoke pero

Ex more

Timbercomb

Dunster

St Decombs

East Quantoke head

Strenxton

Alfoxton

Houlford

Nether Stowley

Stokgussey

Eiddington

CARHAMPTON

Carhampton

Old Cleue

Williton

Donyford

West Quantoke head

Quantoke hills

Doddington

Ouer Stowley

Coripole

Cannington

Cutcombe

Iuxborough

Wethicomb

Nettlecombe

Seighland

Samford

Combe

Bicknaler

Stoke Gomer

Crokam

Ashbolt HVNDRED

Spaxton

Chad

Exford

Ex flu

HVNDRED

Trehoro

Monksiluer

WILLITON &

Enmore

Bruton rate

Laurenclidear

Bagboro

Brunfield

North

Pether

Winesford

Wethipole

Exton

Wethihill

ElWorthye

Combesiorye

Cotheleston

ANDRESTEILL

Kingston

Bartfluc

Dungbrook flud

Haukridge

W. Ansty

FREEMANNOR

Upton

Clatwerthy

Tolland

Hausle

Thurloxton

Hasfercombe

Duluerton

Combes

Busford

Haddon beacon

HVNDRED

Bittescomb

Hewiche

Chipstable

Bruton regis

Witeslcomb

PART OF

NORTH

Bishops Lediard

TAUNTON

Monkton

Cheddon

Creche

E. Ansty

Langridge

Highley

Skilgat

Murbathe

Exbridge

Raddington

Fieshead

CVRRY

MILVERTON

Miluerton

HVNDRED

Hetfield

Norton

Staple groue

Kilbishop

Wilton

Thurlexborn

TAUNTON

Petton

Staulegh

Lungford

Kynhead

Obridge

Hill tarcence

Mary Stok

Orchard

Thurlebare

SHI.

Baunton

Clayhanger

Badleton

Kittesford

Runton

Bradford

Wellington

Trull

Pounsford

CVRRY HVND

Corse

Bicknes

Stap

RE.

Ashbrittell

Margretsthurne

PART OF NORTH

CVRRY

Angelsley

Holcombe

Samford

Black Down hylls

West Buckland

Pitmyster

Barton

HVNDRED

Burland

Burlescomb

Otterford

SHI.

RE.

Iohn Beauford Duke of Somerset

of Somerset

Yarcombe

PART OF GLOCESTER SHIRE

BRISTOLL

West Hanham

Porſhut
Crokaumpill
Bretburye
St George
Weſton
Walton parke
Clopton
PORTBVRY
Lye
Fayland
Clyſton
Wakes towr
Tykenham
Cleuedon
Kene
Nayleſey
Chewlay
Blackwell
Barrow
HARTCLIFF &
Part of
Brockley
Kingeſton Chewton Hund
Eaſton
Felton
BEDMINSTER
Kingeſwood
Brodweldon
WINTERSTOAKE
PART OF BRENT
Perybridge
Butcombe
HVND
Nemnet
Worle
Puckſton
Laurance weke
Cungreſbery
Smaldon wood
Locking
Hutton
Banwell
Churchill
Roberrow
HVND
Berrinton
Chiſton
Winſcombe
Shepeham
Cheddars rocke
Compton
Ratclyffe
Cheddar
Axbridge
Mendip Hills
The Mineries
Locſton
Axe flu
Were
Hythe
Baddeſworth
Nyland hill
Priddy
Bilſham
Eaſt Brent
Allerton
Wedmore
Radnoſtoke
Weſtbury
WELLES &
Grewar
Benager
Nyland hill
Marſhe
Marcke
BEMPSTON HVNDRED
Gedney more
Wokey
Wike
WELS
Dinder
WELFORD
HVNDRED

KEYNSHAM
Canelham
Whitchurch
Publow
Penford
Norton
Chute Caneſham
Coſton
Burnat
Newton
Norton Courte
Prior Stanton
Twiuerton
HVNDRED
Cumpton David
Markesbury
Wilmerston
Ingleſcombe
WELLO
HVND
Combhay
Sutton Court
Stony
Farmboro
Tymſboro
Preſton
South Stoke
CHEWE
Biſhopsbue
Chue le
Stanten Drue
Clutton
Littleton
Dunkerton
Wellow
Henton
CHEWTON HVND
Farrenton
Welton
Paulton
Cammerton
HVND
Fuſcote
Philips
norton
Faley Caſt
Radſtoke
Midſomer Norton
Hardington
Wriggleton
Wuluerton
Telsford
Rode
Chilcompton
Kilmarſton
Buckland
Orcherley
Lullington
Beckinton
KILMERSDON
Babbinton
Elme
Brackley
Stonaſton
Lytton
Chuſton mendip
Enbore
HVND
Stratton in the Vorſuey
Frowme flu
Holcombe
Melles
Whatelay
Walles
FROWME
HVND
Frowme
Aſhwick
Colepitts
Stokeland
Lye vnder Mendip
Nunye
Eaſt
Longl
HVNDRED
Croſcombe
Daulting
Eaſt Cranmere
Weſt Cranmer
Wanſtrawe
Charterhouſe
Horning
Selwood
Shepton Mallet
WHITSTON
Cumpſton
Maſhton Bigot
Clauſford
Cheſterblade
BRVTON
The Frary
FORREST
OF WIL

Meare poole
GLASTONH.
Peltham
Segemore
Pulton
Eueriche lodge
West Combe
Vpton noble
Batcombe
Bruham
Gedney
Hartlack bridge
Aueland
Iſland
Glaſenburye
N. Wooton
The Tore
Weſt Pennard
Eaſt Penard
Dichiat
Euerich
HVND
Milton
HVND
HVND
H. Bruton
Sturton
Shapwick
Sharpham parke
Aſhton
Walton
Sirecte
South Wotton
Weſt Bradley
Balesboro
Bem Blanton
Ballſboro
Stone Chappell
Weſt Lydſard
Aliinsford
Lamyat
Apiacomb
Wyke
Redlinch
Stafferdell
Charlton Mulgreve
Caſt
Longlaine mill
Myſton
Ivythorne
Butley
Kynewoſton
Wood
Eaſt Lydſard
Alford
Caſtle Carey
HVNDRED
Lcungaton
NORTON FERRIS
Stoke
WHITELEIGH
Chelton
Edington
Morlynch
Grendon
Audrt
Heth more
Wellauington
Cuffinaton
Burtle houſe
SEDGE MORE HVNDRED
Audre more
Middelſey
Highham
Cumpton Dundo
Burton
Shepton Mancaigne
CATTESATS THE HVND
North Barrow
South Barrow
Warlington
Winecaunton
Buckhorweghe
Bug
Gillington
Cucklington
SOMERTON
Somerton
Pitney
Hewiſh
Kingſdown
Milton
Weſt Carlton
Eaſt Carlton
Badcare
Haſlingroue
North Cadbury
Halton
HVND
Maperton
HORETHORN HVND
Michaels Burro
Lenaham
Gregorytoke
Auler
PITNEY
Langport
Longſutton
Little Carr
Sparsford
Blakford
Sutton South Cadbury
Camſell
Horſington
Charlton
HVND
HVND
LANGPORT HVND
North Ouer
Weſt Camell
Eaſton
Charlton on will Caſt
Weſton
Abbas Combe
Stowell
Chriſten
Steure Weſton
Curryrencl
Swill
BVLSTONE
Fyfhead
HVND
Ilbruers
Thornay bridge
KINGSBURY
Kingſbury
Lamprok
Muchenay
Ilcheſter
MARTOCK HVNDRED
Pill bridge
Kimmington
Long ſutton
Chull
Barwick
Eaſt Hamydon
Chilton
HVND
Weke
Henſtbridge
Stalbridge
Kyneton
Marlton
Alber
Corton
Sanferdorcus
Povyinton
Tummer
Yenſton
Finebridge
Pekinton
Kingſbury Epiſcopi
STONE HVNDRED
Muſtford
Trent
Oburne
Milborn port
Gothill
Candelpurſe
Barrinton
Shepton
Stockluch Otterſey
Whitalington
Martock
Stoke
Montecute
Luſton
Euyll
HVNDRED
Thorne
Nether Compto
Sherborne
Over Compton
Clifton
Haydon
S. Pedderton
TINTENHVLL HVN
Hamden hill
Preſton
Barwick
Styoford
Glaſſenbradford
Thornyford
Lillington
Ilmiſter
Scuinaton Michaell
SOUTH
Scuinaton Mares
Chyſelborough
Odcombe
E. Caucoe
Bearhaggard
Etminſter
Eaſt Daulih
George Henton
Weſt Chenock
W. Caucoe
Middle Chenock
Sutton Bingam
Ryme
Cherb
Kingſton
Meryot
Chenock
Coker HVN
Lewcombe
Chetnall
Chellington
THERN
S. Rane hill
BOROUGH
Pen
CREW HOVNDS
Clauſworth
North parret
Melbury
KERN HVND
Crekethomas
Crokethorne
HVN.
Winſham
Halſtoke
Weſt Chelbury

Part of Dorſetſhire

North
East
West

14세기 점성학서에 그려진 「젊음의 샘」. 이 그림은 목욕이라는 관행이 손님 접대 및 성적 쾌락과
깊은 관계가 있음을 보여준다.

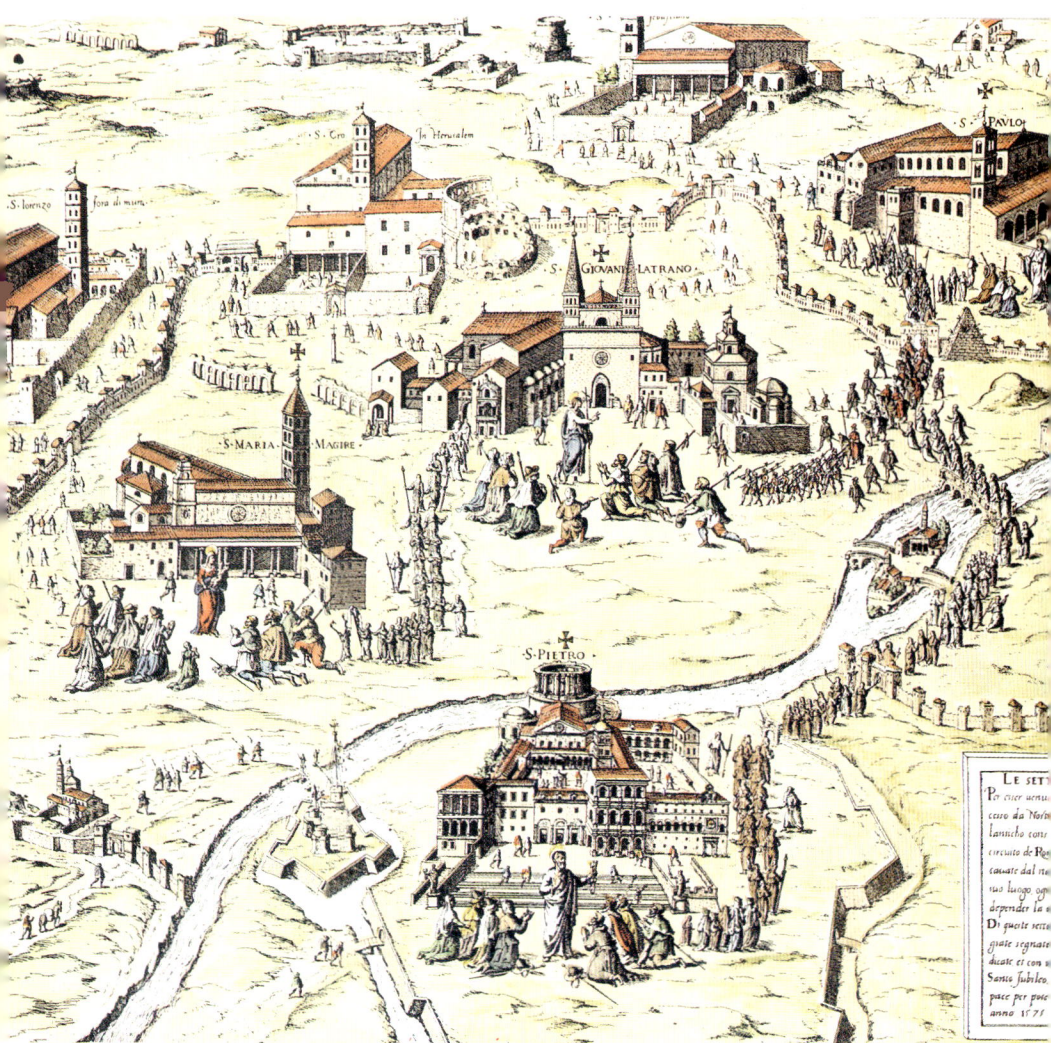

로마 7대 교회의 안내도. 르네상스 시대의 순례자들이 갖고 다니던 전형적인 지도이다.

아드리안 반 데 빌데의 「영혼의 낚시질」(1614). 왼쪽의 프로테스탄트와 오른쪽의 가톨릭 사제들이 물속에서
인간의 영혼을 구제하고 있다. 저 멀리 양쪽 모두를 잇는 신의 무지개가 보이지만 아직 타협은 멀었음을 암시한다.
여기서 물이란 죽음을 나타내는 삶과의 경계를 나타낸다.

빈민에게 빵과 포도주를 나누어주는 광경. 수도원이나 공동체 자체에서 이루어지던 자선은
16세기 말부터 상업화의 물결 속에서 점차 사라져갔다.

런던의 커피하우스. 영국 온천장에는 17세기 초반부터 커피하우스가 등장하였다.

온천의 문화사

건전한 스포츠로부터 퇴폐적인 향락에 이르기까지

온천의 문화사

건전한 스포츠로부터 퇴폐적인 향락에 이르기까지

감사의 글

영국 역사에서 온천의 발생과정을 통해 레저라는 주제를 조망해보는 이 작업은 사실 학계 많은 분들의 지적인 안내와 도움, 그리고 벗들의 정서적 후원으로 탄생한 것이다. 나는 이 지면을 빌려 그분들에게 마음 깊은 곳으로부터 감사를 전하고자 한다.

우선 대학원 과정의 지도교수였던 라마 힐(Lamar Hill) 선생님에게 깊은 감사를 드린다. 역사를 대하는 그분 특유의 뛰어난 통찰력과 긍정적인 시각은 나의 사고에 항상 자극을 불어넣어주었다. 선생님은 나에게 엄격한 지도교수였을 뿐만 아니라 마치 미국에 있는 아버지와 같은 존재였다. 학문적으로 뿐만 아니라 일상 생활의 어려운 부분까지 자상하게 챙겨주신 큰 은혜는 잊을 수가 없을 것이다.

논문지도위원이었던 제임스 기븐(James Given)과 티머시 태킷(Timothy Tackett) 선생님 역시 수업과정과 논문과정 내내 섬세한 지도와 따스한 격려를 아끼지 않으셨다. 이분들로부터 지도교수와 학생간의 신뢰란 것이 학문의 길에서 얼마나 값진 것인지를 배울 수 있었다. 논문심사위원이었던 UCLA의 뮤리얼 맥클렌던(Muriel McClendon) 선생님 역시 편찮으신 와중에도 내게 과외의 지도를 아끼지 않으셨던 고마운 분이다. 또한 마크 포스터(Mark Poster) 선생님은 나로서는 당시 너무나 생소하였던 후기 구조주의와 역사이론을 열심히 가르쳐주셨다. 더글러스 헤인스(Douglas Haynes)와 앤 블레어(Ann Blair) 선생님은 의학사 분야와 프랑스사 분야에 대한 나의 인식을 넓혀주셨다.

미국에서의 대학원 과정과 영국 런던 대학에서의 연구과정은 캘리포니아 대학과 미국 피 베타 카파 동문회(Phi Beta Kappa Alumni)의 재정적 원조로 이루어졌다. 이 두 기관에도 감사를 전하고 싶다. 또한 헌팅턴 영국 근세사 세미나(The Huntington Early Modern British Seminar)는 학술적 측면에서 내게 아주 큰 의미를 지닌 것이었다. 아름다운 헌팅턴 도서관에서 매달 열린 이 세미나를 통해서 나는 전세계로부터 온 많은 학자들을 만나서 귀중한 이야기를 들을 수 있었다. 특히 데이비드 크레시(David Cressy) 선생님은 나의 논문의 구상부터 완료 후의 발표에 이르기까지 몇 년에 걸쳐 조언을 해주신 고마운 분이다. 또한 마크 키슬란스키(Mark Kishlanski) 선생님은 내게 역사학자들이 저지르기 쉬운 오류에 대한 특별수업을 해주셨다.

영국에서의 연구기간은 내게 역사학을 하는 즐거움을 맛보게 해준 시간이었다. 런던 대학의 역사학 연구소의 세미나는 영국사를 이끌어가는 뛰어난 석학들로부터 전공분야를 초월해서 직접 지도를 받을 수 있었던 귀중한 기회였다. 콘래드 러셀(Conrad Russell) 선생님은 엄청난 지식뿐만 아니라 상상을 초월하는 기억력을 갖고 계시는 분이었다. 그분과 부인 엘리자베스는 동양인이 거의 전무한 그 세미나와 역사학 연구소의 전통적인 티 타임 내내 다스한 환대를 해주신 분이다. 러셀 선생님은 내 논문의 기초가 되는 많은 사료들을 제시해주셨을 뿐만 아니라 논문의 주제에 관련된 분야의 전문가인 많은 학자들을 소개해주셨다. 때문에 조너선 라일리스미스(Jonathan Riley-Smith), 클라이브 버제스(Clive Burgess), 사이먼 힐리(Simon Healy) 선생님들로부터 많은 도움을 받을 수 있었다. 케임브리지 대학의 애덤 폭스(Adam Fox)와 옥스퍼드의 저바스 로제스(Gervas Rosses) 선생님 역시 귀중한 조언과 사료를 제시해주신 고마운 분들이다.

런던의 웰컴 의학사 연구소 또한 이 책의 작업에서 중요한 의미를 지

닌 곳이다. 로이 포터(Roy Porter), 앤드류 웨어(Andrew Wear), 마거
릿 펠링(Margaret Pelling), 마거릿 힐리(Margaret Healy), 나츠 하토
리(Natsu Hattori) 선생님들은 튜더 시대와 스튜어트 시대의 의학사에
관련된 주요 자료들을 제시해주고 논문의 체계를 갖출 수 있도록 많은
도움을 주셨다. 스스로 일 중독자라고 자처하시던 로이 포터 선생님과
성격 좋은 앤드류 웨어 선생님은 종종 바쁜 와중에도 시간을 내주셨다.
또한 레스터(Leicester) 대학의 피터 클라크(Peter Clark), 데이비드 포
스틀(David Postle) 선생님은 영국 도시사 분야에 대해 세심한 지도를
해주셨다.

이 작업은 기존 연구가 거의 이루어지지 않은 분야이고, 사료를 모으
는 일은 수많은 도서관과 작은 문서보관소들을 두루 훑어야 하는 작업
이었다. 내가 직접 방문한 이후에도 빠진 사료들을 보내주었던 영국의
크고 작은 문서보관소의 스태프들에게 고마움을 전한다. 배스 시의 아
마추어 지역사학자인 엘리자베스 홀랜드(Elizabeth Holland)와 의사
선생님인 로저 롤스(Roger Rolls)는 배스 시 지방사학자들의 연구성과
를 내주신 고마운 분들이다. 또한 평생 영국의 온천장에 관심을 갖고
연구하다가 사망한 필리스 헴브리(Phyllis Hembry) 박사의 개인 소장
자료를 보게 해준 그분의 친구 조이스 헤이워드(Joyce Hayward) 선
생님 역시 빼놓을 수 없다.

스물네 살에 시작한 외국에서의 역사공부라는 외로운 여정은 늘 나
를 걱정해주고 기도해준 가족과 친구들의 든든한 애정 덕에 비교적 순
탄하게 일단락지을 수 있었다. 부모님과 두 동생 원식, 원준에게 사랑
을 전한다. 또한 유학기간 동안 만나게 된 귀중한 친구 민디 한(Mindy
Han), 마이클 홀(Michael Hole), 그리고 백영경 역시 이 작업 내내 나
에게 정서적 충만함을 주었던 고마운 사람들이다. 특히 민디와 마이클
의 가족 모두는 이제 태평양 건너에 있는 나의 또 다른 가족이라 할 수
있을 것이다.

내가 영국사를 전공하게 된 계기는 학부시절 최선홍 선생님의 가르침에 영향을 받은 결과였다. 선생님의 학자로서의 진지함과 품위, 그리고 17세기 영국 역사의 드라마틱한 전개는 나를 사로잡았다. 하지만 석사과정을 거치지 않고 바로 유학을 떠났던 나에게 한국 학계에 적응한다는 것은 일종의 도전이었던 것 같다. 돌아오자마자 바로 강단에 서고 논문을 쓰는 역사학도로서의 길을 갈 수 있게 된 것은 최선홍 선생님을 비롯하여 학부시절 은사이셨던 황원구, 하현강, 박영재 선생님의 보살핌 덕택이다. 또한 모교인 연세대학교의 김준석, 전수연, 하일식 선생님은 거칠기 짝이 없는 내게 끊임없이 지도와 도움을 주시는 고마운 분들이다. 유학시절부터 지속적인 격려를 해주신 김민제 선생님께도 늘 고맙고 죄송하다.

서울대학교에서의 포스트 닥터 과정을 지도해주신 박지향 선생님의 지적, 감성적 배려는 고맙기 그지없다. 이태숙, 조용욱, 이영석, 조승래, 유희수, 이내주, 김기봉 선생님은 학문적으로도 귀감일 뿐만 아니라 이 부족한 후학을 돌보는 따스한 배려에 항상 마음 깊이 고마움을 느낀다. 또한 한길사와 인연을 맺을 수 있게 해주신 이석우 선생님께도 큰 은혜를 입었다. 더운 여름날 교열을 맡아준 이승현 학우, 그리고 맛있는 음식을 싸들고 와 나를 격려해주곤 하던 제자들에게 고마움을 전한다.

이 책은 아직도 많이 부족한 나의 첫 출간이다. 오랫동안 망설였고, 지금도 내놓기에 걱정스럽고 부끄럽다. 이처럼 부족한 글을 한 권의 책으로 엮어주신 한길사 김언호 사장님과 한길사 여러분께 진심으로 감사드린다.

2001년 10월
설혜심

머리말

레저는 현대사회에서 빼놓을 수 없는 중요한 요소 가운데 하나이다. 여행, 스포츠, 공연이나 영화, 그리고 오락, 나아가 쇼핑에 이르기까지 레저 활동은 오늘날 부가가치가 높은 산업으로 자리잡았다. 현대사회에서 레저는 일과 일 사이의 휴식만을 의미하지 않는다. 현대인 가운데 많은 사람들은 단지 더 나은 여가생활을 즐기기 위해 열심히 돈을 벌기도 한다. 또한 레저 활동은 그 사람의 성격이나 사회적 위치를 나타내기도 하고, 일상생활과는 매우 다른 형태의 삶의 양식을 제공할 뿐만 아니라 소비라는 측면에서 아주 중요한 정점을 기록하기도 한다.

그러나 현대사회에서 레저가 차지하는 비중에 비하여, 이를 역사적인 대상으로 고찰하는 연구는 아직도 미약한 상태에 있다. 그 이유 가운데 하나는 지난 한 세기를 주도해온 역사학의 이분법적 전통 때문이라고 할 수 있다. 역사 연구의 대상을 일과 여가(work and leisure), 정신과 육체(mind and body), 과학과 미신(science and superstition) 등으로 나누는 이분법적 사고는 후자에 속하는 범주에 흔히 열등한 가치를 부여하였다. 따라서 레저, 스포츠 및 오락과 같은 주제는 발전과 진보라는 기존 모델에서 열등한 범주에 놓였던 만큼 역사가들의 충분한 관심을 끌지 못하였던 것이다.

그러나 1970년대를 기점으로 좀더 입체적이고 균형 있는 과거를 이해하고자 하는 새로운 역사학의 경향은 '열등한' 범주에 속하였던 주제에 새로운 관심과 가치를 부여하기 시작했다. 1986년, 노르베르트 엘리아스(Norbert Elias)는 영국이 18세기에 레저와 스포츠 분야에서 주도적인 국가가 되었으며, 레저 활동은 사회구조의 변화를 반영하는 것이라고 말한 바 있다. 인간의 충동적인 본성이 좀더 체계적으로 조직화되고, 그 보이지 않는 통제 속에서 레저는 사회적으로 획득되어야 할 재산의 일종이 되어간다는 것이다.[1] 지난 30여 년 간 엘리아스를 비롯한 많은 학자들이 이 분야에서 업적을 쌓아왔다. 이 과정에서 산업화의 기수였던 영국은 레저와 스포츠의 종주국으로서의 대접을 받으며 연구의 주대상으로 부상하였다. 그런데 이들 연구의 대부분은 "레저나 휴가는 산업화의 창조물이다"[2]라는 시각 아래 주로 산업화의 연장선상에서 레저와 스포츠를 고찰하는 것으로, 역사가들보다는 주로 사회학자들이 주도해온 경향이 강하다. 따라서 이들의 시각은 역사학의 관점에서 볼 때는 많은 문제점을 내포하고 있다고 볼 수 있다.

우선 일부 학자들은 레저를 과학의 발전에 힘입어 물질적으로 풍요해진 인간이 비로소 삶의 질에 신경을 쓸 수 있게 되자 등장한 것으로 가정한다.[3] 레저를 산업화의 산물로 보는 진보주의적 논리는, 산업화 이전에는 현재 우리가 알고 있는 레저라는 개념 자체가 존재하지 않았다는 가정을 내포하고 있는 것이다. 또 다른 문제점은 주로 마르크스주의의 영향을 받은 학자들의 주장에서 나타나는 것으로, 레저를 자본주의 체제를 지속시키기 위한 일종의 필요악으로 설정하여, 프롤레타리아 계급의 세대간 재생산을 가능케 하고 생산의 효율성을 유지하는 안전장치로 이해하는 것이다.[4]

이러한 관점은 구조주의적 기능주의를 통해 레저를 보는 대부분의 사회학자들에게 영향을 끼쳤는데, 그 결과 현상유지(status quo)를 위한 레저를 둘러싼 정치적 접근, 일과 레저의 효율적 배분, 레저에 대한 교육 및 레저라는 영역에 대한 국가의 개입과도 같은 주제를 다루는 많은 연구를 산출하였다.[5] 그러나 이런 관점 역시 레저를 산업 자본주의의 부속물로만 설정함으로써 산업 자본주의 이전의 레저에 대한 이해를 돕는 데는 부족하다는 한계를 드러내고 있다.

영국 역사학계 역시 레저를 고찰함에서 이른바 중산계층의 대두와 산업화라는 화두를 두고 18세기를 레저의 탄생기로 보는 경향이 주도적이다. 데니스 브레일스포드(Dennis Brailsford)는 "근대 스포츠가 영국의 18세기에 진 빚은 아직도 충분히 인식되지 못했다. 그럼에도 이 시기야말로 가장 창조적이고, 이후 관심이 쏟아진 어느 때보다도 더욱 그 형태를 갖춰나간 시기였다"라고 말한다.[6] 이런 관점은 일찍이 플럼 (J.H. Plumb)이 고찰한 18세기 레저의 상업화 과정이라는 명제로부터 영향을 받은 것이다. 플럼은 『18세기 영국에서 레저의 상업화』(The Commercialization of Leisure in Eighteenth-Century England)에서 레저를 18세기 영국 사회에서 부의 증가를 단적으로 보여주는 표지라고 주장하였다.[7]

플럼에 따르면, 상업화된 레저는 1690년대 이후에야 처음 나타나기 시작하였으며, 18세기 중반에 이르러서야 분명한 사회적 현상으로 자리잡았다는 것이다. 그는 이 변화의 동인이 영국의 초기 산업화와 이에 따라 나타난 중산층의 자기향상 욕구에 기인한 것이라 분석하였다. 즉, 기존의 귀족들에게 한정되었던 사적인 레저 활동이 이제 좀더 대중적으로 확산되면서 중산계층에게 신분상승을 위한 모방의 욕구를 부추기게 되었다는 것이다. 그는 이런 중산계층의 요구에 부응하기 위해 온천장이 나타나게 된 것이라 주장하였다. 온천장에 간다는 레저 활동은 이른바 새로운 중산계층을 형성함에서 신분적 표지의 역할을 하였다는 것이다.

같은 맥락에서, 레저의 중심지로서의 온천장을 대상으로 하는 기존 연구들은 영국 내륙의 온천이나 해수욕장의 발흥을 18세기의 현상으로 치부하는 '18세기 절대론'을 고수하여왔다. 필못(J.A.R. Pilmott)은 선구적 저작 『영국인의 휴일』(The Englishman's Holiday : A Social

History, 1947)에서 조지 왕 시대의 호화로운 온천의 이미지들을 펼쳐 보이며 18세기를 '온천의 시대'라고 불렀다.[8] 윌리엄 애디슨(William Addison)은 『영국의 온천』(*English Spas*, 1951)에서 영국의 온천이 유럽 대륙의 모델을 받아들여 조직적으로 발달하게 된 것이 왕정복고(1660년) 시기부터라 볼 수도 있지만 "그보다 빠른 것은 결코 아니다"라고 말하기도 하였다.[9] 실비아 매킨타이어(Sylvia McIntyre)(1981) 역시 배스(Bath)와 같은 온천이 휴양지로 발달하게 된 것은 18세기부터라고 파악한다.[10]

피터 보세이(Peter Borsay)는 영국 중소도시의 문화를 집대성한 『영국 도시 르네상스 : 지방도시에서의 문화와 사회, 1660~1770』(*The English Urban Renaissance : Culture and Society in the Provincial Town, 1660~1770*, 1989)에서 역시 "1690년대 이후부터 광천들이 레저를 추구하는 방문객들을 맞아들이며 진정한 휴양지로 진화하게 되었다"고 주장하였다.[11] 또한 알랭 코르뱅(Alain Corbin)은 해수욕장의 발달을 추적한 『바다의 유혹 : 서구세계에서의 해안의 발견, 1750~1840』(*The Lure of the Sea : The Discovery of the Seaside in the Western World, 1750~1840*, 1994)에서 영국에서의 해수욕장의 발전이 18세기 후반에야 이루어진 것으로 파악하고 있다.[12] 이들의 주장을 정리하자면, 영국에서의 온천장의 탄생은 초기 산업사회의 혜택을 받은 중산층의 신분적 과시를 위해 만들어진 레저의 장이란 셈이다.

여기서, 앞서 언급하였던 레저의 탄생이라는 문제를 재고해보자. 사회학자들의 주장처럼, 레저 자체가 산업화의 부산물이어서 그 이전에는 존재하지 않았을까? 그리고 생산을 지속시키기 위해 그 목적만을 위한 필요악으로서 위로부터 부여된 것인가? 하지만 만약 산업화 이전에 레저 활동이 있었다면 그것이 나타나게 된 원인은 무엇일까? 그리고 대체 어떤 모습이었을까?

이런 의문과 연관지어 중세와 근세 유럽에서 다양한 여가 활동을 보낸 모습을 보여주는 최근의 성과들을 떠올려볼 수 있다.[13] 신진 학자들은 레저에 대한 추구를 인간의 본성과 결부시키며 레저 활동을 어느 역사적 단계에서나 나타나는 보편적인 생활양식으로 끌어올리는 연구 성과를 축적하기 시작했다.

노는 것은 일하는 것만큼 오래된 일이다. 또한 레저는 반드시 위로부터 부여된 체제유지를 위한 필요악으로서의 재충전의 기회가 아니라 자유의 적극적 경험형태로 보아야 한다. 여기서 자유는 완벽한 방종이 아니라 다른 종류의 흥미를 추구하는 새로운 관계와 의무로의 진입을 의미한다.[14] 그런데 역사적으로 레저 활동이 자칫 위로부터 부여된 것으로 보일 수 있는 원인은 사람들이 특정한 사회의 문화 속에서 때때로 다른 구실을 가지고 레저 활동을 위장하며 추구하였기 때문이다. 체제가 바뀐다 해도 레저에 대한 본능적인 욕구는 지속되는 것이고, 구실은 바뀐다 해도 추구하는 목적은 변함이 없는 것이다. 따라서, 레저가 인간의 생활양식 가운데 중요한 요소를 차지하는 만큼, 본능의 지속과 사회의 변화라는 두 축 위에서 레저를 역사적 대상으로 고찰하는 것은 매우 의미 있는 작업일 것이다.

이 책에서는 현대사회에서 레저 활동 중심의 하나이자 근대사회에서 독보적인 레저의 장이었던 온천장의 기원과 발달을 추적하고자 한다. 이를 위해 18세기 이전 영국에서 온천이 탄생하게 된 원인을 분석하고 상업화 과정에 초점을 맞추어 그 발달과정을 살펴볼 것이다. 현존하는 다양한 사료——온천장이 발달했던 지역의 시정문서, 수도원 기록, 토지대장, 병원기록, 일기, 서간을 비롯, 시집, 여행기, 설교집, 의학논집, 지역선전 팸플릿 등 16·17세기에 발간된 다양한 인쇄물——에 따르면 영국에서의 온천장의 탄생은 16세기 중반으로 거슬러 올라가며, 이미 18세기 이전에 성숙된 휴양지로서의 기능을 갖추고 있었음이 나타난다. 그렇다면 왜 16세기 중반 영국에서 갑자기 많은 온천장들이 나타나게 되었을까?

　온천장의 탄생은 중세를 통해 지속되어온 거의 모든 사회계층의 레저에 대한 추구, 특히 순례(pilgrimage)라는 관습과 밀접한 관계가 있다. 순례는 표면적으로는 엄격한 구도의 과정이었지만 지루한 일상에서 벗어날 수 있는 합법적 레저 활동의 성격을 강하게 띠고 있었다. 그런데 영국의 종교개혁에 수반된 일련의 조치로 인해 순례가 금지되고 순례지였던 성천(聖泉)과 성지가 폐쇄되었다. 이후 기존 성천이 있던 장소를 중심으로 온천이 발달하게 되었다.

　온천을 탄생시킬 수 있는 여건을 제공한 것은 종교개혁 이후 사회전반의 세속화 과정이었다. 이러한 추론은 사실 토니(R.H. Tawney)가 제안한 종교개혁과 세속화라는 개념에 주로 의존하고 있음을 밝히고자 한다.[15] 토니는 특히 종교개혁이 가져온 가장 큰 효과로 이후 경제활동에서 이익을 추구하는 것이 법과 관습으로 허용되었으며 도덕적으로도 정당화되었다는 점을 꼽은 바 있다. "16세기 말에는 종교적 이론과 경제적 현실 사이의 분리가 이미 오래 전에 이루어졌음이 자명해졌다."[16]

　중세 사람들은 성천의 물(holy water)이 신이 내린 은총의 매개체로 신성에 의한 치유력이 있다고 믿었다. 그러나 종교개혁 후 영국에 급속히 도입된 르네상스 과학은 성천의 물을 광천수(mineral water)라 재명명하는 한편, 물속에 함유된 광물질의 성분이 질병을 치유한다고 주장하였다. 이러한 개념상의 변화 위에 이윤추구를 정당화하는 세속화의 물결로 온천장은 다각적인 상업활동이 가능한 중심지로 발달하게 되었다. 의료인 집단, 사업가, 그리고 온천장 인근 주민들은 온천수와 온천요법의 판매는 물론 숙박, 건전한 스포츠로부터 퇴폐적 향락에 이르기까지 다양한 레저를 상업화하게 된 것이다.

　이 책의 제1장에서는 중세 순례여행의 본질을 분석하고 중세인들의 삶에서 순례의 의미와 그 기능을 살펴본다. 공식적 참회의 기회, 기복적 요소 이외에도 순례는 중세인의 삶에서 아주 귀한 여흥의 기회였다.

따라서 순례 금지조치 이후 사람들은 기존 순례가 수행하던 사회적 기능을 충족시킬 수 있는 대안을 필요로 하게 되었다.

제2장에서는 종교개혁에 의해 순례가 금지되고 성천이 폐쇄된 후 기존의 성천이 광천으로 새롭게 탄생하는 과정을 살펴본다. 종교개혁은, 물에 대한 새로운 인식을 가능하게 한 조치로, 과거 신성과는 차별적인 새로운 과학이 '물'을 둘러싼 개념으로 합법화될 수 있는 계기를 마련한 것이었다. 성스럽거나 위험하다는 '물'에 대한 기존 개념이 실용적 관심으로 변했으며, 일상생활에서 물의 사용범위가 확대되고, 나아가 온천장이 생길 수 있는 개념상의 토대가 마련된 것이다.

제3장에서는 이러한 세속화의 기류 아래 가장 직접적으로 경제적 이익을 취할 수 있는 집단이었던 의술인들을 중심으로 온천장의 성립과정을 살펴본다. 이들은 대륙의 수치료법을 받아들여 광천수의 의학적 효능을 설파하는 한편, 온천장을 개발하며 고객들을 유치하였다. 지나친 상업적 열기 때문에 이들 사이의 경쟁은 불가피한 것이었고, 이 과정에서 의술인들 사이의 신분적 갈등이 표출되기도 하였다.

제4장에서는 의술인 이외 온천장 주민들의 경제적 이윤추구의 열기가 얼마나 뜨겁게 온천장을 달구었는지를 보기로 한다. 광천의 소유권 분쟁으로부터 온천장의 개혁안에 이르기까지 그들이 온천의 상업화에 참여한 다양한 노력은 16·17세기 온천장을 확고한 휴양지로 만드는 결과를 가져왔다. 이 과정에서 배스와 같은 도시는 종래 종사하던 직물업을 포기하고 온천을 중심으로 서비스업으로 전환하여 성공적으로 거듭난 대표적 사례이다. 이런 사례들은 서비스업이 제조업과 마찬가지로 초기 상업화 과정에서도 매우 중요한 역할을 하였다는 한 예를 보여준다는 의미도 있다.

제5장에서는 상업화 과정에서 온천으로 모여드는 빈곤층을 배척해 나간 양태를 살펴본다. 온천장 공동체는 빈민을 자신들의 경제활동에 방해가 되는 무임승차자로 규정하였다. 이는 빈곤층에 대한 전통적인

도덕적 의무감이 상업화에 의해 밀려나는 과정이었다. 또한 빈민에게 온천 이용료를 부과하고, 공간적으로 격리하고, 나아가 수치료법은 빈민에게 맞지 않는다는 의학적 담론을 펼치며 배척을 정당화하는 양상으로 전개된다.

제6장에서는 이들 온천장에서 공급하던 다양한 레저 활동을 소개한다. 표면적으로 질병의 치료를 위한 온천행은 중세의 순례에서와 마찬가지로 여흥을 추구하는 과정이기도 하였던 것이다. 나체욕과 혼욕, 매춘과 도박에 이르기까지, 이 시기 쾌락의 장으로서 온천장의 모습은 중세 순례에서 나타난 레저의 추구라는 연장선상에 자리하고 있음을 확인하는 것이다.

따라서 16세기 중반 영국에서 온천이 탄생하는 배경과 온천이 발달해가는 모습은, 종교개혁이라는 자극제를 통해 사람들이 레저를 적극적으로 상업화시켜 나간 생생한 과정이기도 하다. 또한 온천장에 나타난 레저의 상업화는 서비스업이라는 무형의 영역 역시 초기 자본주의 발달에서 활발하게 생산, 조직, 판매되고 있었다는 것을 제안하는 것이기도 하다. 영국 온천장이 18세기 이후의 산물이 아닌, 이미 16·17세기에 고도로 상업화된 휴양지였다는 주장이 던지는 또 다른 의미는 온천의 기원을 중세의 순례와 연관지음으로써 레저에 대한 인간의 추구가 사회제도의 변화에 따라 재편성될 뿐 아니라, 거대한 역사의 흐름 속에서 면면히 지속되어왔음을 제시한다는 점에 있다.

1

순례와 영국의 종교개혁

"물은 H_2O
수소 둘, 산소 하나
하지만 무엇인가가 더 있다"
•D.H. 로렌스

난 오늘을 기다려 왔다네

물렛가락아, 얼레야, 실패야 가라

즐거움 가득히 나는 놀러나간다

오늘 이 노는 날에.

……

이제 반나절이 거의 지났다

아직 허드렛일들이 남아 있지만

반짝반짝 내 신발을 닦아야지

오늘 이 노는 날에.

……

곧 잭이 나를 데리러 와서

함께 놀러갈 테지

이제 주인마님의 잔소리를 듣지 않아도 된다네

오늘처럼 이 노는 날에는.

• 작자 미상, 「어린 하녀의 휴가」[1]

   휴가를 기다리는 설렘이 잘 나타나 있는 이 중세의 시구는 휴가라는 것이 아주 오랜 역사 속에 자리잡고 있었음을 보여준다. 레저의 탄생을 단지 산업자본주의의 부산물로 간주하는 기존 학자들의 이론에 반박하기 위해, 이 장에서는 영국 레저의 기원과 발달을 중세의 순례를 통해 추적해보기로 한다. 근세 온천장의 탄생은 중세의 순례라는 오랜 관습과 밀접한 관계가 있다. 순례는 중세 사람들에게 놀고 싶은 욕구를 만족시켜 주는, 일종의 휴가여행을 가능하게 한 기제였다. 종교개혁으로 인해 이 관습이 금지되자 순례를 통해 떠났던 '놀러 나가는' 전통은 합법적 틀을 제공할 대안을 찾게 되었다. 따라서 여행의 목적지를 제공할 장소가 필요하게 되었고, 기존 순례장소를 비롯하여 여러 곳에 온천이 등장하게 된 것이다.

순례의 역사

순례란 본래 "교회에 관련되거나 그에 준한 사명, 혹은 좀더 명확하게는 교회의 허가 아래 수행되는 여행이나 사명"[2]을 뜻한다. 순례는 로마 제국 말기부터 이미 성행하여 투르(Tour)의 생마르탱(St. Martin) 성당이나 북부 스페인의 산티아고 데 콤포스텔라(Santiago de Compostela)와 같은 성소들은 유럽 전역에 순례지로서 그 명성을 떨쳤고, 11세기부터는 라틴 왕국의 건설로 여행이 가능해진 예루살렘(Jerusalem)을 비롯한 중동의 여러 성지 또한 유럽 순례자들이 빈번히 방문하는 곳이 되었다. 비단 먼 이국 땅으로의 여행이 아닌, 자국 내의 유명한 성지를 찾아가거나 거주지 근처의 성소를 찾는 순례는 중세인들에게는 매우 중요한 관습이었다.

중세사회를 이해함에서 순례가 지닌 역사학적 중요성은 크게 두 가지 측면에서 고찰될 수 있다. 우선, 순례는 사회 전계층에서 시행되던 관행이라는 점이다. 이는 신분적 구분이 명확하던 중세라는 사회에서 신분과 관계없이 시행되던 일반성을 지녔다는 점에 그 중요성이 있다. 둘째, 순례는 원래 종교적인 관행을 의미하지만, 그 본질상 중세인의 생활에서 다양한 부분과 밀접하게 연관되어 있다는 것이다. 즉, 기독교가 인간의 생활 전반에 깊은 영향력을 발휘하던 중세라는 사회에서 순례는 비단 중세인의 신앙과 종교적 관습만을 나타내는 것이 아니라, 동시에 정치적·사회 경제적이고, 또한 문화적인 행위였다는 점이다.

이러한 중요성에도 불구하고 순례라는 관습은 중세사 분야에서도 충분한 관심을 받지 못했던 것이 사실이다. 이는 순례라는 관행을 기술한 중세의 자료가 많이 남아 있지 않고, 설사 남아 있다 하더라도 방만하게 흩어져 있다는 일차적 이유를 들 수 있다. 그러나 이러한 자료의 부재란, 순례라는 관행이 지극히 일반적이고 보편적이었기 때문에 당대 역사가들의 주의를 끌지 않았다고 해석할 근거가 되기도 한다. 만약 순례가 역사가들이 특별한 사건으로 기술할 필요조차 느끼지 않았을 만큼 보편적이고 대중적이었다면, 중세 순례가 지닌 그러한 대중성은 어디에서 근거한 것일까? 나아가 순례라는 관행을 통하여 중세인들이 얻을 수 있었던 것들, 즉 순례가 수행한 기능을 인류학과 심리학적 접근법을 빌려 살펴보기로 한다.

순례는 우선 궁극적으로 종교적 행동이었다. 이는 원래 그리스도의 유적(遺蹟)을 더듬음으로써 천국에 갈 수 있다는 믿음에서 시작된 것이라 볼 수 있다. 중세인들은 "주 안에서가 아니면 진정한 영혼의 안식은 없다"[3]고 믿었기 때문에 영혼의 안식을 위해서 천국과 가까워질 수 있는 길이라고 믿었던 다양한 행동을 창출해냈고, 그 결정체 가운데 하나가 순례였던 것이다. 서던(R.W. Southern)은 중세 유럽에서 순례를 보급시킨 주창자들로 영국과 아일랜드의 선교사들과 7 · 8세기의 여행자들을 꼽는다. 그들은 육체적 고행을 통해 영적 충만을 도모할 수 있다고 보았고, 이 개념에 입각하여 순례를 외롭고 고통스러운 일종의 유배로 설정하였다.[4]

이런 맥락에서 최상의 순례란 그리스도의 행위를 그대로 모방하는 것이었는데, 이는 "만물의 주인이신 주를 위해 자신의 고향, 나라, 재산과 세속적 즐거움을 버리고 떠나는"[5] 것이 그 기본적 개념이었다. 725년 성 보니파세(St. Boniface)는 여 수도원장 버가(Bugga)에게 로마로 순례를 떠날 것을 권고하며 이렇게 쓴 바 있다. "만약 속인들과의 교류 때문에 고향에서 정신적 자유와 평화를 얻기가 힘들다면, 외국으로 순례를 떠나서 명상을 할 수 있는 자유를 찾도록 하라."[6]

따라서, 영혼의 안식을 위한 이 신성한 의무는 교회에 속한 만민에게 적용되는 것이었다. 보이지 않는 영혼을 위한 정신적인 여정은 육체적 고행을 통한 여행이라는 물리적 형태로 이루어지는 것이었고, 결과적으로 중세인들은 순례라는 여행을 통해 지상의 삶과 천상의 세계를 연결시키고자 하였던 것이다. 이런 맥락에서 비드(Bede)는 자신이 살고

헨리 2세와 토머스 베킷. 영국 왕 헨리 2세는 영토를 넓히고 왕권을 강화하였음에도 불구하고 그의 기사들이 베킷을 살해한 책임을 지고 교회의 권위에 굴복할 수밖에 없었다. 암살 후 베킷은 성인으로 추앙되었으며, 그를 기리는 순례자들의 발길이 줄을 이었다.

있던 시대의 부랑자들이야말로 "지상에서 순례자처럼 살기를 원하는 사람들로, 죽었을 때는 성인들이 환영할 것이다"라고 말한 바 있다.[7] 기독교가 정신세계를 지배하던 중세라는 사회에서, 인간의 궁극적 복지라 믿었던 영혼의 천국행을 위한 순례라는 관습이 사회적으로도 존엄한 행위로 인지되었던 것은 당연한 귀결이다. 특히 12세기에 이르러 순례는 사회적 관습으로 확고히 자리를 잡았으며, 구원을 향한 대중적인 표현이 되었다.

이런 맥락 아래, 중세 세속적 지배계층에게 순례는 종종 강력한 정치적 행위가 되곤 하였다. 세속군주가 순례를 실행하는 것은 지상의 지배자와 궁극적 영혼의 지배자 사이의 화합을 나타내며, 피지배층에게 정신적으로 중요한 안정감을 부여했다고 볼 수 있다. 따라서 군주들은 순례를 통해 신의 충실한 피지배자로서의 모범을 보임으로써 세속세계에서 지도자로서의 자신들의 권위를 공고히 할 수 있었던 것이다. 영국 역사에서 왕의 순례를 찾아보는 것은 어렵지 않은 일이다.

사자심왕 리처드 1세는 십자군 원정에서 돌아오는 길에 인질로 잡혔다가 풀려난 후 캔터베리(Canterbury)에 들러 신에게 감사를 드렸고,[8] 1387년 리처드 2세는 친구들과 함께 웨스트민스터(Westminster)의 성 에드워드(St. Edward) 사원으로 순례를 떠났다.[9]

이런 식으로 특히 왕이 자주 찾는 유명한 순례지들도 생겨났다. 노픽 (Norfolk)의 월싱엄(Walsingham) 사원의 경우, 헨리 3세는 1241년에, 에드워드 1세는 재위기간 중 열세 차례, 에드워드 2세는 1315년에, 헨리 4세는 1455년에, 헨리 7세는 1487년에, 헨리 8세는 1513년에 각각 이곳을 방문하였다.[10]

왕의 순례는 보시와 적선의 의무로 채워졌으며, 지배자의 입장에서 신민들에게 자신의 아량을 맘껏 드러내 보일 수 있는 기회이자 의무였을 것이다. 1369년 에드워드 3세가 캔터베리를 방문한 기록을 보면 왕의 순례가 얼마나 빡빡한 일정을 가진 정치적 행위였는지를 가늠할 수 있다.

5월 14일 캔터베리의 구세주교회(Christchurch)에 있는 성 토머스의 사원에서 국왕은 금화 3노블 20실링, 같은 날 그곳에 안치된 성 토머스의 두상에 금화 1노블 6실링 8펜스, 같은 교회 안에 있는 메리 언더크로프트(Mary Undercroft) 상에 금화 3노블 20실링, 같은 날 성 토머스의 옛 무덤에 금화 1노블 6실링 8펜스, 같은 날 같은 교회에서 칼이 꽂힌 자리에 금화 1노블 6실링 8펜스, 같은 날 캔터베리의 성 오거스티너리(St. Augustinery)에 있는 성 오거스틴(St. Augustine) 사원에서 금화 3노블 20실링, 마찬가지로 같은 교회의 성 밀드레드 (St. Mildred) 사원에 금화 1노블 6실링 8펜스, 마찬가지로 그곳에 있는 성 오거스틴의 두상에 6실링 8펜스……[11]

순례가 구원을 위한 첩경이라는 당시의 개념은 지배자들에게 대규모의 순례운동을 일으킬 수 있는 이념적 토대를 제공하였다. '무장순례'라 알려진 십자군운동은 그 대표적 예[12]라 할 수 있다. 십자군운동의 경우, 그 실질적 목적이 사실상 무의미해진 이후에도 순례의 성격을 띤 십자군원정이라는 개념은 대중에게 효과적인 호소수단이었고, 중세 후기까지도 지속적으로 재론될 수 있는 정치적 도구였던 것이다.

역설적으로, 피지배자의 경우 순례는 왕권에 대항하는 강력한 정치적 항변일 수도 있었다. 특히 왕에게서 반역자라고 선고받은 이가 백성들 사이에서 성인으로 추앙될 경우, 그를 추모하는 순례의 행렬은 왕권에 도전하는 강력한 정치적 표현이었다. 이런 경우 흔히 그 성인과 관련된 기적 같은 이야기들이 사람들 사이에 번져나가곤 하였고, 결과적으로 비단 정치적 입장뿐만 아니라 호기심이나 개인적 목적으로 이에 편승해보려는 무리까지 가세하여 거대한 반정부적 군중의 결집이 이루어지곤 하였기 때문에 왕으로서는 순례를 통제해야 할 필요성을 절실히 느꼈을 것이다.

1265년 왕의 매제였던 시몽 드 몽포르 (Simon de Monfort)가 살해된 후 그를 기리는 순례의 행렬이 그의 무덤으로 이어진 사례나, 1322년 에드워드 2세에게 대항하였던 토머스(Thomas, the Earl of Lancaster)가 처형된 이후 그를 성인으로 추대하며 순례자들이 모여들었던 경우는 백성의 입장에서 왕권에 도전할 수 있는 가장 강력한 기제로서 순례의 성격을 반영한다. 마찬가지로, 1536년 영국에서 발발한, 강력해져가는 왕권에 도전하는 대규모 정치적 반란이었던 은총의 순례 (The Pilgrimage of Grace)가 순례라는 명칭을 취한 것도 같은 맥락에서 이해할 수 있다.

원칙적으로 순례는 충동적인 행위가 아니라 여러 단계의 치밀한 계획과 준비가 따르는, 일종의 제례와도 같은 신중함이 요구되는 행위였다. 보통 사람들에게 순례란 자신이 귀속된 공동사회의 의무를 떠나는 일종의 일탈이었으므로, 종교적 · 세속적 권위로부터 합법적인 허가가 필요하였다. 1388년 리처드 2세는 순례자는 믿을 만한 사람에 의해 특별히 봉인된 허가증이 있어야 한다고 명령하였다.[13] 순례기간 동안 순례자가 봉건영주에게 지고 있는 의무는 잠정적으로 정지되며, 순례자의 재산은 세속적 재판으로부터 보류되었다. 북부 프랑스의 관습에서 순례자는 근친복수(Vendetta)에 참여해야 하는 의무로부터도 면제되었다. 남성의 경우, 떠나기 전 유언장을 작성하고, 자신이 돌아오지 못할 경우에 대비하여 남겨진 가족을 특정인이나 단체에 의탁하고, 상속인을 지명하였다.

노르망디(Normandy) 지방이나 스페인의 관습에서는 순례자가 일년 하고 하루가 경과할 때까지 돌아오지 않을 경우 사망한 것으로 간주하였고, 이러한 경우에는 순례자의 유언장이나 기타 재산문제가 순례자가 지명하였던 친지의 손에 의해 집행되었다. 만약 그 친지가 의무를 수행할 수 없을 경우에는 그 지역의 성직자에게 권한이 넘겨졌는데, 상속인이 없을 경우에는 재산을 처분하여 순례자의 영혼을 위한 미사를 집전하는 데 쓰이곤 하였다.[14] 또한 이 과정에서 언제까지 돌아오겠다는 서약을 하였는데 이 경우, 귀향예정일로부터 일정한 기간이 경과한 후에도 돌아오지 않을 경우 그 아내에겐 재혼의 권리를 명시하는 것이 상례였다.

부재중인 순례자의 권리를 침해하는 일은 도덕적으로 비난되었는데, 특히 유게니우스 3세(Eugenius III)는 1145년 교서에서 모든 십자군의 "아내와 자녀, 소유물과 가축은 교황과 하느님의 교회의 성직자의 보호 아래 있다. 사도로서의 권위에 입각하여 우리는 십자군이 돌아오거나 죽을 때까지 누구도 이를 침해하는 것을 결단코 금지한다"고 천명하였다.[15] 실제로, 프랑스 왕 필리프가 당시 성지에서 머무르고 있던 리처드 1세의 영지인 노르망디를 침략한 사건은 심히 비난되었고, 그러한 이유를 근거로 필리프의 가신 몇몇은 이 침공에 참가하기를 거부했던

것이다.[16)]

　대중들 사이에 순례가 보편화되어가면서 교회 역시 순례를 관장하고 통제하는 데 힘을 기울였다. 교회는 길 떠나는 순례자들에게 특별미사를 열어 신앙상의 성과와 무사귀환을 축복하였다. 링컨셔(Lincolnshire)의 축복 받은 성처녀 메리(Blessed Virgin Mary) 길드는 아침 일찍 떠나거나 저녁 늦게 돌아오는 순례자를 위해 새벽과 밤 9시에 특별미사를 집전하였다.[17)] 이러한 특별미사에 쓰이는 설교문은 이미 8세기경부터 나타나기 시작하는데, 11세기가 되면 보편화되고, 지역의 소교구에서 행해지던 특별미사도 예루살렘이나 산티아고로 떠나는 순례자가 늘어남에 따라 대성당의 주요 의식으로 자리잡아갔다.[18)]

　교회는 경제적 능력이 있는 자들뿐 아니라 가난한 이들에게도 순례의 기회를 권장하였으며 이들이 순례를 떠날 수 있도록 보조하는 다양한 방법들이 강구되었다. 중세 영국 길드의 문헌에는 길드의 구성원이 순례를 떠날 경우 성문까지 따라나가서 그들이 모금한 여비를 보태준다는 조항이 들어 있다.[19)] 중세의 유언장에는 종종 성지로 순례를 떠나는 가난한 이들에게 기부(금전이나 물품, 혹은 부동산)를 명시하는 내역이 포함되어 있다.[20)] 또한 순례란 원칙적으로 가난한 상태에서 떠나는 것이 권장되었기 때문에 대부분의 순례자나 십자군은 자신의 재산을 '조건부'(Conditional)로 교회에 기부하고 떠났다. 살아서 돌아올 때에는 자신이 죽을 때까지 그 재산을 소유한 후 교회에 기부되고, 죽었다고 전해졌을 경우에는 곧바로 교회의 소유가 됨을 의미했다.[21)] 그러나 재산이 교회의 소유로 넘어간 경우에도 남겨진 아내나 자녀에겐 교회로부터의 수당이 지급되는 것이 상례였다.

　일단 순례에 오르면, 순례자는 순례인의 '교단'(order)에 소속되는 것이었으므로 순례자임을 나타내는 의복을 갖추어야 했는데, 성직자와 같이 삭발을 하거나 순례자의 유니폼을 입고 지팡이, 염낭과 함께 십자가를 준비하였다. 이와 같은 복장은 11세기 이후 보편화되었으며,[22)] 13

세기부터는 챙이 넓은 모자를 함께 갖추기 시작하였다.

12세기가 되면서 교회는 순례자의 복장에 심오한 상징성을 부여하기 시작한다. 작은 염낭은 많은 돈을 넣을 수 없기 때문에 타 신도들의 자선에 의존해야 한다는 기독교적 자선의 상징이고, 맹수로부터 자신을 지키는 지팡이는 악마와 싸우는 무기를 뜻하며, 또한 지팡이와 두 다리가 만드는 '3'이라는 숫자는 삼위일체를 뜻하는 것이라 주장하게 되었다. 15세기까지 계속적으로 보강, 유포되는 순례자의 의복에 관한 기독교적 상징성은 당시 진지하게 받아들여졌고, 인기 있는 설교문의 주제가 되었다.[23]

심각한 질병 때문에, 혹은 기타 사정상 여행을 떠나지 못하는 이들에게는 전문 순례인을 고용하여 대리 순례를 시키는 대안이 유행하였다. 이들 직업 순례인(palmer)[24]은, 자신에게 순례를 위탁한 이들의 반지 같은 소지품을 가지고 가서 성지의 성물에 갖다 대거나, 기도를 통하여 면죄를 대신 구하였고, 순례의 증거로 성지에서 기념품을 가지고 돌아왔

중세의 순례자들. 지팡이, 염낭, 조개껍질 장식 모자를 쓴 전형적인 순례자의 모습이다.

다. 대리 순례인은 살아 있는 사람들뿐만 아니라 이미 죽은 자를 위해서도 순례를 떠나곤 하였다. 1394년 차터하우스(Charterhouse)에 묻힌 런던의 생선장수 존 블래크니(John Blakeney)는 다음과 같은 유언을 통해 대리 순례자를 구하고 있다.

나는 나의 영혼과 내가 기도를 드려야 할 사람들의 영혼을 위해 로마로 순례를 떠나 그곳에서 1년간 지낼 사람을 구하는 데 20마르크를, 또한 콤포스텔라에 있는 성 제임스(St. James) 사원으로 순례를 떠나 내 영혼을 위해 기도할 사람을 구하는 데 10파운드를 유증하는 바이다.[25]

이들 전문 순례꾼의 존재는 순례라는 관습이 부인할 수 없는 확고한 대중성을 지니고 있었음과, 중세인들이 순례에 중요한 의미를 부여했음을 단적으로 반증한다고 볼 수 있다.

중세 영국인이 많이 찾던 순례지로는 우선 캔터베리와 윌싱엄의 우리 성모(Our Lady) 사원 및 웨스트민스터를 꼽을 수 있다. 이들 사원은 영국뿐만 아니라 유럽 대륙에도 널리 알려져 많은 외국 순례자들이 방문하기도 한 곳이다. 787년 제2차 니케아(Nicaea) 공의회에서 모든 교회에 성물을 갖추라고 명한 이후,[26] 교회들은 앞다투어 성물을 많이 소장하고 있다고 주장하며 순례자들을 끌어모았다.

치체스터(Chichester) 교회는 성 리처드(St. Richard)의 성체로, 글래스턴베리(Glastonbury)는 전설적인 가시나무로 유명하였다. 그리스도의 시신을 거두어 아마포로 싸서 자신의 무덤에 모셨다는 아리마대의 요셉이 글래스턴베리에 옮겨와서 교회를 세웠는데, 요셉이 가져온 지팡이가 뿌리를 내렸고, 거기서 자란 나무는 성스러운 가시나무가 되었다는 것이다. 월샘(Waltham)에는 아주 오랜 옛날 신비스럽게 세워졌다는 검은 대리석 십자가가 있었다. 링컨(Lincoln), 요크(York), 피터버러(Peterborough)에는 성혈이 있다고 알려졌다.[27] 영국 전역에 흩어진 이른바 기적의 샘 가운데 가장 대표적인 성천으로 꼽을 수 있는 홀리 웰(Holy Well) 역시 순례자들이 즐겨 찾던 곳이었다. 이 이외에도 지역 단위의 사원이나 성천 등 순례지는 무수히 많았다.

외국인들이 캔터베리를 찾아 사우샘프턴(Southampton)에서 배를 내렸듯이 외국으로 순례여행을 떠나는 영국 사람들도 많았다. 로마, 예루살렘, 콤포스텔라 등이 널리 알려진 곳이었다. 특히 14세기부터는 유럽 각지에서 모여든 순례자들을 예루살렘으로 실어 나르기 위한 조직적인 운송체계가 베네치아를 중심으로 발달하기도 하였다. 15세기의 한 시구를 보면 영국에서 콤포스텔라의 성 제임스 사원으로 떠나는 순례자의 무리를 이렇게 노래한다.

많은 이들이 하던 일을 그만두고
성 제임스를 향해 항해하네
그들의 괴로움은 잦아들리라

항해가 시작될 때면.

......

그들이 바다로 나갈 때면
샌드위치(Sandwich) 혹은 윈첼시(Winchelsea)에서
브리스틀(Bristol) 혹은 어디가 되었든
그들의 마음은 가라앉기 시작하리라.[28]

순례는 당시 관점에서 볼 때 신중하게 수행되어야 할 작업이었고, 종종 일반인들에게는 생소한 원거리로의 여행이었기 때문에 수많은 안내서들이 존재하였다. 스페인 지역으로 여행을 떠나는 유럽인들에게『산티아고 순례 안내서』(*Guide for Pilgrims to Santiago*)는 11세기부터 필독서로 등장하였다. 영국에서는 15세기에『윌리엄 웨이의 여정』(*The Itineraries of William Wey*)이라는 책자가 널리 알려져 예루살렘으로 떠나는 이들에게 유용한 정보를 제공하였다.[29]

순례 안내서는 종교적·정신적인 것과 세속적·실질적인 정보를 종합적으로 수록하였는데, 종교적 내용으로는 순례자들이 찾아가야 할 주요 성지에 대한 설명 및 안내, 그리고 그곳에 적합한 기도문과 기도법, 여행 중에 지켜야 할 신앙상의 덕목과 예배법 등이 있었다. 실질적 내용으로는 주요 도로 및 숙박에 대한 안내, 각 지역 풍습에 대한 개요로부터 음식에 대한 안내, 마시기에 부적합한 물에 대한 경고에 이르기까지 매우 세세한 내용을 담고 있었다.[30] 또한 이들 순례자들이 직면할 언어장벽을 해소하기 위한『고대 고지 독일어 회화』(*Old High-German Conversation*) 같은 회화집들이 이미 9세기경부터 등장하여 널리 읽혔다.[31]

순례에서 돌아오면 지역의 교회는 귀향 순례자를 환영하는 미사를 베풀었는데, 이 경우 순례자는 자신의 일신한 신앙으로 지역교구민을 감화시키는 역할을 수행하리라 기대되었다. 순례자들은 여러 성지에서

성 토머스 베킷이 묻혀 있는 캔터베리로 향하는 중세의 순례자들. 초서의 「캔터베리 이야기」에 그려진 그림이다.

구입한 배지나 기념품들을 자랑스레 내보였는데, 그 여정을 반영하는 성지 기념품의 숫자는 종종 순례자의 신앙의 강도를 상징, 반영하는 것으로 받아들여졌다. 또한, 원거리로 순례를 다녀올수록 더 깊은 신앙심을 고취하였다고 믿었는데, 윌리엄 랭런드(William Langland)의 시는 주변 사람들에게 부러움을 자아내던 순례자의 모습을 다음과 같이 묘사하고 있다.

> 순례자의 상장을 두르고 전문 순례꾼처럼 차려입은
> 그는 넓은 띠를 두르고 지팡이를 들었네.
> ……
> 허리에는 꾸러미와 사발을 차고

모자에는 작은 병들[32]을 꽂고

시나이(Sinai)의 표지와 산티아고의 조개껍데기

망토에는 많은 십자가와 로마의 열쇠들

앞에는 베로니카(Veronica)의 베일

사람들에게 광고하기 위해

이런 표적들로 그가 어떤 성전들을 다녀왔는지 보이기 위해.[33]

이러한 장식들은 순례자에게 그가 지닌 신앙의 확실성을 증명하는 역할을 하여 그의 사회적 위상을 높이는 구실을 하였다.

한편, 중세 순례자의 증가는 유명한 성지의 사원과 근처 주민들에게 엄청난 부의 원천이 되었다. 아이버 도스(Ivor Dowse)는 영국의 경우 중세 말 월싱엄을 다녀간 내국인이 연간 10만 명이었다고 기록하고 있는데,[34] 내국인뿐만 아니라 심지어 전쟁 중에도 순례는 허용되었기 때문에 외국인 순례자의 수도 많았던 것이다. "금은보화가 넘쳐나고 대리석으로 장식된"[35] 순례 사원의 화려함은 여러 문헌에서 언급되고 있는가 하면, 순례지로 몰려드는 사람들의 존재는 당연히 순례지에 대규모 시장을 발달시키는 요인이 되었다.

월싱엄 같은 경우는 1226년에 헨리 3세로부터 시장을 세울 수 있는 허가를 얻어내었는데, 이는 순전히 순례자의 수요에 부응하여 세워진 것이었다. 유럽 대륙의 경우 대규모 순례지는 대규모 시장과 매우 밀접하게 맞물려 있음을 알 수 있는데, 샤르트르(Chartres), 사라고사(Zaragoza), 쾰른(Köln)과 같은 곳이 그 대표적 예이다.[36]

국내외 부유한 귀족들의 유산 헌납과 수많은 순례자들의 기부로 부를 축적한 순례지의 사원들은 가난한 사람들에게는 최상의 빈민구제소였을 것이다. "매년 크리스마스 대엿새 전, 부활절 전의 한 주간은 보시와 선물, 옷가지를 얻기 위한 빈민과 순례자들이 거대한 군단처럼 몰려들었다"[37]라는 기록은 이런 현상을 반영한다. 또한 이들 부유한 사원들은 강도와 성물 절취의 표적이 되어서 "어둠이 내리면 보안을 위해 부득이 문을 닫고 늦게 도착한 순례자를 돌려보낼 수밖에 없는"[38] 상황이 되기도 했다.

이러한 순례 사원의 부의 축적은 중세가 진행됨에 따라 평신도뿐만 아니라 교회로부터도 비난을 받게 되었다. 또 결과적으로, 영국의 경우 헨리 8세는 종교개혁을 통해 수도원과 더불어 이들 순례 사원들을 일차적 표적으로 삼아 그 국고를 든든히 채우게 되었던 것이다.

한편, 유명한 순례 사원 주변의 촌락들은 밀려드는 순례자들로부터 경제적 이익을 취할 수 있었다. 이들의 주 수입원은 숙박과 기념품의 판매에 있었는데, 순례지로 향하는 주 도로변에는 여인숙 등이 발달하게 되었고, 웨스트민스터 같은 경우엔 순례기념품인 배지나 반지 등을 만드는 수공업이 발달하였다.[39] 중세의 유명한 순례지였던 월싱엄을 방문한 에라스무스(Erasmus)는 그곳 사람들이 "대부분 이방인을 숙박시켜 먹고 산다"[40]고 기록하였다.

이들 숙박업자들은 엄청난 수의 순례자들에 비해 턱없이 부족했던 숙박시설에 바가지 요금을 매기기로 악명 높았는데, 실제로 1431년 부활절 직후 월싱엄에서는 "음식값을 과도하게 청구한 주인들의 횡포에 복수하기 위해"[41] 순례자들이 여관 4군데를 파괴한 사건도 일어났다. 이러한 예들은 중세에서 순례라는 관습이 지닌 대중성을 잘 보여준다고 할 수 있다.

순례의 기능

순례가 지니는 위험성과 복잡한 절차에도 아랑곳없이 순례가 그토록 보편적으로 성행할 수 있었던 원인은 무엇인가? 영혼의 천국행을 근접시킬 수 있다는 이념적 가정 이외에도 순례는 중세인의 일상생활에서 절실히 필요했던 다양한 기능을 수행하였던 것으로 분석된다. 좀더 구체적으로는, 중세인들은 순례라는 기구를 통해 그들이 직면한 다양한 문제를 해결하였다는 것을 의미한다. 중세라는 세계에서 인간은 사회적 지위나 경제력의 고하를 막론하고 누구나 죄의식, 질병, 재난, 갑작스런 죽음 등에 노출되어 있었다. 이런 상황에서 순례란 이러한 다양한 인간적 고민에 대해 정신적 위안을 제공하는 기능을 수행하였는데, 순례라는 여정은 궁극적으로 천국에 도달하려는 시도였던 것이나, 직접적으로는 이승에서 안고 있던 세속적인 문제점들에 대한 해결책을 모색하는 수단이었던 것이다.

순례라는 관습이 지닌 해결이란 구제(relief)와 희망(hope)이라는 개념으로 축약될 수 있다. 여기서 구제와 희망이란 천국으로 상징되는 사후세계뿐만이 아닌, 그들이 몸담고 있던 현실세계의 문제를 해결하고자 하는 장치였다는 점에 주목할 필요가 있다. 즉 순례란 영혼의 항구적 안식을 위해 고안된 기구이나, 실제적으로는 중세인들이 일상에서 직면하고 있던 다양한 문제의 해결책이라는 역할을 수행한다는 것에 순례라는 관습의 대중성(popularity)이 근거하는 것이다. 즉 일상생활의 괴로움으로부터의 '구제'와, 이승뿐 아니라 사후세계에서도 영혼의 보호자가 있다는 확인을 통하여 현실세계의 암담함으로부터 새로운 출발을 모색할 수 있는 계기를 만들어나가는 '희망'이 나올 수 있었던 것이다.

인류학자 빅터 터너(Victor Turner)는 역사적 · 지역적으로 다양한 종교에서 나타나는 순례에 대한 공통적 동인(motivation)을 분석하는 과정에서 한계성(liminality)이라는 개념을 도입하였다.[42] 이 개념은 원래 20세기 초 인류학자 아놀드 반 헤네프(Arnold van Gennep)가 고대, 혹은 부족사회에서 인간이 어떻게 주어진 환경에 적응해나가는지를 연구하는 과정에서 주창한 것으로, 사회구조가 요구하는 체계에 완벽히 적응하여 기대되는 역할행동을 수행하기 위한 과정에서 인간이 분리(separation), 주변화(limen or margin), 총화(aggregation)의

14세기의 병원. 중세의 병원은 대부분 수도원의 부속기관으로 운영되곤 하였다.

단계를 거치는 '통과의례' (rites of passage)를 경험한다는 것이다.[43]

터너는 헤네프가 고안한 이 '통과의례' 라는 개념을 문화적 변화의 단계에서 광범위하게 적용할 수 있다고 보았다. 기존의 사고나 행동체계에 재고나 비판이 필요한 상황, 그리고 기존에 선행하지 않았던 사상이나 인간관계가 가능해지고 필요한 상황에서는 대개 나타난다고 고찰한 것이다.

이런 맥락에서, 터너는 평신도의 수가 성직자의 수를 훨씬 웃도는 기독교 사회에서 평신도들에게 종교적 체험을 부과하는 수단으로 고안된 종교적 통과의례 중의 하나가 순례라고 주장한다.[44] 순례는 이 경우 평신도가 평소 귀속된 주거지역이나 노동으로부터 분리된, 먼 곳에 위치한 성소를 탐방시키는 관행이고, 성소는 흔히 산, 동굴, 우물, 강 및 기타 감동을 자아낼 수 있는 자연적 요소와 연계하여 위치하고, 더하여 성스러운 상징물로 장식되어 있어 이러한 종교적 표상들로부터 극대화된 인상을 받게 된다는 것이다. 또한 긴 여정은 순례자들이 그런 인상에 쉽게 감응할 수 있는 약한 상태로 만들어 상상의 세계로의 진입을 가능케 한다는 것이다.[45]

구제와 희망이라는 맥락에서 터너의 이러한 개념으로부터 도출할 수 있는 요소는 순례라는 여정이 순례자 자신이 일상적 생활에서 대할 수 있는 종교적 부수물을 제거하고 신앙의 구조에서 가장 기본적인 요소들만 추려서, 특별하고 훨씬 궁극적인 신앙상의 세계를 경험할 기회를 부여한다는 점이다. 즉, 이러한 경험은 일반 대중이 일상생활 가운데 문제에 직면했을 때 친족이나 마술사, 혹은 의사를 데려오는 것과 같은 기존 사회질서에서의 해결책이 아닌, 절대자와의 직접적 접촉을 꾀하는 것이라는 데서 '구제'에 대한 믿음, 그리고 더불어 '희망'을 내포하며, 순례자는 약진한 신앙을 가지고 돌아와 기존의 사회질서에 더욱 잘 적응할 수 있게 된다는 점이다.

이같은 해석은 터너가 "인간은 순례라는 여정을 통해 익숙해져 있던 이전의 환경보다 더 새롭고, 더 심오한 존재의 단계로 진입하게 된다"[46] 고 주장한 사실에서도 잘 나타난다. 이 경우, 더 심오한 존재의 단계로의 진입은 그들의 삶에 대한 좀더 긍정적인 태도, 즉 희망이라는 개념을 수반하며, 이는 결국 어떠한 종류든 즐거움을 내포한다고 볼 수 있다. 즉, 순례는 육체적으로 고통스럽긴 하지만 정신적으로 즐거운 관행이었고, 그것에 이 순례의 대중성, 자발성 및 지속성이 있는 것이다. 에라스무스는 당시 팽배했던 순례가 세속적 위안과 영구한 안식을 동시에 목적으로 삼고 있었음을 다음과 같이 묘사하고 있다.

메메데무스(Memedemus) : (월싱엄의 성녀에게) 무엇 때문에 가나요?

오기기우스(Ogygius) : 그저 일상적인 것들이지요. 우리 가족의 건강과 재산이 불어났으면 하고요. 이 세상에서 행복하게 오래 살고

다음 세상에서 영원한 행복을 찾기를 비는 거죠.[47]

이같은 순례의 이중적 목적——세속적 · 종교적——과 그 기능은 크게 세 부류, 즉 회개(면죄), 기복(祈福), 여흥으로 나눌 수 있다.

회개를 통한 사회복귀

순례가 수행하는 가장 강력한 기능 중 하나는 순례를 통해 면죄를 받고자 하는 것이었다. 죄를 지었거나 죄의식을 느끼던 사람들은 고행(penance)의 형태를 취하는 순례로서 죄를 사하고자 하였고, 종교적 · 세속적 권위자들은 종종 죄에 대한 처벌의 방법으로 순례를 명령하기도 하였다. 이러한 형태의 순례에서 개인들은 자신들의 참회를 표상하는 다양한 행위를 취했는데, 스스로 채찍질하기, 무릎으로 기어가기, 땅바닥을 핥으면서 성소에 도착하기 등이 가장 흔히 취해지던 고행이었다.[48] 회개를 위한 순례의 가장 극적인 예 중의 하나는 토머스 베킷(Thomas Beckett) 암살에 연루된 헨리 2세의 순례일 것이다. 1175년 왕은 교회로부터 사면을 구하기 위해 거친 베로 짠 순례자의 옷을 입고 맨발로 캔터베리 사원까지 걸은 뒤 참석한 주교와 대수도원장으로부터 각각 다섯 차례, 여덟 명의 수도승으로부터 각각 세 차례씩의 채찍질을 받았다. 또한 이 사건에 연루되었던 네 명의 기사들도 예루살렘으로 속죄를 위한 순례를 떠나라는 명령이 내려졌다.[49] 비단 지배계급뿐만 아니라, 질병을 신이 내린 처벌이라고 믿던 대중들도 병에 걸리면 참회를 위한 순례에 올랐는데, 그들은 성소에서 교회가 인가한 사면을 구할 수 있었다.

면죄를 구하는 순례자의 요구가 증가함에 따라 성소에서는 면죄부를 갖추고 있는 것이 상례가 되어갔다. 교회는 주 순례지 사원들에게 소장하고 있는 성물에 따른 면죄의 정도를 정하는 기준을 하달하였다. "주님의 얼굴이 남아 있다는 베로니카의 베일을 보는 경우에는 로마 사람

인 경우 삼천 년, 다른 지역에서 온 순례자인 경우는 구천 년 동안의 사면"이 허가되었다.[50]

이러한 형태의 순례는 기독교 전파 초기부터 나타나는데, 공적 처벌이라기보다는 개별적인 것이었고, 죄를 지었다고 여길 때마다 수행할 수 있는 것이었다. 그러나 8세기가 되면서 공적인 회개와 사적인 회개가 구분되기 시작하였고, 13세기가 되면서 크게 세 가지 형태의 참회를 위한 순례가 공존하였다. 주교에 의해 부과된 엄격한 공적 고행, 어느 교구의 성직자나 명령할 수 있는 비교적 덜 엄격한 고행, 그리고 숨겨진 죄에 대하여 개개인이 스스로 행하던 고행이 그것이었다.[51]

이러한 형태의 순례를 통해 면죄를 받는 교회적 전통은 13세기 이후 세속법에 영향을 미치게 되어 소소한 범죄자를 처벌하는 데 세속적 법의 집행자가 순례를 명하는 예들이 생겨났다.[52] 이 경우 한 가지 주목해야 할 점은 이러한 형태의 면죄란 개인이 스스로 느끼던 신앙상의, 혹은 도덕적인 죄의식으로부터 벗어나는 것일 뿐만 아니라, 사회적으로 단죄된 죄에 대해 공적인 면죄를 구하는 일종의 제도적 장치이기도 했다는 점이다. 즉, 신앙상, 혹은 교회법상 죄인으로 간주되어 불이익을 당하던 개인은 이러한 형태의 순례를 통해 기존 사회질서로의 복귀를 꾀할 수 있었다. 이러한 순례는 육체적 고행을 감수하고서라도 정신적 안정을 구하고 사회로의 재편입을 구하려는 중세인의 대표적 구제 제도라 볼 수 있다.

기복적 순례

순례의 또 다른 보편적 목적은 초자연적 존재에게 자신이 원하는 바를 간구하는 기복이었다. 여기서 초자연적 존재란 궁극적으로 하느님이지만, 대부분의 경우 하느님의 신성을 부분적으로 대변하는 다양한 하위 성인들이 기도의 대상이 되었다. 이때 기원하는 주제들은 인간사의 다양함만큼이나 그 종류 또한 다양하였는데, 내세에서의 영혼의 안식과 같은 궁극적 내용보다는 실생활에 직접적이고 실질적인 내용이 주를 이루었다.

예를 들면 1343년 윈터턴(Winterton)의 한 어부는 그물을 잃어버린 후 월싱엄 사원과 성 에드먼드 성당을 순례하며 "그물을 찾게 해달라"[53] 고 빌었는데, 이러한 기복적 성격의 순례는 아주 보편적으로 유행하였다. 튜더(Tudor) 초기에 씌어진 『핀슨 발라드』(*Pynson Ballad*)에서는 "사람들이 고민을 해결하기 위해 월싱엄의 성녀(Our Lady of Walsingham)에게 수없이 다녀갔다"[54]고 기술하고 있다.

중세 말에 이르면, 개인의 영달을 위해서는 순례를 의무처럼 여기는 단계에까지 이르렀던 것으로 보이는데, 에라스무스는 극단적으로 "영국에서는 크든 작든 자신의 분수껏 성녀에게 선물을 바치며 기원해야만 자신이 하는 일이 성공할 수 있을 것이라고 모두가 믿고 있다"[55]고 기록하였다. 이 경우 순례는 근대적 의미에서 일종의 신탁이나 보험과도 같은 성격을 띤 것이다.

순례의 기복적 형태에서 사람들이 기원한 주요 내용으로는 우선 질병의 치료를 들 수 있다. 치료를 위한 순례는 면죄를 위한 순례라는 앞서 기술한 범주에도 포함되는데, 전술한 패턴이 질병을 자신의 불경에 대해 신이 내린 처벌이라 믿고 그 죄를 사하려는 의도였던 데 반하여, 이 범주에서는 질병의 직접적 치유, 즉 초자연적 대상에 대한 기도를 통해 병을 치료하고자 하는 성령치료(faith-healing)를 목적으로 하고 있었다는 데 그 차이가 있다.

로널드 피누케인(Ronald Finucane)은 『기적과 순례자들』(*Miracle and Pilgrims*)[56]에서, 질병의 치유야말로 순례지가 사람들에게 제공하던 가장 원초적이고도 직접적인 역할이었다고 주장한다. 그는 1066년부터 1300년까지 순례지에서 보고된 기적들을 분석하여 그 중 90퍼센트가 질병의 치유와 관련된 것임을 밝힌 바 있다.[57]

순례자들은 순례지에서 기도를 드리거나 성물에 몸을 접촉함으로써

IMAGE DE NOSTRE DAME DE PITIÉ TROVVEE A BANELLES, QVI FAIT PLVSIEVRS MIRACLES.

IMAGE DV CRVCIFIX TROVVEE A L'OPPOSITE DE LADITE NOSTRE DAME DE BANELLES.

중세 말 순례지에서 흔히 볼 수 있었던 광경이다. 기적의 이야기를 담고 있는 나무에는 기적적인 치유를 경험한 환자들이 걸어두고 간 의수나 의족이 걸려 있다.

치료 불가능한 질병들을 기적적으로 치유하였다고 보고한다. 기적을 일으키는 주요 성물로는 성상(Image), 성인이 사용하던 집기나 의복, 성천, 언덕 등이 있었고, 성인으로 추대된 순교자의 무덤 또한 영험하다고 여겼다. 노리치의 윌리엄(William of Norwich), 핀첼의 고드릭(Godric of Finchale), 캔터베리의 토머스 베킷 등이 기적처럼 병을 치료하는 사원들로 명성을 떨쳤다. 심지어 단지 순례길에 올랐다는 사실만으로 불치병을 고쳤다는 이야기들도 전해진다.

종교가 사고방식의 틀이자 삶의 양식을 결정하던 시대에 신성이나 그를 둘러싼 기적이란 당시 사회에서는 그만큼 있을 수 있는 일로, 사람들에게 충분한 호소력을 갖고 있던 것으로 보아야 한다. 따라서 순례길에 올랐다는 것만으로 치유하였다는 이야기는 현대의학에서 말하는 일종의 위약효과(placebo effect)로, 심리적 안정감과 기대 자체가 상당부분 고통을 완화하는 결과를 가져온 것으로 해석할 수 있다.

현대의학에서 전문의가 있는 것처럼 중세인들은 질병을 치유하는 기적에 관해서도 성인들마다 특화된 분야가 있다고 믿었다. 물론 시기와 지역별로 차이는 있지만 중세 말 영국에서 성 존(St. Jone)은 간질, 성 로치(St. Roch)는 역병을 잘 낫게 하는 성인으로 알려졌다. 성 마거리트(St. Margaret)와 성 마루즈(St. Marourge)는 산고를 관장하였으며, 정신병이나 귀신이 들린 사람을 위해서는 성 로망(St. Romane)에게 기도를 올리는 것이 관행이었다. 종양, 담즙에는 성 다미안(St. Damian), 눈병에는 성 클레어(St. Clare), 그리고 치아는 성 아폴린(St. Appolline)이 가장 훌륭한 치유를 해준다고 알려졌다. 또한 발진에는 성 욥(St. Job), 가슴의 통증에는 성 아가타(St. Agatha)에게 기도하곤 하였다.[58]

유럽 대륙과 마찬가지로, 중세 후반 영국에서는 마리아 숭배가 확산되면서 남성 중심이었던 성인들뿐만 아니라 기적을 일으키는 성녀에 대한 이야기가 대중들 사이에 널리 퍼지게 되었다. 그리스도의 어머니이자 성처녀인 마리아는 12세기 초부터 『성녀의 기적들』(*Miracles of the Virgin*)이라는 이름으로 모아진 방대한 사례들이 보여주듯이 질병을 구제하고 정의를 실현하는 존재로 떠오르게 된다. 이런 현상은 마리아가 그리스도의 어머니로서 부속적인 성격을 벗어나 그녀 자체가 숭배의 대상이 되었다는 점에서 매우 주목할 만하다.

특히 마리아와 관련된 기적들은 마리아가 교회의 명성을 드높인다거나 교회가 중심이 되는 종교적 체제를 대표하는 것이 아니라 마리아라는 독립적인 존재가 질병이나 기타 곤궁으로부터 구제를 원하는 사람들에게 일대일로 문제를 해결해준다는 측면에서 개인주의의 대두와도 관계가 깊다.[59]

따라서 마리아 숭배와 관련된 순례는 종교적인 원칙이나 교회가 강제하는 규범과 관련이 있다기보다는 매우 개인적이고 세속적인 동기에서 출발하는 것이 많았다. 특히, 마리아를 비롯한 성녀와 관련된 사원에는 병을 낫게 해달라고 기도하러 오는 순례자들이 대부분이었고, 결과적으로 이들 사원에는 '완치의 기적'에 대한 이야기 또한 많을 수밖에 없었다.

중세 말 영국에서는 월싱엄, 입스위치(Ipswich), 동커스터(Doncaster), 케버셤(Caversham), 내러스버러(Knaresborough), 우스터(Worcester), 펜라이스(Penrice), 웨스트민스터, 윌스던(Willesden) 등을 대표적인 마리아 숭배 사원으로 꼽을 수 있으며, 국내뿐만 아니라 외국에서도 많은 순례자들이 찾아들었다. 이 가운데 월싱엄의 성녀상과 성 가브리엘(St. Gabriel) 상은 순교한 성처녀의 모유가 담겨 있다고 알려졌으며, 이 두 성상의 기적적 치유력은 중세의 여러 시구에도 나타난다.

『핀슨 발라드』에서 예를 들어보자.

> 우리 성처녀의 영험은 수많은 병자를 낫게 했다네,
> 죽은 이는 의심할 바 없이 살아나고,
> 절름발이는 완전해지고, 장님은 광명을 찾았네,
> 폭풍 때문에 초조한 어부는 무사히 항구에 닿고,
> 귀머거리, 부상자와 숨어 있는 미친 이들,
> 그리고 문둥병자도 여기서 모두 나았다네
> 그들의 병이 우리 성처녀의 은총에 의해.[60]

이후 종교개혁을 단행하여 순례를 금지시켰던 장본인 헨리 8세도 1512년 병약한 왕자가 탄생하자 월싱엄을 찾아 아들의 생명을 구해달라고 기도를 올렸다.[61]

이와 같이, 중세인들은 질병이나 그밖의 현실세계의 괴로움으로부터 해결책을 모색하는 수단으로 순례를 실행했고, 이 경우 순례는 상식의 수준에서 해결이 불가능해 보이는 문제들에 관한 가장 최선의 구제책

프랑스의 몽테유 성녀사원으로 향하는 순례자의 행렬(17세기).

으로 이용되었다. 따라서 성령치료와 같은 경우에는 기적을 통해 완치를 꾀한다는 면에서 순례를 통해 단순히 용서를 구하는 첫번째 순례와는 매우 다른 성격을 가진 것으로 보아야 한다. 순례가 이러한 다양한 문제에 대한 기적적 해결책의 방편으로 인식되었던 것은 순례라는 기구가 중세인들이 궁극적으로 최후에 의지할 수 있는 초자연적 힘과의 직접적 교신이 가능하다는 여지를 열어두고, 구체적인 방법을 제공하였다는 측면에서 각박한 삶 속에서 심리적 안정감을 부여하는 기능을 발휘하였던 것이다.

휴가로서의 순례

중세의 순례는 또한 근대의 휴가와도 같은 성격을 지니고 있었다. 순례를 일종의 휴가라는 측면으로 바라보면, 전술한 두 유형——면죄와 기복——에서 나타나는 형태와는 약간 다른 성격의 구제와 희망이 나타난다. 즉, 이 경우의 구제와 희망은 전술한 두 유형의 가시적 고통으로부터의 구제책이 아니라, 비가시적으로 잠재한 일상생활의 스트레스로부터의 구제, 그리고 동시에 희망을 내포하는 것이다. 순례는 그가 속한 일상적 구조로부터의 탈피이자, 일시적인 생활양식으로의 전환을 의미한다. 즉, 순례란 각박한 일상적 존재로부터의 물리적인 탈출과 새로운 시간을 경험할 수 있는 정신적 여유를 합법적으로 부여하는 기회였다는 것이다.

순례는 대다수의 중세인들이 일상생활의 테두리로부터 벗어날 수 있는 거의 유일한 합법적 제도였다.[62] 이 경우, 일상생활의 테두리란 물리적 행동반경과 정신적 규범 및 우주관이라는 정신적 반경 두 범주를 동시에 의미하며, 따라서 이 테두리를 벗어난다는 것은 물리적 탈출(주로 일상적 노동으로부터)과 정신적 해방이라는 양면적 구제를 의미한다. 터너는 "중세의 경우 일상성의 테두리란 매우 밀착적으로 장원이라는 곳에 지역화되는 경향이었다"고 주장하며, 이 경우 개인에게 세계란 "역시 지역적으로 고착되어 있고, 그들에게 교구란 정신적인 장원이었다"[63]고 주장한다. 따라서 상인, 행상인, 음유시인, 탁발승, 혹은 무법자와 같이 이동이 자유롭던 소수의 부류를 제외한 대다수의 중세인에겐 자신이 살던 장원을 떠날 기회가 극히 드물었고, 자신의 일상적 존재와 밀접히 얽혀 있는 친족관계와 생활구조로부터 벗어날 수 있는 기회란 거의 없었던 것이다.

따라서 일상을 벗어날 수 있는 거의 유일한 기회라는 독특성은 중세라는 시대에 여행이 매우 위험하였음에도 불구하고 많은 사람들이 순례를 떠난 이유가 된다. 도로가 잘 정비되지 않은 시대의 여행 자체의 불편함뿐만 아니라, 순례자들은 강도,[64] 자연재해, 심지어 풍토병이나 전염병 따위의 위험도 감수해야만 하였다. 14세기 문헌을 보면 순례자들이 여행 중에 흔히 맞닥뜨릴 수 있는 위험이 열거되었으며, 수면제가 들어간 음식을 먹고 난 뒤 강도를 당한 사례들이 소상히 적혀 있다.[65] 또한 전쟁이 발발할 수 있는 위험도 늘 도사리고 있었으며, 예기치 않은 죽음 역시 낯선 이야기가 아니었다. 에라스무스는 순례기에서 여행 중 세 명의 동료를 잃었음을 이렇게 묘사하고 있다.

길에서 죽은 하나는 우리에게 자신의 이름으로 로마의 베드로 (Peter) 사원과 콤포스텔라의 제임스 사원에 예를 표해달라고 했고, 로마에서 잃은 다른 하나는 자기 아내와 자식들에게 소식을 전해달라고 했다. 세번째 이는 피렌체에 두고 왔는데, 도저히 회복할 가망이 없어서였다. 지금은 이미 천국에 있으리라 믿는다.[66]

순례 중이던 리처드 토링턴 경(Sir Richard Torington)이 1517년에 기록한 일기에도 "8월 25일 로버트 크로스(Robert Cross)죽다, 그리고 살리어스(Salyus)의 교회 마당에 묻히다. 27일에는 토머스 태프 경(Sir Thomas Tappe)과 서부 지역(west country)에서 온 목사 및 많은 사람들이 죽었다. 그리고 배에는 죽은 영국인 성직자 넷이 더 남겨져 있었다"[67]라고 되어 있다.

여비 부족 또한 심각한 사태를 초래하곤 했다. 성 보니파세가 캔터베리 대주교에게 보낸 편지에서 기혼여성 혹은 수녀들이 너무 자주 로마로 순례를 오지 않도록 해달라고 요청을 했는데, 이는 "많은 사람이 사라지기 때문"이라는 이유였다. 여비가 떨어진 여성 순례자들과 심지어 수녀들조차도 매춘부로 전락하는 경우가 많아서, 그들 중엔 "정절을 지닌 이가 거의 없고, 롬바르디(Lombardy)나 골(Gaula)의 도시에 영국인 창녀가 없는 곳이 없다는 것은 당신네[영국] 교회 전체의 수치이자 스캔들"[68]이 되어버렸기 때문이었다.

이처럼 온갖 위험에도 불구하고 순례행렬은 그치지 않았다. 순례자들은 여행의 불편함과 위험을 아주 당연한 것으로 받아들였으며, 여행이 힘들수록 상대적으로 더욱 신에게 가까이 갈 수 있다는 정신적인 충만함을 느끼는 것 또한 사실이었다. 그러나 다른 한편으로, 일단 여행을 무사히 마치기만 한다면 고생이란 그 경험을 더욱 다채롭고 풍부하게 해주는 긍정적인 결과물로 전환될 수 있는 것이었다. 따라서 예기치 않은 문제나 다양한 종류의 역경들은 오히려 여행을 더욱 흥미진진한 모험으로 만들어주는 것으로, 일상의 괴로움으로부터 더 멀리 벗어날 수 있는 디딤돌을 만드는 것이었다.

실제로 사회학자들은 예기치 못하는 온갖 역경들을 '모험'이라고 이름 붙이며 강력한 레저 행위의 하나로 분석한다. 하인츠귄터 베스터 (Heinz-Günter Vester)는 "모든 모험에는 특정한 형태와 일정한 위험이 따른다. 그 위험이야말로 그 행위에 참여하게 만드는 자극적인 동기가 되는 것이다. 모험이란 그 결과물에 관한 한 일상생활에서보다 훨씬 더 불확실하고도 위험한 것이다"[69]라고 주장한다. 따라서 위험부담이 있는 만큼 일상으로부터의 탈피라는 여정은 치료효과 또한 노려볼 수 있는 것이었다. 따라서 혹자는 순례자들이 여행 중에 질병이나 멜랑콜리를 고쳤다는 이야기들을 일종의 '공간 치료'(space therapy)로 보기도 한다. 전혀 다른 공간에서의 낯선 경험들이 궁극적으로 사람을 강하게 만든다는 것이다.

성스러운 여정이라는 구실 아래 순례자는 일상으로부터 탈피할 수 있고, 이는 일종의 정신적 향락의 기회를 주는 것이었다. 피누케인은 심지어 극단적으로 "순례의 주요 기능은 여흥이라는 정신적 필요를 충족키 위함이었다"[70]고 주장한다. 실제로 랭런드의 시구[71]나 초서 (Chaucer)의 글은 순례를 떠나는 이들의 발랄한 기분을 잘 묘사하고 있다. 나아가 정신적 청량제로서의 순례는 호기심, 자율성 등을 충족시킬 수 있는 기회이기도 했다.

즉 초서가 노래하였듯이, 따뜻한 봄철이면 "사람들이 순례를 갈망"하고, "낯선 나라에 마음이 쏠리고, 먼 나라에서 널리 칭송되는 성인들의 묘소를 찾으러 가는"[72] 것은 바깥세상의 물리적 형태와 새로운 사회구조, 풍습 등 다양한 세상의 면모에 대한 막연한 동경과 호기심을 충족시킬 수 있는 기회였기 때문이었다.

또한 순례라는 여정은 그 성격상 일직선상의 여정이 아니었다. 목적하는 성소까지의 여정은 기타 성소들도 들르고, 고행도 행하는 과정이라 할지라도 돌아오는 여정은 집으로 오는 것이고 이미 죄를 벗어버렸다는 홀가분함이 있어서 구도자의 모습이라기보다는 여행자의 모습에 가까웠다. 순례가 지니는 이러한 기능은 왜 거주지로부터 아주 먼 곳까지의 순례가 유행하였는지를 부분적으로 설명한다. 즉, 중세의 순례는 현재의 해외관광과도 매우 유사했던 것이고, 순례자들은 중세 후반의 상인군을 제외하고는 가장 큰 규모였다. 바깥 세상에 대한 동경을 순례자의 주목적의 하나로 보여주는 『농부 피어스』(Piers Plowman)는 다음과 같이 시작하고 있는 점을 주목해야 한다.

> 햇살이 부드러운 여름철이면,
> 나는 양치기처럼 초라하게 차려입고,
> 신앙심 부족한 은둔자마냥
> 이 넓은 세상으로 나섰다, 듣기 위해 방랑하러.[73]

또한 순례는 거의 전적으로 자신의 의지에 따라 행동할 수 있는 흔치 않은 기회이기도 하였다. 비록 순례가 종교적 혹은 세속적 권위에 의한 명령 아래 행해질 때에도 길을 떠나는 순간부터 돌아오기까지 순례자는 자신의 행동에 대해 일상생활에서 발휘할 수 있는 자신의 결정권보다 훨씬 광범위한 결정권을 행사할 수 있었다. 또한 순례 중에 만난 사람들 사이에는 역할행동이 고정적으로 부여된 일상적 인간관계와는 매우 다른 인간관계의 형성이 가능하였다. 순례자들은 그저 동일한 목적지인 "순례지로 떠나는, 우연히 동행이 된 저마다 다른 모습의 사람들"이었다.[74] 여기서 순례자들은 주의 종복으로서 이념상 모두 평등하고, 상호간의 이해관계를 초월한 순례라는 여정에서는 일시적으로나마 '평등한 사회'와 같은 공동체의 형성이 가능했다.

이 경우 순례자간의 사회적 상호관계란 일상의 경우에서 지배적인, 전통적 규범에 근거한 것이 아닌, 개인의 행동에 더 지배받는다는 점을 주목할 필요가 있다. 즉, 순례는 사회 행동양식의 규범보다는 상당히 느슨하고, 개인적 행동이 가능하여 자신의 개성을 더 자유롭게 드러낼 수 있는 자율적 기회를 제공하였던 것이다. 『캔터베리의 순례자들』(*Pilgrims at Canterbury*)이라는 문헌은 일시적으로 구성된 순례단이 동행을 즐기는 과정을 자세히 묘사하고 있는데, "저녁식사 후, 모두는 자기 식대로 인사를 하며 동료들에게 자신의 여정 중 일어났던 일들을 익살과 농담을 섞어 얘기하는데, 이것은 이미 오랜 세월 내려온 순례자들의 관습이었다"[75]라고 밝히고 있다.

이처럼 비교적 자유로운 인간관계가 얽히는 순례라는 여정은 다분히 오락적 성격을 띠었다. 심지어는 순수히 여흥을 위한 여행 자체가 중세 사람들로 하여금 순례를 떠나게 하는 동기로 작용하기도 하였다. 랭런드는 월싱엄 사원 근처에서 어슬렁거리는 "가짜 순례자"들을 묘사하였고,[76] 초서가 묘사하는 방앗간 주인은 백파이프를 신나게 불어댔으며, 그들이 묵은 여인숙의 밤 풍경은 마치 축제의 날처럼 떠들썩하곤 했던 것이다. 뿐만 아니라 순례지인 사원이나 성소 주변조차도 마치 근대의 유원지처럼 북적거렸다. 악사들과 광대들이 순례자의 흥을 돋우었고, 신비극 같은 성극들이 공연되기도 하였다. 이러한 공연은 귀족들과 일반 순례자들이 함께 관람하는 커다란 행사로 정착되어갔는데, 영국의 경우 런던의 스키너 샘(Skinners' Well)에서 공연된 신비극은 왕, 왕비

와 많은 귀족들이 참석한 가운데 사흘에서 여드레 동안 공연되는 것이 관례였다.[77]

이런 맥락에서 순례지는 공연장, 나아가 오락장의 구실을 하였다. 피츠스테펀(Fitzstephen)은 1180년에 런던의 순례지 가운데 하나였던 성 클레멘트 샘(St. Clement's Well)이 "여름이면 바람을 쐬러 나온 도시의 젊은이들과 학자들로 북적거린다"[78]고 기록하고 있다.

순례를 일종의 휴가행위로 볼 때 농업을 기반으로 한 사회에서 농사일에 방해가 되지 않는 특정한 절기가 선호되는 것은 당연한 일이었다. 영국에서 순례를 떠나는 시기로는 크리스마스, 부활절, 강림절, 미카엘 주일이 주를 이루었고, 부활절 주간이나 추수 후가 대안으로 선택되었다. 그러나 무엇보다도 개념상 순례와 연관되는 계절은 봄으로 나타나는데, 이는 봄이 '놀러나가는' 분위기를 가장 잘 대변하기 때문이다. 특히 영국에서 춥고 음습한 긴 겨울이 지나고 맞는 봄은 자연에 대한 새로운 경이와 활기, 새 희망을 찬미하는 시점이었다. 따라서 순례를 묘사하는 중세 문헌들이 봄을 출발점으로 삼는 것은 당연한 일이었다. 초서는 봄에 길을 떠나는 순례자의 들뜬 분위기를 다음과 같이 전한다.

> 4월의 감미로운 소나기가
> 3월의 가뭄을 속속들이 꿰뚫고
> 꽃을 피울 습기로
> 온 세상 나뭇가지의 힘줄을 적시어 주면
> 서풍 또한 달콤한 입김을
> 산나무 밭 어린 가지들의 끝과 끝 속에 불어넣어준다.
> 나어린 태양은 숫양자리 행정의 반을 마쳤을 뿐이며
> 작은 날짐승들은 저마다 노래를 부르고
> (자연이 너무도 그들의 가슴을 설레게 하여)
> 밤이면 온통 뜬눈으로 지새운다.

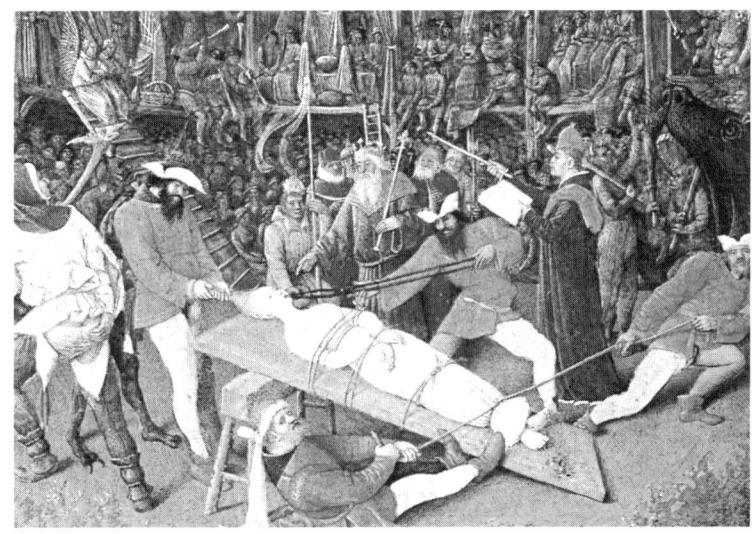

중세 유럽에서의 극은 대부분 종교적인 주제를 다루었다. 이 그림은 순교자 성 아폴로니아의 일화를 소재로 한 것으로 매우 사실적인 연기가 펼쳐지고 있다. 그림 왼쪽 위에 다음 막에 등장할 천사들이 대기하고 있다.

> 사람들이 순례를 갈망하는 것은 이때
> 성지 순례자들은 낯선 나라에 마음이 쏠리고
> 먼 나라에서 널리 칭송되는
> 성인들의 묘소를 찾으러 간다.[79]

이렇게 가슴 설레는 순례는 자칫 극단적으로 퇴폐적인 방향으로 흐를 수 있었다. 성스러운 여행이라는 이름 아래 행해지는 순례는 종종 간음을 위한 소풍이나 무분별한 성적 모험의 장이 되기도 했다. 호이징가(Huizinga)는 『중세의 가을』에서 "순례는 연인들이 서로 만나기 위한 기회로 주어지는 것이다. 이 시대 순례는 온갖 천박한 목적에 부응하였다"라고 말한 바 있다.[80] 종종 순례지는 점잖지 못한 영업으로 인한 명성을 얻었는데, 15세기 당시 웨스트민스터에는 일렬로 늘어선 매음굴이 있었고,[81] 순례지 근교의 선술집 아낙네들은 포주이거나 매춘을 주업으로 삼았던 것이다.

『캔터베리의 순례자들』에서는 선술집에서 방탕을 일삼는 수도승을 그리고 있고, 윌리엄 해리슨(William Harrison)은 순례지의 성천이란 "남녀가 다른 유희에서처럼 무례한 짓을 하기 위해 모이는 곳일 뿐"[82]이라고 비난하였다. 심지어 한 중세의 시구는 사생아를 가진 어린 하녀가 주인의 추궁에 직면하자 "난 주인과 시동에게 말하면 돼요/순례를 다녀왔더니 이렇게 되었다고"[83]라고 노래한다.

이렇듯, 일상성을 탈피한 순례의 여흥적 속성은 순례에 대한 비판을 불러온 이유의 하나가 되었는데, 이러한 비판들에 나타나는 여흥적 속성을 광범위하게 해석한다면, 삶의 의무로부터 도망치는 것을 의미한다고 볼 수 있다. 에라스무스는 『루터 사태』(*The Luther Affair*)라는 글에서, "순례자들은 자신들의 우선적 과제인 아내와 자식의 삶과 도덕을 버리고 집을 떠나, 아무런 볼일이 없는 산티아고나 예루살렘으로 도망"[84]가기 때문에 이러한 탈출을 허가하는 순례라는 제도가 비도덕적이라는 논지를 펴고 있다. 그러나 이 경우 에라스무스가 기술한 "아무런 볼일이 없는 곳"으로의 여행이란 실제로는 일상성에서 벗어나는 해방이자 나아가 향락에 대한 추구였던 것이다. 이미 813년의 샬롱(Chalons) 종교회의에서는 바람직하지 않은 순례자를,

— 순례를 통해 죄를 씻을 수 있다고 믿으며 성직의 의무로부터 빠져나가는 성직자
— 단지 순례지를 자주 드나드는 것만으로 죄가 사해진다고 믿는 평신도
— 순례 중 동료를 보호한다는 구실 아래 일행들로부터 돈을 우려내는 힘있는 자
— 순례의 동기가 좀더 나은 구걸을 위한 것일 뿐인 가난한 자[85]

라고 구분하고는 이보다 더 심각한 경우로 "음탕한 즐거움만을 위해 순

례를 떠나는 자"를 꼽았다.[86] 실제로, 1407년 한 롤라드(Lollard)는 말하기를, "성인의 뼈나 성상을 찾아 떠나는 것은 사실은 미친 듯이 여기저기서 순례길에 오르는 여자와 남자들이 음탕하게 만나기 위한 구실"[87]일 뿐이라고 고백하였다. "향락을 위해서는 더 이상 빠뜨린 것이 없을만한" 이 순례에 대해 좀더 들어보자.

그들[순례자]은 우선 일행 가운데 음탕한 노래를 잘 부르는 남자와 여자가 있는지 확인한다. 다른 순례자들은 백파이프를 준비할 것이다. 그래서 어떤 마을이든지 그들이 지나갈 때면 그 시끄러운 노랫소리, 파이프 소리, 캔터베리 벨을 울려대는 쨍쨍거림에다가 그 뒤를 좇아 짖어대는 개소리까지 더하여 나팔수와 가수들을 거느리고 행차하는 국왕의 행렬보다도 더욱 소란을 피운다. 그래서 이 남자와 여자들은 순례를 떠난 지 반년쯤 지나면 대개 대단한 싸움꾼, 이야기꾼에 거짓말쟁이들이 되어버린다.[88]

이러한 극단적인 경우는 그만두고라도 순례에서 근대의 휴가와도 같은 여흥적 성격을 충분히 도출해낼 수 있는데, 이는 순례가 중세인들로 하여금 "비록 일상 생활이 견딜 만한 것이 아닐지라도 삶을 견딜 만한 것이라 느끼게 만드는"[89] 기회를 제공하였음을 증명하는 것이다.

영국의 종교개혁

중세의 순례는 영국의 경우 종교개혁의 물결 아래서 커다란 전환점을 맞게 되었다. 종교개혁은 무척이나 복잡한 역사적 사건으로, 영국에서 일어난 종교개혁의 진정한 원인을 규명하기 위한 수많은 연구들이 진행되어왔다. 헨리 8세에 의해 단행된 영국의 종교개혁에 접근하는 방법은 크게 두 가지로 나뉜다.

15세기 말에서 16세기 초에 그려진 것으로 보이는 이 그림은 수도원 정원에서 수도사와 수녀들이
벌이는 음탕한 행동을 비판하는 내용을 담고 있다.

우선, 디킨스(A.G. Dickens)나 엘턴(G.R. Elton)과 같은 학자들은 영국에서 중세 말부터 기존 가톨릭교에 대한 불만이 팽배해 있었다고 주장한다. 따라서, 이들의 연구는 종교개혁은 사회 저변에 널리 축적된 전통종교에 대한 불만과 비판이 결국 영국의 종교개혁을 불러오게 된 것이라고 보는 '아래로부터의 접근'이라 할 수 있다. 반면, 헤이(C. Heigh)와 스케리스브릭(J.J. Scarisbrick)과 같은 학자들은 구교에 대한 영국 사람들의 충성이 변함없이 지속되고 있었음에 주목한다. 따라서 이들은 종교개혁을 국왕의 사회경제적 이해 때문에 '위로부터' 부과된 일종의 정책으로 해석한다.

영국의 종교개혁의 성격을 더 구체적으로 논한다는 것은 논지의 전개상 어려운 일이므로 여기서는 종교개혁이 순례라는 관습에 미친 영향만을 살펴보기로 하자. 1520년대까지만 해도 순례에 대한 정부의 입장은 호의적이었다. 헨리 8세는 1521년 로마 교황으로부터 '신앙의 수호자'라는 칭호까지 받았다.

그러나 1529년부터 국왕 자신의 개인적, 그리고 사회적 환경의 변화에 따라 로마와의 관계가 새로운 국면으로 접어들게 된다. 이에 토머스 크롬웰(Thomas Cromwell)과 토머스 크랜머(Thomas Cranmer)를 필두로 종교에 대한 새로운 정책들이 수립되었고 결국 1534년 수장령을 선포한 국왕은 1536년부터 1540년에 걸쳐 대대적인 수도원 해체를 단행하였다.

강경한 종교정책을 펴나가던 1530년대 후반 크롬웰이 파견한 행정관들은 종래 순례지 사원들과 수도원에 소장되어 있던 성물들을 '미신적 대상'이라고 규정하고 파괴하거나 수거해 갔다. 사원파괴는 1538년 절정에 달했고, 국왕은 1536년과 1538년 두 차례에 걸쳐 순례와 성물 숭배, 그리고 성상에 대한 보시를 금지하는 법령을 발표하였다. 1538년에는 또한 성직자들에게 순례를 미신적 행위라고 설교하라는 교지를 내렸으며, 특히 성상이나 성물에 키스를 하거나 핥는 행위를 강력하게 금

) Jhr heiligen merk es mich recht/
Des heiligen Vaters Papstes Knecht/
bin ich/vnd br ing euch jst allein/
Zehn tausent vnd neun hundert care in/
Gnad vnd Ablaß von einer Sünd/
Vor euch/ewer Eltern/Weib vnd Kind/
so ein jeder gewehret sein
So viel jhr legt ins Kästelein/
So bald der Gülden im Becken klingt/
Jm hug die Seel im Himel springt/

루터가 95개조의 반박문을 내놓게 된 강력한 동기를 제공했던 면죄부의 판매를 풍자한 그림.

하였다.

이 과정에서 수많은 성천 역시 폐쇄되거나 파괴되었다. 중세 때 많은 순례자들이 찾아든 벅스턴(Buxton)의 성 앤(St. Ann) 성천 역시 수난을 피할 수 없었다. 1538년 크롬웰의 행정관인 윌리엄 바셋(William Basset)이 도착하여 "가톨릭과 관계된 모든 것들을 억압하라"는 명령을 수행하기 위해 샘을 폐쇄하였다.[90] 바셋은 크롬웰에게 다음과 같이 보고하였다.

주인님의 편지를 받자마자 저는 48시간 안에 벅스턴의 성 앤 상과 버턴어폰트렌트(Burton-upon-Trent)의 성 앤드류(St. Andrew) 상을 저의 집으로 옮겨놓았습니다. 그리고 다시는 전과 같은 우상숭배와 미신이 발생할 수 없도록 성상이 있던 감실을 부숴버렸을 뿐만 아

니라 목발, 셔츠와 양초들도 치워버렸습니다. 주인님, 저는 또한 벅스턴의 샘과 욕탕을 폐쇄하여 주인님의 허락 없이는 아무도 들어갈 수 없도록 조치하였습니다.[91]

스케리스브릭은 단호하게 "영국의 프로테스탄트화는 종교개혁의 결과이지 결코 원인이 아니었다"라고 말한다.[92] 로즈(A.L. Rowse) 역시 수도원 해산에 따른 무분별한 성물 파괴 과정에 대해 "분별 있는 사람들로서는 참고 보기 힘든 시간이었음에 틀림없다"고 말한 바 있다.[93] 순례만을 두고 종교개혁을 논하자면 이 두 사람의 견해는 상당히 설득력이 있다. 최소한 순례라는 관습을 놓고 보았을 때, 종교개혁은 갑작스런 순례의 금지라는 뜻밖의 변화를 '위로부터' 강제하는 것이었다. 중세 말 순례의 폐해—특히 여흥적 성격—에 대한 비난들이 존재하였던 것은 사실이지만 그 내용에서 순례 자체를 부정하거나 대대적인 개혁을 '아래로부터' 꾀한 움직임은 대단한 것이 아니었기 때문이다.

사람들은 종교개혁 직전까지도 순례를 떠났다. 헨리 8세도 1538년까지 월싱엄의 사원에서 촛불을 밝혔다. 종교개혁 후 순례를 강력하게 비판하였던 에라스무스도 1512년 월싱엄을 방문하여 "성처녀를 보기 위해 순례를 떠나지 않고는 배길 수 없었다"고 말한 바 있다.[94] 그러나 성지가 폐쇄되고 순례가 금지되는 1538년 이후 에라스무스는 바로 그 월싱엄의 성녀를 경배하는 것을 "말도 안되는 미신"이라고 이야기했다.[95] 여기서 에라스무스가 공격하는 것은 우상숭배에 대한 불합리성으로 '미신'이란 결국 내용보다 형식을 강조하는 경향을 통틀어 말하는 것이다. 『기독교 전사의 지침』(*The Handbook of the Christian Soildier*) 이라는 글은 그의 견해를 잘 드러낸다.

영혼 깊숙한 곳의 더러움을 씻어내지 않고 단지 성수 몇 방울을 뿌려대는 것이 무슨 소용이 있는가? 성인을 숭배하고, 그들의 유물을 만지는 사실에서 기쁨을 느끼는 자들이여, 그대들은 가장 위대한 유산인 결백한 삶 자체를 등한히 한다. 마리아에 대한 최고의 신앙이란 바로 마리아의 겸허를 닮아야 한다는 것이다. 성인들의 덕을 닮으려는 노력 자체가 적절하고도 최선의 신앙일 것이다.[96]

순례에 대한 에라스무스 개인의 예가 시사하는 것은 영국의 종교개혁이 이른바 르네상스 인문주의자들의 영향 아래서 입안된 정책이었다기보다는 종교개혁 이후에 인문주의자들이 그 정책을 옹호하고 뒷받침하는 이론적 견해를 맘껏 내놓았다는 가능성이다. 이는 영국에서 르네상스 인문주의 자체가 정치적 영역과 얼마나 긴밀한 관계 속에 놓여 있었는가 하는 문제를 다시 생각해보게 하는 것이다.

같은 맥락에서 우스터(Worcester)의 주교 라티머(Latimer)의 설교문은 시사적이다.

도대체 어떤 근거로 이 상들[유명한 순례지의 성상들]이 다른 상에 비해 더욱 영험하다는 것인가? 사람들은 고생을 하고 몸을 혹사해가며 확신에 가득 찬 채 이런 성상들을 보러 간다. 그렇다면 그토록 유명하고, 너무나도 고귀하고, 널리 칭송되는 성상들이 영국에 너무나도 많고 너무나도 다양하다는 것에 대해서는 어떻게 생각하는가? 이 성화가 다른 성화보다 낫다, 이 상이 다른 상보다 낫다고 말하는 것이 성상에 대한 적절한 대접인가? 오히려 성상에 대한 악용이 아니던가?[97)

여기서 주장하는 것은 우상파괴라는 행동이 결국 신앙에서 통일성을 추구하자는 것으로, 그 단일성은 성상이나 성물과 같이 산재한 다양한 매개물을 제거해버림으로써 진정한 단일성을 확보해야 한다는 것이다. 이는 로즈가 주장하였듯이 "프로테스탄트들은 기존 종교의식의 대상물들을 파괴하는 것이 종교의식 자체를 파괴하는 최선의 방법이라 결정하였다"는 것을 보여준다.

그러나 영국에서 종교개혁이 꾀한 바는 모든 사람들이 신과 직접 교통을 할 수 있는 신앙을 확립시키는 것이 아니라 이른바 수장(supreme head)이라는 국왕을 단일매체로 설정하려는 것이었다. 따라서 우상타파주의란 대륙의 프로테스탄티즘과는 사뭇 다른 목적으로 강제된 것으로, 백성들에 대한 믿음체계를 통제하고자 하는 국왕의 강력한 정책이었다. 헨리 8세의 우상타파주의 정책은 자신의 종교적 소신에 따른 것이라기보다 종교개혁 자체를 수행함으로써 권력을 가시화하고, 보다 강력한 행정력을 갖추는 수단을 확보하기 위함이었다. 더욱이 수도원 해산과 더불어 사원의 파괴는 재정을 확충하려는 목적에서 이루어진 것으로 보아야 한다. 크롬웰의 대리인인 런던 박사(Dr. London)는 "저는 순례자들의 발길이 끊이지 않던 케버섬의 성녀상을 쓰러뜨렸습니다"[98)라고 보고한다. 그후 성녀상에 입혀졌던 금은은 모두 벗겨져서 국왕의 국고로 실려갔다.

이런 경향은 국왕이 성 위니프레드 샘(St. Winifred Well)을 폐쇄하

알베르트 뒤러가 그린 에라스무스의 초상(1526). 르네상스의 대표적 인문학자인 에라스무스는 종교를 비판하여 종교개혁에 큰 영향을 끼쳤다.

지 말도록 조치한 사례에서 분명히 알 수 있다. 성 위니프레드 샘은 중세 말 많은 순례자들이 찾던 주요 성지로, 국왕은 다른 성천과 달리 폐쇄허가를 내리지 않았다. 이 예외는 표면적으로는 헨리 8세의 조모인 마거리트 보퍼트(Margaret Beaufort)가 그곳에 교회를 세웠기 때문인 것으로 알려져 왔다. 그러나 실제로는 이곳을 찾아드는 순례자들의 헌금이 상당하였기 때문에 지속적으로 이를 취하는 것이 더 이익이라고

계산한 것으로 보인다. 윌리엄 홀크로프트(William Holcroft)라는 자는 그 사원에서 헌금을 모으는 직책에 임명되었으며, 거두어진 재물은 모두 국왕에게 전달되었다.[99)

순례금지 조치는 영국 종교개혁의 과정에서 일어난 우상타파주의 가운데 가장 중요한 결과물 가운데 하나이다. 결국 영국 사람들의 믿음체계의 구조를 바꾸어놓는 강력한 수단으로 작용하였기 때문이다. 사람들로 하여금 진정한 신앙의 중심으로 끌어 모으려는 우상타파주의의

영국에서 절대왕권을 수립한 헨리 8세의 행차도.「금란의 뜰」의 일부분이다. 헨리 8세의 종교개혁은 왕권강화를 위한 강력한 방편이었다. 왕은 귀족들에게 재산상의 제재를 가하였을 뿐만 아니라 집안에 거주하는 하인을 제외한 가신을 둘 수 없도록 하였다.

이데올로기적 천명은, 실제적 영역에서 순례와 같이 삶 속에 이미 자리한 생활양식 자체를 강제적으로 억압하고 더 이상 지속하지 못하게 하여 사람들의 습관을 바꾸어놓는 결과를 가져왔다. 사람들의 눈앞에서 그들이 즐겨 찾던 순례지가 허물어지고 폐쇄되는 일은 엄청난 충격이

종교개혁 이후 가톨릭 교도를 비롯한 비국교도인들은 심한 박해를 받았으며, 영국 땅에서 쫓겨나기도 하였다.

었을 것이다. 이는 사람들의 삶이라는 측면에서 로마와 결별하는 것보다 훨씬 큰 영향을 끼쳤고, 또한 회복하기 어려운 것이었다.

물론, 정책의 변화가 사람들의 사고구조를 하루아침에 바꾸어놓을 수는 없다. 종교개혁 이후에도 많은 사람들이 순례를 계속하였으며, 특히 종교적 양식에서 커다란 입장 차이를 고수하던 신실한 가톨릭 신자들은 비난과 억압에도 불구하고 순례를 감행하기도 하였다. 더욱이 헨리 8세의 사후 종교정책에서 커다란 입장의 차이를 보이던 국왕들의 시대에도 순례의 일시적 부활이 목도되었다. 메리(Mary) 여왕의 재위기간에는 순례자들이 활개를 쳤을 것이고, 제임스 2세는 성 위니프레드 샘을 방문하기도 하였다.[100] 1629년 성 위니프레드 샘에서 열린 축제에는 14,000명의 순례자와 150여 명의 성직자들이 모여들었다는 기록이 있다.

17세기 말까지도 성천에서 일어난 기적에 대한 이야기들은 계속 수집되고, 심지어 출간되기도 하였다. 17세기 말 대표적 여행자였던 셀리아 파인스(Celia Fiennes)는 많은 가톨릭 신자들이 아직도 순례를 계속하고 있다고 보고한다. 요크셔의 성 매그너스 샘에서 "나는 수많은 가톨릭 신자들이 무릎을 꿇은 채 우물을 둘러싸고 있는 것을 보았다. 이 불쌍한 사람들이 무지몽매한 열정에 현혹되어 있다는 사실은 연민을 불러일으키며 우리로 하여금 좀더 계몽되어 있다는 사실이 얼마나 좋은 것인지를 깨닫게 한다."[101]

그러나 파인스의 이야기에서 엿볼 수 있듯이, 종교개혁은 이제 '좀더 계몽된 사람들'의 목소리가 주류를 이루는 발판을 마련하였던 것이다. 성지를 찾는 순례는 명백하게 쇠퇴하였고, 순례를 지속하는 사람들에 대한 냉소와 '참을 수 없는 혐오'가 팽배해졌다. 순례를 계속하던 사람들은 종교적으로 정치적으로 핍박받던 '가톨릭'으로 몰리기 일쑤였고, 소수의 순례는 종교개혁 이전 순례의 입지를 결코 탈환할 수 없게 되었던 것이다.

종교개혁 후 '순례'는 실질적 행위를 일컫는 말이 아니라 상징적 개념을 뜻하는 단어로 바뀌게 된다. 이제 성물을 숭배하는 것, 무리를 이루어 함께 길을 떠나는 것과 같은 행위는 사라지고 정신적 구도를 위해 노력하는 것을 의미하게 된 것이다. 여기서 정신적 구도란 종종 세속적 감정을 띤 개인적 명상을 의미하기도 한다. 17세기에 쓰인 조지 허버트(George Herbert)의 시 「순례」를 보자.

나는 길을 떠나, 언덕을 본다
그곳에는 나의 기대가 가로누워 있고
길고도 힘든 길
절망의 어두침침한 동굴
난 절망을 한쪽에 버려둔다, 그리고 다른 한쪽에는
자존심의 바위가 있다.[102]

그러나 앞서 살펴본 것처럼 중세 사람들에게 순례는 오직 종교적 신앙심만을 고취하는 수단은 아니었다. 성인의 발자취를 더듬어 영혼을 정화함으로써 천국행을 꾀한다는 원칙적 이상 아래 순례는 실제적으로는 현세에서의 어려운 삶의 구조 내에서 구제와 희망을 주어 그 삶을 지속시켜 나아갈 수 있게 하는 역할을 하였던 것이다. 중세의 순례가 제공하던 다양한 위안과 여흥이라는 요소는 종교적 체제의 변화와 관계없이 삶에서 지속적으로 필요한 것이었다. 이제 사람들은 자신들에게 구제와 희망이라는 기능을 제공해줄 대안, 즉 새로운 방법을 갈구하게 되었고, 새로운 순례지로 여행할 수 있는, 과거의 순례라는 관습과 같은 합법적 구실 또한 절실히 필요로 하게 되었다.

이러한 상황에서 기존 순례지를 대치하여 나타난 것이 온천장으로 과거 성천이었던 곳을 중심으로 발달하게 되었다. 이제 신성에 호소하던 순례는 과학에 기반을 둔 수치료법을 받으러 온천에 간다는 형태로 대치된 것이다. 이리하여 근세의 온천장은 중세 순례가 수행하던 기능을 물려받게 되었는데, 병을 고칠 수 있다는 기복적 요소와 순례라는 여행에 녹아 있던 여흥의 요소가 그것이다. 순례에서 종교개혁이 이룬 성과란 육체적 고행을 통한 면죄, 그리고 나아가 사회복귀라는 장치를 제거하였던 것이지만, 순례가 수행한 여러 기능들은 새로운 종교체제 아래서도 포장만을 바꾼 채 지속적으로 추구되어야만 할, 인간의 삶에서 기본적인 것들이었다.

2

성스러운 물

사랑의 불꽃은 물을 덥히지만
물은 사랑을 식힐 수 없다

• 셰익스피어

샘을 숭배하는 불경한 사제들은 물 자체가 약효 성분을 포함하고 있다는 사실은 무시한 채 값싸고 갑작스런 치유를 샘을 관장하는 신의 탓으로 돌린다. 샘에 돈이나 물건을 바치는 것은 예전에 에드거 규율에 의해 금지된 바 있다. 그리고 해먼스 박사는 옥스퍼드에 있는 성 클레멘트의 샘을 제외한 성 에드먼드의 샘에서의 숭배를 반대하는 금지명령을 언급하였다. 이후 가톨릭 사제들은 이 옛 관행에 따라 광천을 특정한 성인들에게 갖다붙이게 되었다. 그래서 벅스턴에 있는 한 우물은 성 앤의 샘이라고 불렸는데, 속기 쉬운 평범한 사람들은 헌물, 순례, 그리고 기도를 하면서 성인들이 기적적인 치유를 가져다줄 것으로 믿는다.

• 존 플로이어, 「영국 온천의 올바른 이용과 악용」[1]

중세 영국의 일상생활에서 물은 친숙한 물질이 아니었다. 사람들은 물을 신성하고 설명할 수 없는 것이라고 생각했으며, 때로는 위험한 물질로 간주하기도 하였다. 성천의 물은 기적을 가져오는 힘이 있다고 생각되었으므로 순례자들은 그곳에서 기적적인 치유를 구하려고 하였다. 성천이 간직한 치유의 힘은 물 자체가 갖고 있는 화학적 성분 때문이라기보다는 근원적으로 초자연적인 권위로부터 비롯한다고 여겼다. 한편, 보통 물을 마신다는 것은 일종의 문화적 금기였는데, 이는 물이 사람의 건강을 해친다는 믿음 때문이었다. 또한 기독교의 전파 과정에서 목욕이 퇴폐적인 관행으로 비난받으면서 최소한 영국에서는 목욕은 일상생활에서 거의 찾아볼 수 없을 정도로 드문 일이 되었다.

종교개혁은 물에 대한 이해와 사용이라는 두 측면 모두에서 엄청난 변화를 가져왔다. 영국의 종교개혁 과정에서 많은 성천이 폐쇄되면서 그것이 가지고 있던 성스럽고 마술적이며 기적적인 후광 또한 씻겨 나가게 되었던 것이다. 물은 이제 친근한 음료로 자리잡게 되었으며, 손과 얼굴을 씻는다는 것은 건강을 위해서, 혹은 사회적으로 적합한 매너의 일종으로, 나아가서 정신적으로 청량감을 주는 행위로 인식되기 시작하였다. 이 장에서는 중세로부터 종교개혁 이후에 걸치는 기간 동안 영국에서 물에 대한 개념이 어떻게 변화했는가를 추적한다.

여기서 주목하고자 하는 것은 물에 대한 개념과 사용 두 측면에서 세속화를 더욱 앞당긴 사건이 바로 종교개혁이었다는 점이다. 종교개혁이 이른바 '미신적인' 물의 사용을 파괴하는 작업을 수행하였기 때문에 대안으로서의 '과학적인' 물의 사용이 대두할 수 있었다는 것이다. 따라서 이 과정에서 등장한 수치료학이 과거 순례자들이 필요로 하던 요구를 충족시켜 줄 뿐만 아니라 물 자체를 소중한 자원으로 인식할 수 있게 하는 기초를 다졌으며, 이러한 개념의 변천을 통해서 영국의 온천장들은 과거의 성천을 대치할 수 있게 된 것이다. 따라서 온천장이 성립할 수 있었던 기저에는 물과 물을 찾는 행위 모두를 합법화시키는 과정이 자리한 것이고, 그 역할을 담당한 것이 수치료학이었다.

성스러운 물

원시사회 때부터 물은 신비스러운 것으로 생각되었다. 물은 땅을 지나가면서도 맑게 솟아오르는 마술적인 것이었기 때문이다. 물은 끊어지는 듯하다가도 이어질 수 있고, 투명한 것이다. 기독교가 보급되기 이전의 이교적 문화 속에서 샘, 개울이나 강 등은 모두 신비스런 대상이었으며 사람들은 종종 그 자체에 정령이 있다고 믿었다. 다른 사회와 마찬가지로 영국에서도 역시 우물숭배나 샘치장과 같은 관습이 전해 내려오고 있었다.[2] 사람들은 자신들의 수호신이나 샘의 정령에게 기후, 병의 치료, 나아가 개인적인 복수를 위해 기도하였다.[3] 동전이나 핀과 같은 헌물이 바쳐졌고, 수많은 샘에서 지금도 그것들이 발견되곤 한다.

기독교가 잉글랜드에 도입된 후 초기에 선교사들은 샘치장과 같은 이교적 관행들을 포용하였다. 교회는 물론 이교주의를 제지하여야 하

는 기구였지만, 개종 초기단계의 앵글로색슨 교회는 아주 오랜 관습들을 완전히 뿌리뽑기보다는 교회 체제 안으로 포용하는 정책을 써나갔다. 케이트 토머스(Keith Thomas)는 이러한 현상이 이후 기독교가 정체성을 확보하는 데 큰 문제로 대두되었음을 지적했다.

그에 따르면 초기 기독교 지도자들이 이교주의를 전면 부정함으로써 새로이 개종하는 이들과 직접적인 마찰을 초래하기보다는 이교적 요소들을 기독교 안으로 흡수하는 편을 선택하였다. 그러한 "악명 높은 준비성" 때문에 뒷날 어려움을 겪게 되었다는 것이다. "우물이나 나무, 심지어 돌 등을 숭배하는 고대적 관습들은 폐기되기보다는 기독교적인 것으로 전환되는데, 이 과정에서 이런 대상들이 이교적 정령이 아닌 기

독교적 성인들과 연관지어진다"는 것이다.[4]

그러나 이런 관행들에 분명 이교적 색채가 강한 만큼, 때때로 이러한 관행들은 교회의 권위자들로부터 비판의 대상이 되곤 하였다. 앵글로 색슨 성직자들은 "우물에 물건을 갖다바치거나 절하는" 관습을 금지시 키곤 하였다.[5] 그러나 물을 신비스런 물질로 여기는 믿음은 쉽게 사라 지지 않았다. 오히려 기독교 아래서 기독교적 일상의 한 부분으로 자리 잡게 되었다. 나라 곳곳에 수많은 점처럼 박혀 있는 마술의 샘들은 '성 천'으로 거듭나게 되었으며, 특정한 성인과 연결지어졌고, 신성에 의한 치료와 미래를 예언하는 역할을 맡게 되었다. 또한 이들 샘에서 나오는 물은 특별히 세례에 적합한 것으로 믿어지기도 하였다.[6]

한편, 기독교 자체 내에서도 물에 중요한 의미를 부여하기 시작하였 다. 물이란 신이 내린 아주 중요한 마술적인 선물이라는 개념이 그것이 다. 물은 신의 창조물 중 가장 놀라운 것 가운데 하나이고, 순수를 상징 하는 것이었다. 여기서 신이 내린 마술적 선물이라 함은 기적을 일으키 는 힘을 가진 것으로, 대개 병을 치료하는 기적을 일컫는 것이었다. 이 것은 신이 창조한 것 가운데 신의 전능함이 포함되어 있지 않은 것은 아 무것도 없다는 개념의 연장선상에 있는 것으로, 신은 인간의 삶을 위해 자연의 많은 것들을 창조하였다는 것과도 연관된다. 이와 관련, 가장 자 주 고찰되는 성서의 구절은 『전도서』(Book of Ecclesiasticus)의, "주님 은 지상에서 약을 창조하셨고, 지각 있는 인간은 그것을 허투루 보지 않는다"(37 : 4)는 것이다.[7]

이처럼 이교적 전통과 기독교적 전통의 혼합 속에서 중세사회에서 물은 초자연적인 대상으로 자리잡게 되고, 물과 관련된 기적 이야기들 이 등장하게 된다. 성 패트릭(St. Patrick)은 죽어가는 한 남자와 죽은 말을 자신이 축복한 물로 살려내었고,[8] 성 콜롱 실(St. Colomb Cille) 은 바위를 쪼개는 마술로 샘이 솟게 하여 그 물로 아이에게 세례를 주 었다는 기록이 있다.[9] 또한 극심한 가뭄 중에 숨어 있는 샘을 찾아내는 것은 중세에서 강력한 마술 가운데 하나였다. 성 세난(St. Senan)은 대 가뭄의 해에 땅을 파서 맑은 물이 샘솟게 하였는데, 그 물은 주민들의 절박한 필요를 충족시켰을 뿐만 아니라 "그 물로 어떤 병이든 치료"하 였다고 기록되었다.[10]

이렇듯 잉글랜드 각지에 퍼져 있던 성천들은 성인들과 관련된 전설 적인 이야기들을 품고 있다. 성천의 물은 종종 '천국의 젖'이라고 불리 며 아주 특별한 치유능력이 있다고 알려졌다.[11] "어떤 병이든지 성천에 가기만 하면 완전히 나아 올 것이다"[12]는 믿음은 너무나도 당연한 진리 처럼 여겨지는 추세였다. 성천은 성스러운 언덕이나 나무, 혹은 기타 성물처럼 다른 어떤 대상보다도 훨씬 숫자가 많았고, 순례의 주목적지 가 되기도 하였다.

중세 영국에서 성천으로 가장 널리 알려진 곳은 북웨일스(North Wales), 플린트셔(Flintshire) 지방의 성 위니프레드 샘(St. Winifred's Well)이었다. 이 우물의 기원은 아름다운 소녀 위니프레드의 순결과 복 종에 대한 이야기로부터 비롯되었다. 카라코드(Caracod) 왕자에게 구 애를 받았으나 위니프레드는 신에게 정절을 바치기로 결심하였다. 성 난 왕자는 위니프레드의 목을 쳤고, 그 목은 성 뷰노(St. Beuno)의 교 회 안으로 굴러 들어갔는데 그 멈춘 곳에서 맑은 샘물이 솟아났다는 것 이다.[13] 이 샘물은 아주 차갑고, 기적과 치유에 얽힌 전설들을 자랑하 였다. 수많은 순례자 가운데 헨리 8세의 어머니 마거리트는 그곳에 고 딕 스타일의 멋진 예배당을 세우기도 하였다.

이들 성천과 그에 연관된 성인들의 전설은 마치 근대 의학에서 전문 분야가 있듯이 특정 질병에 특효가 있다고 알려졌다. 콘월의 성 수녀 샘(St. Nun's Well)은 정신병을 치료하는 데 특효가 있다고 알려졌다. 유명한 배스(Bath)의 온천들은 문둥병과 다양한 피부병을 낫게 한다는 명성을 날렸다. 패스토(Padstow)의 성천은 성 캬도(St. Cadoc)를 수 호성인으로 모시고 있었는데 주로 기생충을 없애는 데 특효였다.

성 위니프레드 샘의 내부

　요크셔의 성 매그너스 샘(St. Magnus' Well)은 눈병을 가진 순례자
들로 들끓었으며, 성 위니프레드 샘은 단독(丹毒, erysipels)으로 고생
하는 사람들을 감쪽같이 낫게 한다는 소문이 무성하였다.[14) 맨체스터
에 있는 성천은 불임으로 고생하는 여성들에게 특효가 있다 하여 여성
순례자들을 끌어모았으며, 아일랜드 울스터에 있는 성천은 머리가 하
얗게 세는 것을 방지하는 효과가 있다고 알려졌다.[15)

　런던에만도 25개가 넘는 성천이 있었다. 스토(Stow)는 피츠스테펜
의 기록을 인용하여, 런던의 북쪽에 아주 달콤하고 몸에도 좋으며 맑은
물이 솟아나는 샘이 세 개가 있다고 하였다. "그 가운데 홀리 웰(Holy
Well), 클럭스 샘(Clerkes' Well), 그리고 클레멘트 샘(Clement's
Wells)이 가장 유명하다."[16) 그 이외에도 스키너 샘, 패기스 샘(Fagges
Well), 토드 샘(Tode Well), 로더 샘(Loder's Well), 그리고 래드웰

(Radwell), 데임 애니스 샘(Dame Annis's Well), 페릴러스 못 (Perilous Pond) 등이 성천으로서의 역사를 갖고 있다.[17]

또 성 클래드 샘(St. Clad's Well)은 죽어가는 사람을 살려냈다고 증언하는 순례자의 전설로 명성을 날렸다.[18] 토튼엄(Tottenham)의 주교 샘(The Bishop's Well)은 눈병을 가진 사람들이 주로 찾았고, 성 아그네스르클레어 샘(St. Agnes-le-Clair Well) 역시 피부병을 가진 환자들에게 유명한 곳이었다.[19]

성천에서 솟아나오는 샘물 이외에 보통 물이라도 성인의 유물을 씻은 것이라면 신성이 깃들게 된다는 믿음 또한 강하였다. 예를 들어, 성인의 시신을 씻은 물, 혹은 성인의 피 몇 방울이 섞인 물은 성인의 미덕이 스며들어서 치유의 힘을 갖게 된다는 것이었다. 캔터베리의 성인 토머스 베킷의 피 몇 방울을 섞었다는 팅크(tincture)는 유명한 기념품이 되었다. 작은 병에 담긴 이 물은 'Optimus egrorum, medicus fir Thomas bonorum―병든 선행자에게 토머스는 최고의 의사'(for good people that are sick, Thomas is the best of physician)라는 라틴어가 새겨진 작은 병에 들어 있었다.[20] 이 물은 중세의 영국에서 가장 널리 알려진 '약'이었을 것이다.

마찬가지로 성 블레이스(St. Blaise)의 뼈를 씻은 물 역시 그 귀중한 가치 때문에 사원은 뼈를 한 번 저은 물인 경우엔 1/2펜스를, 여러 번 저은 경우엔 1펜스를 받고 팔았다. 순례자들은 이 물을 사원에서 직접 마시거나 작은 병에 넣어서 가져오거나 하였다.

종종 중세의 의학에서 처방전은 이러한 성수를 약의 일종처럼 포함시키기도 하였다. 한 예로 14세기 대중용 의학처방전을 보면 "황달에 걸린 사람에게는……상아(혹은 동물의 이나 뼈)와 샤프란을 함께 갈아서 성수에 넣고 데운 다음 아침저녁으로, 그리고 잠자리에 들 때 마시게 하라"[21]고 쓰여 있다. 중세의 한 시구를 통해서도 당시 성천들로부터 성수를 받아 멀리 집으로 가져가는 관행을 잘 알 수 있다.

길어낸 맑은 물을 담은 수많은 통들이 보인다네.
비록 아주 작은 뼛조각이지만 순교자의 뼈를 품고
그곳에서부터 다른 고장과 먼 도시들로 운반된다네.

성천에서는 물을 마실 뿐만 아니라 몸에 바르거나 목욕을 하기도 하였다. 이런 행위가 나타나는 데에는 수호성인과 관련된 전설들이 한몫을 한 것으로 보인다. 예를 들어 성 브라이트(St. Bright)는 두 명의 문둥병자들을 씻어줌으로써 병을 깨끗이 낫게 하였다는 전설이 전해진다.[22] 성 채드(St. Chad)는 종종 기적의 샘의 수호성인으로 알려졌는데, 그 이유는 리치필드의 스토 샘에 자주 몸을 담금으로써 스스로 병을 치료했던 점에서 유명한 것이다.[23] 따라서 성천에는 목욕통과 같은 시설들이 있었다. 런던에 있는 성 질의 샘(St. Giles' Well)과 성 아그네스르셰르 샘(St. Agnes-le-Chair's Well)에는 목욕을 할 수 있는 풀이 있었다.[24]

목욕탕이나 노천 풀, 혹은 간이 목욕통이 없는 성천인 경우에도 사람들은 종종 아픈 부위를 샘에 담그곤 하였다. 특히 미친 사람을 고치기 위해서는 머리를 여러 차례 물에 담그는 것이 널리 추천되던 방식이었다.[25]

알타넌(Altarnun)에 있는 성 수녀 샘은 미친 사람을 고치기 위해서는 웅덩이에 쳐서 넘어뜨린 후 여러 차례 물속에 담갔다 꺼낸 뒤 악령 퇴치를 위해 교회로 데려가는 관습이 있었다. "이렇게 해서 만약 그가 정신을 차린다면 성 수녀에게 감사할지어다. 그러나 별로 차도가 없다면 그 사람의 숨이 조금이라도 붙어 있는 한 반복해서 회복시켜야 한다"[26]고 전해진다. 웸던(Wembdon) 교구의 성 요한 샘(St. John's Well)과 관련해 "수많은 사람들이 물에 씻거나 마시거나 혹은 몸을 담금으로써 건강을 회복하기 위해 모여든다"[27]는 기록이 있듯이 중세의 성천은 온갖 종류의 환자들이 찾던 곳이었다.

그러나 성천을 통해 치유를 했다 하더라도 여기서 물은 궁극적으로는 단지 매개체에 불과할 뿐 그 자체가 치료 효능을 가진 물질이 아니었음을 주목해야 한다. 다시 말하면 여기서 성수라는 것은 초자연적인 권위가 내리는 축복 자체를 전달하는 상징적 매개체일 뿐이었다는 것이다. 따라서 치료란 물 자체가 가진 어떤 성분이나 힘에 의해서가 아니라 환자의 기도와 성인의 축복이 좌우하는 문제였다는 것이다.

같은 맥락에서 제례나 의식에 성수를 사용하는 관행을 이해할 수 있다. 중세 초반부터 교회에서 시행되기 시작한 엑소시즘에서 성수를 사용했던 관습은 아주 분명한 예이다. 이때 성수 자체가 악령을 쫓아내는 것이 아니라 성호를 긋는 것이나 기도문을 외는 것과 마찬가지로 성수는 신성을 상징적으로 매개하는 것일 뿐이었다.[28]

또한 같은 이유로 성수는 신의 축복을 표상하는 것이기 때문에 온갖 질병을 치유할 수 있고, 온갖 기적을 일으킬 수도 있는 것이다. 그뿐만 아니라 불임을 막거나 불행을 예방하거나 집이나 음식을 축복할 때에도 쓰였다.

이처럼 물의 효과란 수호성인 또는 신의 축복에 달린 것이었기 때문에 사람들은 기도를 드리거나 심지어 더 많은 축복을 받기 위해 미신적인 방법을 동원하기도 하였다. 여기서 기독교뿐만 아니라 이교적인 관습들이 성수와 관련된 의식에 종종 녹아들게 된다. 글래스턴베리의 성천의 물은 반드시 성찬배에 담아 마셔야만 효과가 있다고 알려졌다. 맬버른(Malvern)에 있는 성천의 경우는 순례자가 근처 은자의 은신처를 먼저 방문한 후에 마셔야만 그 효과를 볼 수 있다고 하였는데, 까닭인즉 은자가 그 샘을 발견하였기 때문이라는 것이다.[29] 성 매그너스 샘에서는 숫자에 관계된 미신을 고수하였다. 즉 물을 마시거나 물에 담그는 횟수를 3, 5, 7과 같은 홀수로 하지 않을 경우 효험이 없다는 것 따위이다.[30]

중세 사람들은 심지어 미신적인 방법을 통해 병의 쾌차 여부를 예상하기도 하였다. 예를 들어 아픈 순례자들은 입고 있던 윗옷을 샘에 던져보는 방법으로 자신이 나을 수 있는지를 점쳤다. 윗옷이 물에 뜬다면 나을 수 있지만 가라앉는다면 낫지 못한다는 것이었다.[31] 이런 식의 사례들은 다양하게 보고된 바 있다.

만약 신앙심이 깊은 사람이 치유를 원한다면 성 위니프레드 샘에 냅킨을 던져서 거기에 피와 같은 붉은 반점들이 나타난다면 치유될 수 있다는 전설이 있었다.[32] 성 엘리안(St. Elian), 성 사이하펄(St. Cyhafal), 그리고 성 바룩(St. Barruc)의 샘에서는 환자들이 핀을 던지면서 쾌유를 기원하기도 하였다. 성 콘벌(St. Convall) 사원에서는 성 콘벌의 마차라고 불리는 돌을 씻은 물로 몸을 닦아야만 치유된다고 전해졌다.[33]

스코틀랜드에서는 일요일을 특별한 치료의 날로 여기는 추세였고, 아픈 아이들을 5월 첫째 일요일에 성 앤소니 샘(St. Anthony's Well)으로 데려왔다. 이처럼 특별한 날에 샘의 효력이 더하다는 믿음은 여러 기록에서 볼 수 있는데, 매던(Madern)에 있는 성 매던 샘에서 나타난 기적적인 쾌유는 성체축일에 가장 빈번했다고 전해지고 있다.

1512년 월싱엄에 있는 사원에서 에라스무스는 사람들이 이 성스러운 곳에서 샘솟는 물에 대하여 어떤 생각을 갖고 있었는가를 이렇게 이야기한다.

사원 아래쪽에는 물이 가득 넘치는 웅덩이가 두 개 있었는데 그 샘들은 성처녀의 신성에 의해 샘솟는 것이었다. 물은 황홀할 만큼 차갑고 머리와 배의 고통을 치료하는 위대한 덕을 가지고 있었……. 그 치유력은 기적적이라고 들었다. 그 사실은 이 샘이 성처녀의 역사(役事)에 의해 땅으로부터 솟아올랐음을 강하게 뒷받침하는 것이다.[34]

에라스무스가 보았듯이 성수는 기적을 일으킨다는 믿음이 팽배하였

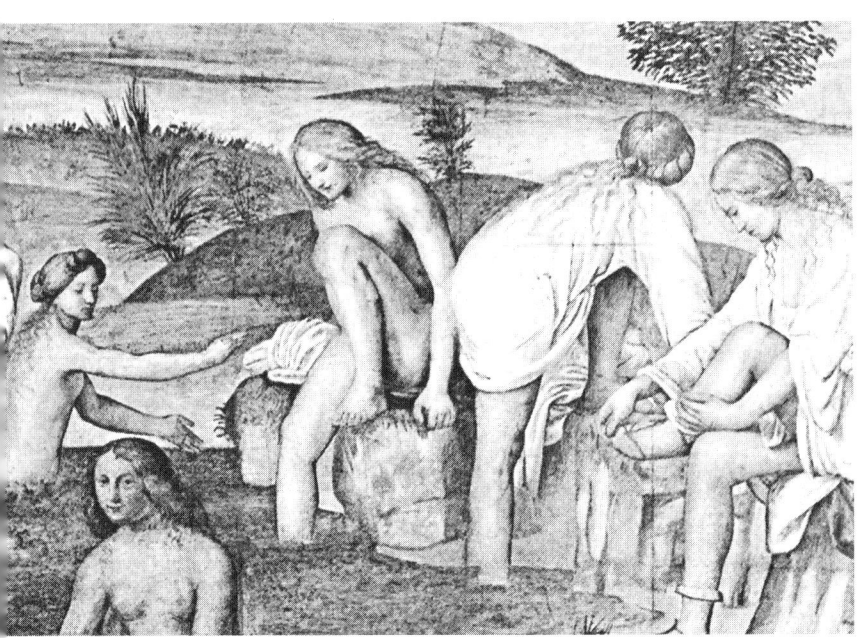

순례자들은 긴 여정 중에 종종 기적을 일으켰다는 개울이나 샘을 만나곤 하였다. 레오나르도 다 빈치의 제자 베르나르디노 루이니는 순례자들이 치료에 효험이 있다는 시냇물에서 목욕하고 있는 모습을 그렸다.

다. 그러나 그 기적적인 치유는 결국 '성처녀의 역사' 즉 성처녀가 일으킨 것이지 물 자체가 일으킨 것은 아니었다.

물 마시기와 목욕

물 마시기

성수의 놀라운 신성성과는 별도로 중세 영국에서 물 자체는 생활에서 그다지 친밀한 물질은 아니었다. 성서의 구절들——특히 창세기, 시편, 욥기의 몇몇 내용은 특히 물 자체에 배타적인 이미지들을 만들어내는 데 일조하였다. 특히 많은 양의 물이 연관되어 있는 대양, 커다란 강, 혹은 심연과 같은 것들은 공포와 연관지을 수 있는 개념을 만들어내었다. 물은 물리적으로 인간이 거주할 수 있는 공간적인 경계뿐만 아니라 심리적으로도 인간 삶 자체의 경계를 의미하기도 하였다. 물은 태어나는 창조의 모체일 수도 있지만 곧 죽음을 연상시키는 것이기도 하였다.[35]

중세 영국에서 물은 마실 거리 가운데 가장 인기가 없는 것이었다. 하천과 우물이 오염되었을 때 발생하는 물에 대한 위협은 생수를 마시는 것 자체를 금기시하는 사회적인 규범(norm)을 형성하는 데 일조하였을 것이다. 15세기의 기록을 보면 가능한 한 생수를 마시는 것을 금하라고 권고한다.

물, 특히 봄철의 물은 건강에 좋지 않다. 왜냐하면 기온이 오름에 따라 두터운 연무가 끼는데 그것이 녹아내리며 널리 퍼지기 때문이다. 그리고 사실 그 물속에는 개구리나 기타 벌레들이 번식한다. 따라서 이 시기에 물을 마셔야만 한다면 항상 맑은지를 확인하거나 혹은 끓여서 정화하는 것이 좋다.[36]

또한 물은 그 속성상 차가운 물질에 속하기 때문에 소화장애를 가져온다는 개념이 팽배하였다. 이런 '물의 위험'에 관련된 문화적 금기들은 중세 사람들이 에일과 같은 기타 음료를 상대적으로 선호하던 사실과 맞물려 있다. 또한 이런 문화적 분위기로 인해 중세 기적과 관련된 전설에서 성인들이 시냇물을 맥주나 포도주로 바꾸었다는 내용이 왜 그렇게 자주 등장하였는가를 알 수 있다. "브리짓(Brigit)이 어떤 우물에 가서 물통에 물을 가득히 채운 뒤 그 물을 축복하였다. 그러자 에일 맛이 나는 것이 아닌가."[37]

마찬가지로 클로나드의 성 핀디안(St. Findian of Clonard) 역시 "물을 축복하자 포도주 맛이 났다"[38]라는 기록이 있다. 따라서 대부분의 경우 물을 섭취하는 것은 다른 음식과 섞어서 끓여 먹거나 아니면 양조된 음료로의 가공을 거친 이후에나 해당되는 이야기였다.

그러나 가난한 사람들은 종종 생수를 마시는 이외의 다른 대안이 없었다. 때문에 생수를 마신다는 것은 낮은 계층임을 드러내는 표지이기도 하였다. 1345년 런던 시에 접수된 불만 가운데 하나는 이런 것이었다.

런던 시내 한가운데 세워진 오래된 수도관은 부유하거나 중간 계층의 사람들이 음식을 준비하는 물을 받기 위해, 그리고 가난한 이들이 마실 물을 공급받기 위한 역할을 맡아온 것입니다. 그 물은 양조업자들이 마구 낭비할 수 있는 것이 아닙니다……. 만약 현상태로 유지된다면 멀지 않은 장래에 부유한 자나 중간계층이 사용할 만큼 충분치 않을뿐더러 가난한 사람들은 더구나 마실 물을 공급받지 못할 것입니다.[39]

목욕

목욕은 본질적으로 몸을 깨끗이 하고 정신에 청량감을 주는 기제라 할 것이다. 그러나 고대 그리스-로마 전통에서 목욕은 위생적인 기능을 수행하기 위한 측면보다는 아주 세련되고 정교한 문화적 전통으로 발달하였다.

목욕문화는 상류사회에서의 접대문화와 연계되어 발달하였으며 로마 사회에서 매일 오후의 목욕은 문명화된 로마인이라는 정체성을 부여하는 일종의 사회적 코드로 자리잡게 된다. 로마인은 자신들의 정복지 곳곳에 목욕탕을 건설하였는데, 원형경기장과 더불어 공중목욕탕은 공간을 초월하는 로마 문화의 대표적 상징물이 되었다. 가끔씩은 황제가 몸소 납시기도 하는 아주 커다랗고 멋진 공중목욕탕에서 모두 벌거벗은 상태로 교류하는 것은 로마인들 사이에 일종의 '평등한 사회'라는 환상을 심어주었을 것이다.

"안녕하세요? 즐겁게 목욕하세요, 그리고 좋은 저녁시간을 가지세요"라는 말은 로마 소년들이 교과서에서 배우는 기본적인 인사법이었다.[40] 로마 도시마다 자리잡은 공중목욕탕은 먹고, 마시고, 마사지를 받는 곳이었고, 때로는 친밀하고도 호화스러운 공간에서의 사교생활을 창출하던 곳이기도 하였다. 또한 공중목욕탕은 다양한 스포츠와 여흥이 행해지던 곳이어서 때로는 성적 접촉의 중심지가 되기도 하였다. 공중목욕탕 안과 바깥에서 창녀와 남창은 언제나 발견되는 요소였고, 심지어 목욕탕을 갖춘 개인주택에서도 목욕을 동반한 손님접대란 성적인 여흥을 의미하곤 하였다.

로마인들은 목욕을 사회적 측면뿐만 아니라 의학적 영역에서도 적극적으로 활용하였다. 목욕은 육체적·정신적으로 피로를 회복시켜 줄 뿐만 아니라 좀더 적극적으로 다양한 질병을 치유할 수 있다는 개념을 발달시킨 것이다. 로마군은 점령지 곳곳에 부상병들의 치료 센터로 목욕탕을 건립하곤 하였다. 영국의 경우 그 당시 로마 병사들의 휴식처로 세워진 목욕탕의 흔적을 배스, 벅스턴, 그리고 런던에서 찾아볼 수 있다.[41]

그러나 기독교의 보급과 함께 목욕문화는 급속한 쇠퇴를 맞게 되었다. 로마 멸망을 도덕적 타락과 연결짓는 기독교 문화는 목욕을 성적이고 방종한 관행이라고 비판하였다. 따라서 중세로 진입하면서 유럽 사회에서 고대와 같은 일상에서의 위생이나 사교로서의 목욕탕은 완전히 자취를 감추게 되었다. 만약 정말로 목욕이 필요할 경우에는 발만을 물에 담그는 족욕(foot-bath)이 시행되었다. 15세기 여행안내서에도 순례자들에게 숙소에 도착한 후 발을 씻도록 권고하는 내용이 있다.[42]

그러나 문화적으로, 족욕의 경우도 종종 강하게 성적인 뉘앙스를 내포하고 있었다. 족욕에 관한 중세의 기록은 대부분 육체적 쾌락 또는 성적 유희와 연관되는 것이었다. 『패트릭의 생애』(*The Life of Patrick*)에서 "영국의 왕자가 한 여인을 찾아왔다. 그녀는 그의 발을 씻겨준 뒤

로마 황제들은 다투어 거대한 공중목욕탕을 건설하곤 하였다. 때때로 황제는 시민들과 함께 목욕하는 모습을 보여주며 '평등한 사회'에 대한 환상을 창출하기도 하였다. 그림은 디오클레티아누스 황제의 목욕탕을 재현한 모습이다.

쾌락을 제공하였다"[43]는 기록이 있다. 간간이 상류계층 사이에서 목욕이 접대문화의 일환으로 제공되었던 사실도 있다. 1474년 버건디 경 (The Lord of Burgundy)이 영국을 방문했을 때 에드워드 4세는 이 손님의 객실에 목욕통을 넣어주었고 가장 높은 신하로 하여금 함께 목욕하도록 하였다. 하인들은 생강이나 다양한 시럽, 사탕 등을 가져와 목욕에 즐거움을 더해주었고 그들은 통 속에서 "만족할 때까지" 머물다가 잠자리에 들었다.[44]

접대문화와 관련한 목욕은 주인의 사회적 신분이나 부를 과시하는 일종의 장치여서 낮은 계층으로 쉽게 전파되지는 않았던 것으로 보인다. 따라서 중세의 목욕이란 일상생활의 한 단면이라기보다는 극히 제한된 부류의 사람들에게 쾌락과 관련된, 신분 과시적인 관습이었던 것이라 볼 수 있다.

하류계층 사람들에게 목욕은 약간 다른 형태로 존재하였다. 그들은

흔히 스튜라 불리던 15세기 중엽 공중목욕탕. 이곳은 위생이나 치료보다는 쾌락적 색채가 훨씬 짙었고, 때문에 종종 단속의 대상이 되었다.

욕탕에서의 목욕이 아닌 증기욕을 하였다. 스튜(stew) 혹은 스튜하우스라 불리던 증기탕은 중세 후반 영국에서 나타나기 시작하였다. 건조한 열이나 증기로 사우나를 하는 장치는, 고대 그리스인들의 발명품으로 로마에 전해져 제국 곳곳으로 퍼져나갔다. 로마의 공중목욕탕의 한 부분에는 물에 몸을 전혀 담그지 않고 오직 증기로만 사우나를 즐기는 증기탕이 설치되어 있기도 하였다.

이 증기탕은 로마의 몰락 이후 이슬람 세계에 전해졌다가 십자군에 의해 다시 유럽으로 들어오게 된다. 리처드 2세의 재위기간에 "플랑드르의 여자들"이 증기탕을 임대차하였다는 기록이 있다.[45] 스튜는 "선술집, 매음굴과 도박장을 섞어놓은 것이다"[46]는 말이 암시하듯이 증기탕에 가는 목적은 위생과는 거리가 먼 것이었다. 헨리 2세 때 의회에서 제정된 법령을 보면 이미 증기탕의 도입 직후부터 악덕과 폐해에 대한 인식이 팽배하였음을 짐작할 수 있다.

—증기탕 주인이나 그 아내는 독신 여성이 아무 때나 내키는 시간에 오고가도록 방치해서는 안된다.
—증기탕 주인은 내부에 여성을 숙박시킬 수 없다. 그러나 그녀가 원하면 증기탕 외부에서는 허용한다.
—여성객실에 주당 14펜스 이상의 요금을 물릴 수 없다.
—성일(holiday)에는 영업할 수 없다.
—독신 여성을 죄가 될 만한 일을 시키기 위해 그녀의 의지에 반하여 가둘 수 없다.
—증기탕 주인은 성직에 종사하는 여성이나 기혼녀를 받을 수 없다.
—독신 여성은 남성과 함께 눕는 대가로 돈을 받아서는 안된다.
—증기탕 업자는 성병이 있는 여성을 둘 수 없을뿐더러 증기탕에는 빵, 에일, 고기, 생선, 목재, 석탄과 기타 물품을 적재할 수 없다.[47]

1441년 헨리 4세는 "스튜에 있는 남자와 여자에 의해 불만스럽고, 험오스러우며 상해와 소란, 살인, 절도 및 기타 폐해들이 저질러지고 있다"고 언급하였다.[48] 이런 와중에 증기탕은 사회적 문제와 성병의 확산에 대한 공포라는 두 가지 이유를 근거로 여러 차례 임시폐쇄 조치가 내려졌다. 14세기 런던 시에서 전염성 질병의 유입을 방지하는 것을 담당하던 관리는 감옥과 증기탕, 이 두 곳을 가장 주요한 관리대상으로 꼽곤 하였다.[49] 16세기에 들어서도 헨리 8세는 공중보건을 위한다는 취지 아래 증기탕을 폐쇄[50]한 바 있으나 곧 다시 부활시켰다. 그러나 육체적으로, 또 도덕적으로 오염의 온상이라는 증기탕의 악명은 매독의 전파 과정에서 더욱 높아진 것으로 보인다. 셰익스피어의 극에서도 보이듯이 증기탕은, 독두병에 의해 군데군데 피부가 벗겨지는 증상을 일컫는 은어인 "썩은 양고기"가 되는 주요한 장소로 지목되곤 하였다.

의학 분야에서도 중세 영국의 목욕은 고대만큼 가치를 인정받지 못하였다. 주요 수도원에서 운영하던 병원들이 시행하던 치료방법의 기록에서 목욕은 거의 발견되지 않는다.[51] 별다른 화학약품이 존재하지 않았던 이 당시 고대 의술에서 중요한 위치를 차지하였던 목욕이 기피되었던 이유로는 물에 대한 공포가 있었기 때문이다. 당시 사람들은 물이 피부 속으로 침투한다고 생각하였는데, 특히 더운 물인 경우는 반드시 피해야 한다는 주장이 있었다. 그 이유는 더운 물은 장기를 약화시키고 모공을 열어서 나쁜 공기에 노출시키기 때문이라는 것이다.[52]

종교개혁 전까지 더운 물에 대한 기피는 만연하여, 16세기 초 널리 읽히던 건강지침서인 『건강과 건전한 마음을 위한 지침』(*Regimen Sanitatis*)에서도 더운 물로 손을 씻는 것을 피하라는 경고가 담겨 있다. "더운 물은 뱃속에 벌레를 자라게 한다"[53]는 것이 그 이유였다. 이처럼 중세를 통틀어 물은 일상에서 친숙하지 않은, 오히려 때때로 위험

중세 유럽의 목욕탕. 물에 몸을 담그기보다는 더운 김을 쐬는 증기욕이 선호되었으며 의학적 치료
뿐 아니라 매매춘의 중심지로 좋지 않은 명성을 얻었다.

하기까지 한 물질로 여겨졌다.

기독교가 보급되자 고대의 목욕문화와 의학 분야에서의 목욕의 가치
는 박탈되는 한편, 전통적인 물에 대한 숭배는 기독교적 신성과 결부되
었던 것이다. 일상에서는 멀어졌으나 아직도 기적과 치유를 불러일으
키는 물의 특별한 효능에 관하여는 신성을 전달하는 매개물로서의 가
치가 부여되었던 것이다.

종교개혁과 물의 부활

의학사 분야에서 두각을 나타내고 있는 로이 포터(Roy Porter)나 리처드 파머(Richard Palmer)와 같은 학자들은 16세기를 물에 대한 태도의 변화가 나타난 분수령으로 파악한 바 있다.[54] 파머는 르네상스의 이상이나 방법들이 의학 분야에서는 16세기에야 그 영향력이 지배적으로 나타났다고 주장한다. 이런 경향 아래서 목욕학(belneology-the science of Bathing, 혹은 수치료학)이 의학 분야에서 주요 영역으로 다시 부상하게 되었다는 것이다. 대륙의 경우에는 중세 후반부터 물의 의학적 활용에 대한 관심이 높아졌다. 이는 분명히 고전의 재발견이나 인쇄술의 발달과도 관련 깊은 것으로 고대의 유산 가운데 목욕에 대한 관심 또한 부활하게 되었던 것이라 볼 수 있다.

지중해 연안 국가들에서 고대적 수치료학의 부활은 14세기경부터 목도되는 것이었지만 영국의 경우 물의 의학적 활용은 분명히 종교개혁 이후였다. 종교개혁과 수반된 사회 전반의 세속화, 특히 사고의 세속화 과정은 물이 가져오던 치유의 효능을 신이 내린 기적적 역사가 아닌 과학의 대상으로 볼 수 있도록 변화시키는 강력한 배경을 형성하였던 것이다. 따라서 이 과정은 물의 신성성을 타파하는 과정과 병행될 수밖에 없었다.

종교개혁 이전에도 물론 교회의 의식이나 원칙과 관련하여 성수가 비판의 대상이 되었던 적이 있었다. 예를 들어 롤라드파는 성수의 신성성에 대해 신랄한 회의를 표현한 바 있다. 그들은 만일 교회의 엑소시즘이 정말로 물리적인 효과를 가져오는 것이라면 성수야말로 어떤 질병이든 치료할 수 있어야 한다며, 하지만 치료가 되지 않은 사례들을 볼 때 성수는 샘물이나 강물보다 나을 것이 없다고 결론지었다.[55]

물론 종교개혁 이후에도 성수에 대한 믿음과 관습이 하루아침에 사라진 것은 아니었다. 종교개혁이 새로운 사고의 틀을 합법화해가던 움직임과는 별도로 기적의 샘에 대한 전설이나 믿음이 저변에 오랫동안 지속되었던 측면도 부인할 수 없다. 가끔씩 새로이 발견되는 맑은 샘물에는 성스러운 치유력이 있다는 주장도 있었다. 체셔의 딜라미르 숲(Delamere Forest in Cheshire)에서 1600년 새로 발견된 뉴 웰(New Well)에 관해서는 "학질, 눈병, 눈이 머는 것, 탈장, 통풍, 뼈마디의 통증, 절름발이, 단독(丹毒), 귀머거리"를 완치[56]한다는 소문이 돌았는데, 이와 같은 치료는 신이 내린 선물에 의한 기적이라는 주장이었다. 1600년 6월 2일 목발을 짚고 샘에 도착한 윌리엄 존슨(William Johnson)은 치료에 대한 감사의 표시로 목발을 근처의 성스러운 나무에 걸어놓은 채 멀쩡하게 걸어서 집에 돌아갔다.[57]

심지어 17세기 말에 이르러서도 성천을 찾는 순례자들이 있었다. 1680년대 초 토머스 풀러(Thomas Fuller)는 아직도 성천을 향해 '미신적인' 순례를 계속하는 사람들이 있다고 기록하고 있다.[58] 종교적 갈등이 계속되던 17세기 영국에서 이른바 '미신을 믿는 사람들'이란 곧 구교를 신봉하던 사람들이란 등식이 성립하곤 하였다. 따라서 17세기 말까지도 순례자가 많기로 유명하였던 성 위니프레드 샘은 로마 가톨릭 교도들의 집결지라는 명칭이 붙기도 하였다. 파인스는 그 샘 근처에서 동네 주민들이 샘물에서 건져낸 돌멩이들과 샘 주위에 자라던 이끼들을 벗겨내어 순례자들에게 "마치 성물이나 되는 것처럼" 팔고 있던 광경을 전한다.[59] 마찬가지로 16·17세기의 문헌들은 아직도 성천에서 길어낸 성수가 악귀를 쫓아낸다고 쓰고 있다.[60]

그러나 종교개혁은 분명 신의 뜻을 매개하는 성수가 가진 신비한 후광에 회의를 제기하는 분위기 자체를 합법화하는 것이었다. 1장에서 언급하였듯이 종교개혁과 더불어 순례의 금지나 성천의 폐쇄 등의 조치는, 신의 의지라는 정신적인 것과 물 자체라는 물질적인 것을 분명하게 구별짓는 것을 정당화하는 사건이었다. 그와 더불어, 이러한 사고 자체의 세속화 과정에서 물은 물질로서 거듭나 새로이 관찰의 대상이 된다.

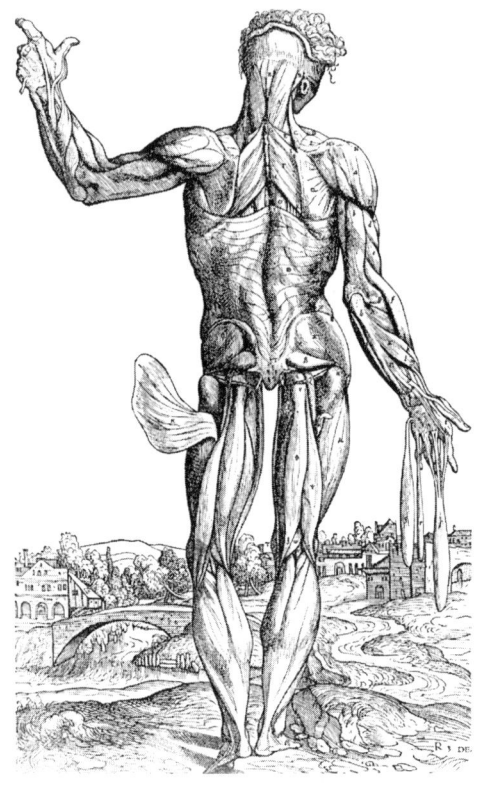

1543년에 출간된 베살리우스의 인체 해부도 가운데 근육을 나타내는 그림. 르네상스 시기 자연에 대한 관심이 확장됨에 따라 의학 분야에서는 인체에 대한 이해와 의약품의 개발 등에서 크나큰 발전이 이루어졌다.

종교개혁 후의 교회 기록들을 보면 성수를 담던 양동이들이 좀더 실질적인 용도로 쓰이기 위해 내다 팔리고 있고 돌로 된 커다란 잔들이 마구 버려지고 있었음을 알 수 있다.[61]

종교개혁 후, 성수의 신비로움에 대한 의문과 비판은 분명 성수에 대한 믿음보다는 더욱 강하게 제기되던 움직임이었다. 로버트 버턴(Robert Buton)의 글은 이런 사고가 한 시대에 공존하고 있었음을 보여주는 아주 분명한 기록이다.

우리는 신에게 기도해야 한다. 이는 물론 누구도 의심할 수 없는 바이다. 그러나 그럴 경우에 성인에게 기도를 드려야 하거나 그들이 어떤 좋은 결과를 가져오느냐 하는 문제는 분명 논의해볼 필요가 있는 부분이다. 성상, 사원, 성물이나 성화된 물건들, 성수, 축복, 성스러운 부적들, 엑소시즘, 그리고 성호를 긋는 일, 이 모든 것들이 과연 병을 낫게 한단 말인가?[62]

이러한 비판과 회의라는 토대 위에 물에 대한 새로운 이해가 자리잡을 수 있었다. 유럽 사회에서 물에 대한 태도의 변화는 분명 르네상스가 불러온 지적 기류의 변화에 힘입은 것이었다. 그런데 비단 물에 대한 태도뿐만 아니라 사물에 대한 인식문제에서 16세기 중반은 이후 이른바 '과학혁명'이라 불리는 거대한 사고의 전환을 향해 나아가는 과학적 사고의 발달이 목도되던 시기이다. 물질적 현상에 대한 새로운 인식은 스콜라적 전통 위에 르네상스 휴머니즘이 더하여 가능해진 것으로 볼 수 있다.[63] 휴머니즘으로 인해 고전에 대한 새로운 태도가 수립되었고, 그 전통에 힘입어 과학의 여러 분야에서 새로이 대두되었던 경험주의는 고전 고대적 전통이 제공하는 수많은 정보들을 실험의 대상으로 삼을 수 있었던 것이다. '물'에 관한 영역에서는 이론과 실제의 조화로운 결합이 그리스 과학서나 의학서의 번역과 물 자체의 실제적인 분석이라는 두 축을 중심으로 이루어지게 된 것이다.

16세기 중반부터 내과의사와 화학자 등 당시의 과학자들을 중심으로 물의 화학적 성분에 대한 연구가 집중적으로 이루어지면서, 물에 관한 논문들이 쏟아져 나오게 되었다. 그들은 습기, 샘물, 비, 바닷물과 같은 다양한 물이 어디서 비롯된 것인가를 분석하고자 하였다. 전반적으로 이런 논문들은 물을 크게 '그냥 단순한 물'과 '광천수'라는 두 그룹으로 나누곤 하였다. 나누는 기준은 물에 어떠한 성분이나 효능이 있느냐 하는 매우 실용주의적인 기준에 근거한 것이 대부분이었다. 따라서 단순한 물보다는 광물질이 함유된 광천수에 대한 연구가 주를 이루었고, 의사, 화학자뿐만 아니라 일반 사람들도 물에 함유되어 있다는 광물질의 성분에 관심을 기울이게 되어 물에 대한 분석은 일종의 유행이 되었다.

16·17세기 물에 대한 논문들은 "광천수의 대부분은 금속, 무기물, 돌, 흙 네 가지 성분을 포함하고 있다"[64]는 가설 아래 논의를 전개하였는데, 특히 의사들의 경우 광천수의 성분에 대한 분석에 더하여 온천수와 같은 뜨거운 물이 왜 생겨나는가를 둘러싸고 논쟁을 벌였다.

이들 논문에서는 성수를 둘러싼 기존의 신비로운 전설에 대한 반박 또한 단골로 등장하는 메뉴였다. 엘리자베스(Elizabeth) 여왕의 어의였던 월터 베일리(Walter Bailey)는 뉴먼 레지스(Newman Regis)라고 불리던 성천의 '기적'은 "단지 미신에 불과하다"고 단언한다.[65]

우리 선조들의 미신이었을 따름이다. 그들은 그러한 미신을 믿고 병을 고쳐보겠다고 순례를 하고, 성인이나 그밖의 물건에 속죄의 뜻으로 절을 하거나, 그 물을 받은 목욕통에 옷가지를 담그곤 하였던 것이다.[66]

내러스버러 근처의 성 매그너스 샘에 전해 내려오는 완쾌에 관한 이야기들을 두고 딘(Edmund Deane)은 "진실이라기보다는 가짜이거나 상상에 의한 것들이 더 많았다"[67]며 단호히 부정한다. 심지어 윌리엄 해리슨은 성천을 둘러싼 숱한 기적들은 본질적으로 사탄의 유혹을 받은 자들이 저지른 미신적인 실수에서 비롯된 것일 뿐이었다고 조롱하기까지 한다.[68]

종교개혁 후의 분위기는 기존 성천의 기적이 부정되면서 한발 나아가 치유를 불러일으킬 물 자체의 성분에 대한 분석의 필요성이 대두되었다. 의사 프렌치(John French)는 "나는 이 성천의 의학적 효능을 분석함에서 [전해 내려오는] 어떤 미신적인 이야기도 참조하지 않겠다"[69]고 선언한다.

1579년 여왕은 추밀원에서 "가톨릭 교도의 활동을 적발하고 그들을

1586년 한 독일 온천의 모습. 영국 온천의 초기 개발단계에서 많은 온천들도 역시 이와 같은 모습이었다.

억제할 수 있는 추천할 만한 방안을 강구하기 위해……특히 성 위니프레드 샘을 특별히 관찰하되 그 샘물의 성분이 진정 의학적으로 효과가 있는가를 두 사람으로 하여금 검토케 하라. 만약 의학적으로 효능이 없다면 그 샘을 폐쇄할지니……"[70]라고 명령하기까지 한다.

　그리하여 종교개혁 이후 성천은 광천(鑛泉, mineral spring)으로 불리게 되었고, 어떤 성인이 베푸는 특별한 신성이 아닌 그 안에 들어 있는 성분들의 "성격과 조합"이 물의 "성격과 질"을 결정짓는 것이라는 인식이 퍼지기 시작하였다.[71] 이런 새로운 종류의 합리성은 심지어 성직자들 사이에서도 그 영향력을 발휘한 것으로 보인다.

　『영국 교회사』의 저자로 유명하였던 성직자 풀러도 『영국의 보배』(The Worthies of England)라는 책에서 과거 성천들을 "영국의 광천들"이라고 분류하였다.[72] 성 빈센트 샘(St. Vincent's Well)은 "염증과 통증을 치료하는 데 탁월한 효과를 가지고 있다"면서, 그는 그 효능을 성 빈센트라는 성인의 신성으로 돌리기보다는 새로운 과학적

사고에 따라 "의심할 여지없이 그 물은 철분을 포함하고 있다"고 말한다.[73]

마찬가지로 17세기 설교서인 『물에서 타오르는 불』(*Fire out of Water*)에서는 "병을 낫게 하고, 모공을 열고, 노폐물을 빠지게 하고, 몸을 부드럽게 하면서 강하게 만드는 광천수의 효능은 근본적으로 물 속에 있는 다양한 돌과 성분들 때문"이라고 말한다.[74]

이제 성천의 물은 이해할 수 없는 신비로운 존재가 아니라 분석이 가능한 물질이 되고, 이렇게 다른 각도에서 보기 시작하자 물은 아주 귀중한 의약재로 그 실효성이 주장되기 시작한다. 영국 의학의 아버지라고 불리는 윌리엄 터너(William Turner)는 1562년 영국에서는 최초로 광천수에 관한 논문인 『자연과 특성에 관한 저서, 영국과 독일, 이탈리아의 목욕탕에 관하여』(*A Booke of the Natures and Properties, as well of the Bathes in England as of other Bathes in Germanne and Italye*)[75]를 출판한다.

터너의 목적은 독일이나 이탈리아의 온천들과의 비교를 통해 영국의 온천을 발전시키고자 하는 것이었다. 이 책은 고대로부터 수치료학의 전통을 더듬는 한편, 당시 대륙에서 시행되고 있던 수치료법의 실제를 소개하고 있다. 영국에서 수치료법 발전의 필요를 역설하면서 실제로 터너는 배스의 온천수가 무려 88가지의 주요 질병에 탁월한 효과가 있다고 주장하였다.

터너의 책이 출간된 지 정확히 십년 후 의사 존스(John Jones)에 의해 배스와 벅스턴의 광천수를 다룬 두터운 분량의 책 두 권이 출간되었다. 이 선구적인 저서들은 영국에서 수치료학 및 그 실제적 응용에 표본을 제시한 고전으로 자리잡았으며 이를 모방하는 논문과 저서가 수없이 쏟아져 나왔다.

이들 수치료학 논문들은 우선 하나 혹은 여러 개의 광천을 조사하여 그 물의 성분을 분석하고, 내포하고 있는 물질들의 성분에 따라 치료가 가능한 특정한 질병을 나열하는 형식을 취하고 있다. 그런데 종종 이들 저술들은 자신들이 고찰하고 있는 광천에 대한 지나친 열의 탓에 그 물이 온갖 종류의 질병에 효험이 있는 '만병통치약'이라고 주장하곤 하였다. 턴브리지웰스(Tunbridge-Wells)의 물을 두고 의사 패트릭 메이든(Patrick Maden)은 "만병통치의 성분을 갖고 있는 생명수"라고 불렀다.[76]

이런 와중에 과학자를 자처하는 사람들이 광천이 나올 만한 곳을 파헤쳐 물이 솟아오르면 그것을 실험실로 가져가 분석을 하는 붐이 일어나게 되었다. 기존에 성천으로 알려졌던 곳은 물론 우선적인 대상이었다. "만약에 그 물이 의학적으로 아무런 가치가 없다고 판단될 경우 그 샘은 평가절하되어 그저 동네 사람들이 마시는 물로 전락하곤 하였다."[77] 반대로, 만약 과학자들이 광물질이 들어 있다고 인정한 경우에는 소소한 보통의 샘물들도 갑자기 치유력 있는 광천수라 널리 알려지며 사람들을 끌어모으기도 하였다.

광천수를 둘러싼 열기는 이 당시 과학에 관심이 있는 사람이라면 거의 모두 한번쯤은 광천수나 수치료법 관련 논문이나 서적을 쓴 것처럼 보이게 할 정도였다. 1684년 로버트 보일(Robert Boyle) 역시 엡솜(Epsom) 물을 분석한 『광천의 자연적 실험에 대한 짧은 기록』(*Short Memoirs for the Natural Experimentation of Mineral Waters*)을 발간한 바 있다.[78] 스카버러(Scarborough) 온천의 경우 "한 명망 있는 숙녀"에 의해 1620년 처음 발견된 것으로 알려졌는데, 그녀는 "워낙 약에 관심이 있던 차에 이 샘물에 약품의 성분이 있을지도 모른다고 생각했다"는 것이다.[79] 스카버러의 물은 "그곳에 사는 주민들뿐만 아니라 근처 이스트 라이딩(East Riding)에 사는 사람들도 일상적으로 사용하는 약"이 되었다.[80]

과학자들뿐만 아니라 과학적 지식이 없는 평범한 사람들에게도 광천을 발견한다는 것은 매우 흥미로운 일로 여겨지는 분위기였다. 1606년

지팡이로 수맥을 찾는 사람들. 수맥을 찾는 기술은 오랫동안 일종의 점술로 여겨졌다.

더들리 노스(Dudley North)는 켄트(Kent)의 에드리지(Edridge)에서 샘을 발견하자 그 물을 런던의 유명한 내과의사에게 보내어 검토시켰다. "약제부문의 권위자에게 승인된" 이 샘이 바로 17세기 대표적 온천장으로 알려지게 된 턴브리지웰스이다.[81]

이 광천이 소재한 영지의 소유자였던 에버가베니 경(Lord Abergavenny)은 광천이 발견되었다는 소식을 듣자마자 한걸음에 달려와서 런던으로부터 유명한 자연과학자 두 사람을 불러 광천수의 성분을 분석하는 일을 직접 지시하였다. 결국 그들이 최소한 두 가지 주요한 미네랄 성분이 있다고 판단을 내리자 그는 샘 주변을 정돈하고 우물을 파내려가게 한 다음 우물 근처를 돌로 쌓고 나무울타리를 두르게 하였다. 광천을 정돈하는 일은 무려 2년이나 걸리는 대작업이었다.[82]

광천을 발견해보겠다는 열기는 기존의 성천이나 동네의 옹달샘뿐만 아니라 뒷마당으로까지 번졌다.[83] 사람들은 종종 자신의 뜰에서 광천을 발견했다고 보고하였다. 1632년 로더릭 로지(Lodrick Rowzee)는 "매일매일 광천이 곳곳에서 발견되고 있다. 따라서 그들의 진정한 효과를 분석하고 최선의 이용방법을 강구하는 것은 매우 값진 일이다"라고 적고 있다.[84]

벤저민 알렌(Benjamin Allen)의 '철분을 함유한 영국 광천수'란 목록만 보아도 영국 내에서 16·17세기에 광천수를 발견하고자 한 열기가 얼마나 뜨거웠는가를 느낄 수 있다.[85] 수많은 광천수 가운데 철분성 광천수로 분류된 것만 보아도 다음과 같다.

1. 에식스의 리즈에 있는 맨체스터 백작의 성 곁 초원의 물
2. 에식스의 위섬에 있는 스카우스콧 경의 영지에 있는 물
3. 요크셔의 내러스버러의 물
4. 에식스의 막스홀의 물
5. 워릭셔의 일밍턴의 물
6. 노퍽의 에일섬의 물
7. 켄트의 턴브리지의 물
8. 노샘프튼셔의 웰링버러의 물
9. 이즐링턴의 물
10. 에식스의 펠스테드의 물
11. 서리의 에비섬의 물. 흔히 엡섬으로 알려짐
12. 미들섹스의 액턴의 물
13. 에식스의 콜체스터의 물
14. 켄징턴의 물
15. 서리의 리치먼드의 물
16. 덜위치의 물
17. 하트퍼셔의 노스 홀의 물

18. 서리의 램버스에 있는 가까운 샘의 물

19. 램버스에 있는 먼 샘의 물

20. 서머싯셔의 앨퍼드의 설사를 유발하는 물

21. 에식스의 브렌트우드 월의 물

22. 에식스의 업민스터의 물

23. 하트퍼셔의 바닛의 물

24. 서리의 스트레섬의 물

25. 요크셔의 스카버러의 물

26. 에식스의 우드햄페리스의 물

27. 서머싯셔의 배스의 물

28. 서머싯셔의 퀸 카멜의 물[86]

로버트 피어스(Robert Pierce)는 말하기를, "영국의 지방 곳곳에서 광천수가 나지 않는 곳이 없고, 따라서 특별한 시즌에 사람이 들끓지 않는 곳이 없다. 아주 옛날에 알려진 곳들 가운데 이제는 완전히 잊혀진 곳들도 많다."[87] 이처럼 16·17세기에는 광천수를 발견하거나 그곳을 방문하는 관습이 완전히 정착하였다.

자연사에 관심을 가지고 있던 파인스(Celia Fiennes)라는 여성은 17세기 말 영국 전역을 돌며 무려 27군데의 광천을 방문하고 널리 알려진 여행기를 남기기도 하였다. 그리하여 18세기 초에 토머스 쇼트(Thomas Short)는 영국에서 발견된 230개의 광천에 대한 『광천수의 역사』(The History of Mineral Waters)라는 백과사전과 같은 책을 펴낼 수 있었던 것이다.[88]

광천수의 치유력에 대한 기대로 몰려든 사람들은 흔히 몸을 담그고 있는 욕탕의 물을 바로 떠 마시는 일이 빈번하였다. 심지어 의사들조차도 "우리가 배스 시에서 하듯이 그냥 목욕하는 물을 떠 마시라"고 권하기조차 하였다.[89] 이와 같은 관행은 종종 비난의 대상이 되었는데, 시

북해

아이리시 해

더럼

콥그로브
내러스버러
해러게이트

스카버러

위건
홀리 왤

티데스웰
벅스턴

난트위치

리처드 캐슬
몰번

드로이트위치

애스트롭

호우드
바넷

브리스틀
배스

햄스테드
엡섬

런던
덜위치

캔터베리
턴브리지웰스

웰스
앨퍼드

0   km   100

17세기 말 셀리아 파인스가 방문한 온천을 나타낸 것이다.

독일 바덴바덴의 로마식 욕탕

간이 흐를수록 샘에서 깨끗한 물을 바로 끌어올리는 수도관과 펌프를 세우라는 요구로 이어졌다.[90] 그러나 가끔씩 아주 뜨거운 온천수가 쏟아져 나오는 경우는 바로 사용하기에 위험한 때도 있었다. 의사들은 이제 물을 사용하는 '안전한 방법'을 고안하기에 이른다.

광천에 대한 관심이 높아짐에 따라 미네랄 성분이 들어 있지 않은 보통 물에 대한 인식도 바뀌어가는 양상을 보였다. 과거와는 달리 보통의 물을 그냥 마시는 것이 사회적으로 용인되어갔을 뿐만 아니라 물이 몸에 좋다는 개념이 퍼져나가게 된 것이다.

의사들과 일반 사람들은 물을 마시는 것이 "몸을 정화하고 노폐물을 배출하며 장기를 순화하고 수분을 공급하며 갈증을 해소하는 데 탁월하다"라고 주장하기 시작하였다.[91] 피어스는 "요즘은 과거 어느 때보다 물을 많이 마신다. 의학은 마치 의상이나 마차, 육류나 술 종류처럼 유행을 타면서 유행을 만들기도 한다"라고 결론지었다.[92] 이 무렵 해리슨은 영국의 물은 어느 하나도 빠짐없이 건강에 좋다고 선언한다.[93]

114

건강관리지침서나 의학상식과 같은 책들은 이제 "물이 최고다"[94]라는 구절을 삽입하기 시작하였다.

건강을 둘러싼 담론에서 물의 미덕이란 기본적으로 "맑고 자연스러운 것"이라는 성질로 함축된다. 16세기 후반부터 가장 광범위하게 알려진 건강지침서인 『건강의 성』(*The Castle of Health*)에서는 물을 "다른 어떤 종류의 음료보다 탁월하다. 그 이유는 다른 종류의 마실 거리에 비해 그 성분이 순수하다는 점뿐만 아니라 가장 자연스러운 음료이므로 지상의 모든 생물체들이 가장 먼저, 그리고 가장 많이 마시는 것이기 때문"이라고 적는다.[95]

여기서 강조하는 '자연스러움'이란 다분히 고전고대적 전통을 재흡수하려는 르네상스의 경향을 대변하고 있는 것이다. 토머스 엘리엇(Thomas Elyot)은 대륙에서 유행하는 고대적 텍스트를 빌려 설명하기를 "천지창조 이래 대홍수가 나기 전까지 사람은 팔, 구백 년을 살았다. 그 당시에 마실 거리는 물 이외에는 없었다"고 강변한다.[96] 마찬가지로 로버트 위티(Robert Wittie)는 "고대인들은 물을 모든 연령과 성별을 막론하고 가장 최적의 마실 거리로 꼽았다"고 주장하였다.[97] 저명한 고대의 철학자들을 열거하며, 물을 둘러싼 영국의 논문들에서는 물을 마실 것을 적극 권장하였다.

"이탈리아 여성들은 물 이외에는 아무것도 마시지 않는다. 만약 영국에서도 물을 마시는 관행이 더욱 보급된다면 건강을 훨씬 더 증진시킬 수 있을 것이다. 특히 어린 사람들에게 물을 많이 마시게 하는 것은 더욱 효과적인데, 물은 자연이 사람에게 준 본질적인 음료이기 때문에 훨씬 안전할 것이다."[98]

물이 몸에 좋다는 개념이 성립되기 위해서는 중세 이래 오랫동안 공유되어오던 물이 위험하다는 인식을 반박해야만 하였다. 따라서 물에 관련된 담론들은 기존에 주장되어온 물의 위험이라는 것은 물 자체의 위험이 아닌, 물에 포함되어 있는 불순물이 위험하다는 주장을 전개해

나간다. 해리슨은 "물을 마셨을 때 병에 걸린다는 것은 물 자체가 질병의 원인이 아니고 물이 오염되었다는 사실을 보여주는 것이다"라고 주장한다.[99] 마찬가지로, "간이나 비장의 다양한 질병은 물 자체가 아닌 물속에 포함된 이물질에 의해 생기는 것"이라는 주장도 나오게 되었다.[100]

이제 개념의 이런 변화 아래 건강지침서들은 다투어 깨끗한 물과 불순물이 함유된 물을 구별하는 법을 안내한다. 가장 좋은 물이란 그 "결정의 무게가 아주 가벼운 것"이라는 것이다.[101] 이런 경향은 심지어 광천수에 주어졌던 '만병통치약'이라는 이름을 보통의 물에게 적용시켜 물은 "모든 질병을 막아내며 건강을 유지시켜 주고 인생의 가장 큰 걸림돌인 온갖 부패를 막게 한다"는 주장이 제기되기도 하였다.[102] 루스(Rouse)는 물을 마시는 사람은 다른 음료를 마시는 사람보다 "훨씬 건강하며 흰 치아를 갖고 있다. 특히 에일을 마시는 사람보다 정신적으로나 육체적으로 훨씬 활달하며 동작이 빠르다"고 말한다.[103]

과거 물을 마시는 일은 일종의 빈곤을 나타내는 사회적 표지였지만 이제 물은 다양한 계층에서 사랑받는 음료가 되기 시작하였다. 1598년 스토는 "런던의 모든 길목에서 마주칠 수 있는 좋은 샘물은 시 전체에 달고도 신선한 물을 공급한다"고 쓰고 있다.[104] 17세기 말에 이르러 상당수의 사람들은 에일이나 맥주보다는 물을 즐겨 마시게 되었다. 그리하여 종교개혁 후 백여 년 사이에 물은 과거에 비해 실제적이고도 친숙한 대상이 되었으며 "가장 자연스러울 뿐 아니라 온갖 질병에도 탁월한 효과가 있는"[105] 물질로 탈바꿈하였던 것이다.

종교개혁과 목욕

대륙에서는 중세 후반부터 르네상스의 영향 아래 고대의 전통이라는 맥락에서 목욕이 부활하였다. 이러한 경향이 가장 두드러졌던 이탈리

바닛 온천의 웰 하우스 내부. 소규모의 온천들은 초기에 개발될 당시 대부분 이런 모양이었다.

아에서는 1553년 『온천의 효능』(*De Balneis Omnia Quae Extant*)이라는, 광천수의 의학적 효용에 관한 장서가 발간되었다. 이 백과사전에 가까운 저술은 목욕이 건강에 아주 좋다는 이론을 뒷받침했을 뿐만 아니라 목욕을 일종의 새로운 예술의 경지로 올려놓았다. 목욕은 이제 아주 즐거운 경험으로 자리잡게 되었다.

이런 분석은 결국 수치료법에서 최대의 효과를 보기 위해서는 "기분 좋은 환경에서, 훌륭한 음식과 포도주, 그리고 최상의 안락함"과 함께 치료가 이루어져야 한다는 논리를 파생시켰다.[106] 따라서 이런 환경이 갖추어지지 않은 상태에서 하는 목욕이란 별로 의미가 없으므로 극단적으로 안드레아 바치(Andrea Bacci)는 "가난한 이들은 목욕을 해보았자 별 효과가 없다. 오히려 해가 될 뿐이다"라는 주장을 펼치기도 하였다.[107]

종교개혁 후, 영국에서 진행된 세속화의 경향이나 새로운 합리화 과정에서 목욕 또한 짧은 기간 안에 새로운 평가를 받게 된다. 이 당시 영국의 의사들은 대륙의 의학에서 지대한 영향을 받고 있었기 때문에 대륙에서 유행하던 목욕의 의학적 활용에 대하여 상당히 견고한 지식을 갖고 있었다. 많은 논문들은 고대 그리스-로마 시대의 목욕문화의 전통을 다루면서, "목욕이나 건욕은 고대로부터 사용되어온 것으로, 쾌락의 측면에서나 건강을 유지한다는 측면에서나 매우 가치 있는 일이다"[108]라고 기록하곤 하였다.

그러나 영국의 경우, 목욕에 대한 논의는 일상생활에서 청량감을 주는 기분 좋은 경험이라기보다는 의학적 효용에서 주로 다루어진 것이 사실이다. 의학적 측면에서의 중요성을 강조하기 위해 목욕에 대한 담론은 종종 고대 로마와 이후 투르크에 전해진 목욕과, 영국에서의 목욕의 차이점을 강조하곤 하였다. 에드워드 조던(Edward Jorden)은 "로마인이나 투르크인(Turks)들은 주로 쾌락과 사치, 그리고 위생을 위해 목욕을 즐겼지만, 우리는 그것보다는 의학적 용도, 즉 다양한 질병을 치료함에서 매우 효과가 크기 때문에 광천수 목욕을 더욱 숭앙할 수밖에 없다"고 잘라 말한다.[109]

따라서 주로 의사들에 의해 주도된 목욕예찬론은 목욕, 특히 광천수 목욕이 강력한 의학적 기제라는 강조로 이어지며, 의학적 기제로서 목욕이 기타 치료법에 비하여 신체에 부담이 적고 즐겁기까지 한 방법이라고 강조된다. "목욕만큼 사람의 몸에 안락함을 주면서 동시에 고통과 질병을 가장 빠르고도 효과적으로 치료하는 약은 없다. 게다가 성별과 연령을 불문하고 누구나 사용할 수 있는 효과 빠르면서도 안전한 방법이다."[110]

의사들의 전문적인 논문뿐만 아니라 일반 저술가들의 기록에서도 목욕은 새로운 가치를 띠고 소개된다. 버턴은 자신의 저서인 『멜랑콜리의 해부』(*The Anatomy of Melancholy*)에서 고대의 수치료법과 당시 대륙과 영국에서 시행되던 수치료법을 소개한 뒤 이를 긍정적으로 평가했다. "밀라노의 한 의사는 환자를 수용하는 자신의 집에 물구덩이를 만들어놓고 미친 사람을 치료했다고 한다. 미친 정도에 따라 무릎까지, 골반까지, 혹은 목까지 몸을 담그게 하고 말이다"[111]

장-레옹 제롬의 「세라질리오 테라스」(1886). 19세기 서구사회에서 터키 목욕탕에 대한 환상을 잘 보여주는 작품이다.

17세기에는 특히 천혜의 광천수뿐만 아니라 보통 물에 다양한 재료들을 섞은 후 목욕을 함으로써 효과를 증대시키려는 노력이 나타났다. 의사들은 종종 진흙, 포도주, 기름, 고추, 그리고 기타 약제들로 목욕물을 만들라는 추천을 하곤 하였다. 문제가 있는 피부를 깨끗하게 하기 위해서는 "쓴 세제를 넣은 목욕물"이 권장되었는가 하면, 피부가 나쁜 사람들에게는 "영양가 많은 우유 목욕"이 추천되었다.[112] 문둥병의 치료를 위해서는 '피'에 목욕하는 것이 처방되기도 하였다.[113] 목욕은 신체질환뿐만 아니라 정신질환에도 광범위하게 처방되어 "미지근한 물에서 하는 목욕은 젊은이나 사랑의 열병에 빠진 사람을 안정시킨다"는 주장도 있었다.[114]

이런 영향 아래 영국에서는 상당한 규모의 공중목욕탕이 나타나게 되었다. 특히 런던에 집중된 공중목욕탕은 고대 로마 스타일을 재건하고자 한 것으로 스튜라는 이름 대신 이탈리아어인 Bagno(바뇨 : 땀을 빼는 곳)나 아랍어인 Hummum(후뭄 : 온탕)이라는 이름을 선호하였다. 1610년 채링 크로스(Charing Cross)에 퀸 엘리자베스 배스

19세기 초 마게이트의 광경. 해수욕은 광천수 대신 바닷물을 이용하는 대안적 수치료법이었다. 해수욕장은 18세기 이후에 개발되기 시작했으며, 이는 내륙 온천들이 상당히 개발되고 난 뒤였다.

(Queen Elizabeth's Bath)가 세워졌고, 1679년에는 터키 상인에 의해 배니오 코트(Bagnio Court)에 로열 배니오(the Royal Bagnio)가 문을 열었다.[115] 롱에이커(Long-Acre)에 있는 듀크 배니오는 제임스(James, Duke of York)의 후원 아래 1683년 문을 열었다.[116]

이들 목욕탕은 대중에게 개방되었으며 중세 증기탕의 난잡한 성격을 상당 부분 일소하고자 노력하였다. 성별 분리의 원칙 아래 여성 전용실이 따로 있어서 불미스러운 일을 사전에 막고자 하였다. 또한 의사와 같은 의학 전문가들을 상주시켜 건강회복의 장으로서 그 성격을 굳건하게 하고자 하였다.

스튜와의 차별성을 위해 건축양식, 실내설비, 그리고 목욕절차 모두 로마식 전통을 모방하였는데 상당히 호화스러운 분위기에서 짐꾼, 안마사, 약제사와 같은 다양한 하인들이 항상 대기하고 있었다. 가마와 같은 들것을 비롯, 목욕에 필요한 다양한 목욕 용구와 술, 슬리퍼에서 린넨으로 만든 가운까지 갖추고 있었으며, 또한 '목욕을 즐기는 법'이라는 규칙도 만들어놓고 있었다.[117]

목욕에 대한 관심은 비단 일반 물이나 광천수뿐만 아니라 해수욕에 대한 새로운 인식의 지평을 넓히기도 하였다. 16세기 후반부터 수영의 의학적 효용에 대한 저술들이 나오면서 "강 혹은 바다에서의 수영은 고대로부터 있어왔으며 재미로, 그리고 질병을 치료하기 위해 존재해왔다"는 이야기들이 거론되기 시작하였다.[118] 그러나 해수욕이 본격적으로 대중화된 것은 18세기 이후의 일로, 내륙의 온천장들을 따라잡기 위해 해안가의 휴양도시들이 건립되기 시작하면서부터라 볼 수 있다.

이제 물의 활용은 일상의 위생이라는 측면에서도 과거와는 달리 각광을 받게 되었다. 16세기 건강지침서들은 물로 입과 얼굴, 그리고 손을 씻으라는 항목을 넣기 시작하였던 것이다. "몸과 머리에 붙은 온갖 불순물을 닦아내라. 그리고 얼굴과 손을 장미와 식초를 섞은 물로 자주 씻어라."[119] "특히 물이 신선하고 차가운 경우엔 시력을 좋게 한다"는 주장도 폈다.[120]

그러나 아직도 목욕이 일상생활에서 위생을 위한 보편적 관행으로 자리잡은 것은 아니었다. 건강지침서 역시 목욕을 일상적인 행위로 권장하지는 않고 있다. 근대 이전까지 위생이라는 개념은 주로 신체의 청결함보다는 보이는 부분들, 특히 옷과 같은 것에 집중된 것에 불과했다. 즉, 비가렐로(Georges Vigarello)가 주장하였듯이 청결함이란 "보이는 것과 냄새"[121]라는 것인데, 여기서 청결의 기준이란 개인이 느끼는 것보다는 사회적으로 보이는 데서 불쾌감을 주느냐의 여부가 그 기준이 되어 있음을 의미한다.

에라스무스는 "맑은 물로 입을 닦아내는 것은 건강에도 좋지만 예의 바른 일이다"라고 말한다.[122] "정신적 안정이란 바로 얼굴에서 가장 많이 드러난다"[123]는 당시의 관상학적 표지 역시 보이는 부분 가운데 얼굴을 가장 중요하게 생각했기 때문이다. 즉, 위생이란 바로 보이는 깨끗함이었을 뿐이다. 따라서 16·17세기 물의 활용은 과거 사회적 금기를 벗어나 일상생활에서 높은 가치를 지니며 새로 자리매김을 하게 되었는데, 영국의 경우 대륙의 르네상스의 영향을 받았으면서도 상대적으로 의학적 측면에서의 적극적 도입 때문에 일상의 위생보다는 질병의 치유책으로 각광받게 되었다고 볼 수 있다.

3

온천의 탄생

터키 혹은 스페인에 가보았거나
굶주린 선원과 같은 선실에 있어보았거나
사막에서 낙타의 종소리를 들어본 적이 있다면
진리가 있는 곳, 샘을 꿈꾸리라

• 바이런

당신의 논문을 읽고서
난 광천수야말로 가장 귀한 약임을 알았습니다.
그런데도 내 담당의사는
그 물이 내게 병을 일으킨다고 합니다.
……

당신이 저지른 유일한 잘못은
주류업자들의 장사를 망쳤다는 것뿐입니다.
그럼에도 난 당신의 주장이 옳다고
분명히 말할 수 있습니다.
……

당신의 스카버러 광천수를 마셔본 바,
비록 내가 헬리콘[1]의 물을 마셔보지는 않았지만
당신의 광천수가 훨씬 나은 것입니다.
　• 매그, 「위티 박사에게 보내는 편지」[2]

　종교개혁 후 영국에서 온천은 급속하게 발달되기 시작하였다. 온천의 상업화에 가장 선구적인 역할을 한 사람은 의료인들이었다. 사회 전반적 세속화에 편승하면서 물의 새로운 과학적 효용을 도입할 수 있었다. 과거 성천의 물과 달리 온천의 물은 이제 상업화 과정에서 판매되고 구입하여야만 하는 일종의 상품이 되어갔다. 또한 광천수의 의학적 효용은 당연히 그에 수반된 의료 서비스라는 영역을 상품화하게 되었는데, 이 과정에서 수치료법이 두드러지게 발달하였으며, 이 시대 독보적인 첨단의학의 한 영역으로 자리잡게 되었다.
　수치료법의 발달과 전파에 따라, 16 · 17세기 영국에서 온천은 의료인들에게는 가장 구미가 당기는 영업장이 되었다. 따라서 의료인들이 앞다투어 몰려들면서 온천이라는 제한된 공간에서 치열한 경쟁이 불가피해졌고, 온천요법과 광천수를 둘러싼 대규모의 논쟁이 발생하기도 하였다. 이 장에서는 튜더-스튜어트 시대의 온천의 상업화 과정을 의료인을 중심으로 살펴보기로 한다.

온천의 의료인

종교개혁 후 화폐경제가 눈에 띄게 확산되면서, 의술을 담당하는 직업군들에게도 큰 영향을 끼치게 되었다. 의학사 분야의 학자들은 근세라는 이 시기에 의료와 관련된 것들이 전례 없이 상업화되었다고 주장한다.[3] 종교개혁의 와중에 수도원이 해체되고, 주로 수도원이 담당하였던 전통적인 자선에 의한 의료활동이 급격히 줄어들자 의료 자체의 상업화[4]가 추진되었다. 과거 별다른 금전적 대가없이 의료행위를 하던 사람들이 점점 더 자신들의 서비스에 대한 대가를 요구하게 되었고, 이 와중에 상대적으로 부유한 사람들은 동네에 한둘씩 있게 마련이던 현자(wisemen)와 같은 전통적인 의료인들을 멀리하고 좀더 전문성 있는 의료인을 찾기에 이르렀다.

16 · 17세기의 의술인은 신분상 크게 세 범주로 나눌 수 있는데,[5] 가장 높은 위치에는 내과의사(physician)들이 있었다. 이들은 외국의 의과대학 졸업자이거나 런던의 왕립 의과대학(the Royal College of Physicians) 출신으로 주로 대도시에 거주하며 질병을 진단하고 처방을 하였다. 그 다음 계층으로는 외과의사(surgeon)들이 있었는데 이들은 내과의사와는 달리 수술과 같은 기술적인 시술을 담당하였고 도제로서의 숙련과정을 통해 양성되었다. 이들은 '머리'를 쓰는 내과의사에 비해 '손'을 쓴다 하여 신분상 천한 수공업자로 간주되었고 이용업을 겸한 데서 이발사-외과의라고 불리기도 하였다.

외과의사들과 같은 계층으로는 약제사(apothecary)들이 있었는데, 이들은 원칙적으로 내과의사의 처방에 따라 약을 환자에게 공급하는 제한된 역할을 맡고 있었음에도 실제로 대개의 경우 외과의사를 겸업

중세 의학서. 14세기의 이 의학서는 외상을 치료하는 법을 보여주고 있다. 흑사병 이후 유럽에서는
질병에 대한 진단보다 실제적이고 의학적인 처치에 대한 요구가 높아져갔다.

하거나, 내과의사가 상주하지 않는 농촌지역에서는 진단, 처방에 이르
기까지 전 분야의 의술을 독점, 총괄하고 있었다. 마지막으로, 의술인
으로서 가장 낮은 신분상의 위치에 있던 이들로는 돌팔이 의사와 약장
수를 들 수 있다. 이들은 주로 지방을 돌며 약을 팔았는데, 진단, 처방,
수술에 이르기까지 의료행위의 모든 범주를 넘나들고 있었다.

이렇듯 의술을 시행하는 집단들 사이에 뚜렷한 신분상의 차이가 있
었음에도 불구하고, 튜더-스튜어트 시대는 의료시장이라는 관점에서

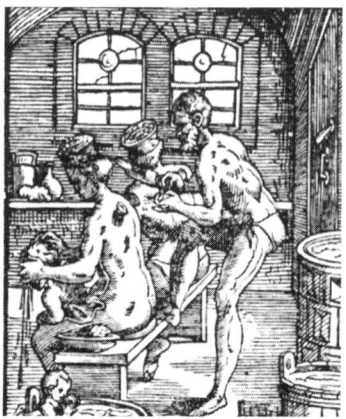

16세기의 외과의사는 종종 머리나 수염을 깎아주는 이발업도 겸했다. 환자의 종기를 짜고 피를 뽑아내고 외상을 수술하는 행위는 머리가 아닌 손을 쓰는 기술로 간주되었기 때문에 내과의사에 비하여 천한 신분으로 대접받았다.

고찰하자면 이들 계층이 동등하게 경쟁을 하던 시대였다.[6] 더욱이 대부분의 의료인들이 의술을 단지 부업으로 삼고 있었으며, 현대적 기준에서의 자격이나 수련, 혹은 직업정신은 존재하지 않았다. 따라서 그들이 어떤 특정한 분야에서의 지식이나 실제적 기술을 독점하고 있다고 주장하기는 어려웠다.

의학사 분야의 최근 연구들은 이 시기 약제사들의 의술행위가 팽창일로에 있었다는 점에 주목한다. 베이어(L.M. Beier)는 『환자와 치료자』(Sufferes and Healer)에서 종래 내과의사의 하인 격이었던 약제사들이 근세에 와서 독립적인 의료인으로 행세하게 되었음을 보여준다.[7] 이들의 입지가 강화된 배경으로는 제약학의 급속한 발전으로 이 시기에 의약품과 정보에 대한 실질적 수요가 늘어났기 때문이었다. 더욱이 화폐경제의 발달로 손쉽게 약을 구할 수 있게 되어 전통적인 방법에 의존하던 사회의 중하위층조차 질병에 더 빨리 듣는 약들을 쉽게 구하고자 하였고, 중상류층에서도 오랜 기간 식이요법이나 생활습관의 개선을 요구하는 내과의사의 처방보다 약을 찾는 일이 늘어났다.[8]

물론 전통적으로 내려오던 내과의사, 외과의사, 그리고 약제사라는 신분적인 구분이 아직도 강하게 남아 있었고, 내과의사들이 젠틀맨이라고 불리었던 반면, 약제사들은 '상인'이라는 오명을 갖고 있었던 것도 사실이다.[9] 버턴은 말하기를,

　우리는 고통을 해결하기 위해 주님 다음으로 반드시 내과의사를 찾아 그들에게 의존해야 한다……. 따라서, 충분히 지식이 있고 가치가 있는 내과의사를 찾지 않고 질환을 완화할 수 있는 방법을 찾는다는 것은 있을 수 없는 일이다. 왜냐하면 모든 길마다, 모든 마을마다 돌팔이, 가짜의사, 약제사들이 판을 치고 있고, 그런 이름에 걸맞게 그들은 어쩔 수 없는 천박함과 무지한 획책으로 고귀하고도 도움이 되는 기술을 사악하고도 경멸스럽게 만들기 때문이다.[10]

　그러나 약제사들은 이미 중세 말부터 일반 소매상보다는 훨씬 높은 지위를 누리고 있었던 것으로 나타난다. 그런데 웹스터(Charles Webster)는 이 문제에 대하여 영국의 특수성을 강조하며, 의료인들 사이의 신분적 구분은 "대륙의 잘 조직화된 도시국가들에서 비롯된 이상이었을 뿐"이라고 주장한다.[11] 나아가, 최근 일부 학자들은 이 당시 약제사는 "내과의사, 외과의사와 약제사 및 소매상을 겸업"하는 사람으로 인식되고 있었다고 주장한다.[12] 심지어 약제사와 이발사를 겸업하던 외과의사들은 스스로를 닥터라고 부르기 시작하였다. 이들 약제사 가운데 많은 사람들이 내란 후 젠틀맨의 신분으로 상승하였다.

　최근 연구들은 내과의사와 약제사 두 계층 모두가 젠틀맨의 신분에 편입되기 위해 안간힘을 쓰고 있었던 경향에 주목한다. 금전적 이익을 좇는다는 것은 일반적으로 젠틀맨의 기준에는 어긋나지만, 이들에게는 신분적 상승을 위해 경제적인 배경이 절실하였던 터였다. 따라서 사실상 열린 시장이나 다름없는 의료부분에서 내과의와 약제사를 비롯, 의료계에 종사하는 사람들 사이에는 더 많은 부를 쌓기 위한 경쟁이 일어

나게 되었다. 이러한 상황에서 온천요법은 자상(刺傷), 피부병으로부터 뇌일혈이나 멜랑콜리에 이르기까지 내·외과적 질환에 효험이 있다고 주장되었는데, 특별한 화학의약품이 발명되지 않았던 당시로는 최선의 치료법으로 등장해 이를 둘러싼 의술인들간의 경쟁은 불가피했던 것이다.

수치료법

수치료법을 이용하는 온천의 상업화에 가장 먼저 뛰어든 이는 내과 의사들이었다. 이들은 왕립 의과대학 출신이거나, 이탈리아 및 독일 등 온천요법이 발달한 나라의 의과대학에서 교육받은 해외 유학파들로, 최신 수치료법의 동향을 논문으로 써서 출간하기도 하였다. 이 논문들은 소수의 의사들을 대상으로 한 전문적인 것이라기보다 당시 과학에 관심이 있던 전 지식층을 향한 선전 책자로서의 성격이 짙었음을 주목해야 한다. 따라서 대다수의 논문은 모국어로 발간되었으며, 라틴어로 쓰인 논문들도 곧 영어로 다시 발간되었다.

이 논문의 저자들은 자신이 발달된 유럽 대륙 수치료학의 정통적 전수자임을 강조하면서 온천요법 자체를 고도의 기술이 필요한 전문의학으로 발전시켰다. 고전의 방대한 인용과 더불어 수치료법이 발달한 외국 기관에서 수련을 거쳤다는 내용이 강조되었다. 예를 들어 터너는 자신이 이탈리아의 볼로냐와 독일의 쾰른에서 공부한 사실을 강조하였다. 이들은 수치료법 자체를 특정한 수련을 거친 사람들만이 시행할 수 있는 아주 정교하고도 복잡한 분야로 만들어가려고 노력하였다. 따라서 이미 다른 내과의가 환자의 질병을 진단하였을지라도 온천에 도착한 후에는 새로이 거기에 있는 내과의에게 진단을 받을 것을 강조하였다.

이들은 환자가 온천에 도착한 직후부터 실제 수치료를 시행하는 시

수치료법을 시행하는 데 강조되었던 몸의 정화단계는 구토, 사혈, 관장이었다. 여기서 정화란 갈레노스 이후 확립된 4체액설에 근거한 것으로, 체액의 균형을 도모하는 중세 의학의 대표적 방법이었다.

기까지 '준비기간'을 설정하여 구토, 발한, 설사, 사혈[13] 등을 유도해 몸을 비우는 '정화'(purgation)를 강조하였다. 정화란 나쁜 체액을 배출시켜서 몸의 균형을 꾀하는 것이 치료의 기본이라는 4체액설에 따른 것이다. 따라서, 정화과정을 강조하는 것은 수치료법이 아직도 4체액설을 기초로 하는 중세 의학적 전통에 기반하고 있음을 드러내는 것이다.

사실 정화는 이 시대 엘리트들 사이에서는 일종의 사회적 관습으로 자리잡고 있었다. 특히 봄이나 가을 혹은 두 계절 모두 며칠씩이나 하제 등을 먹고 장을 청소하는 과정은 추밀원에 출석하지 않아도 되는 이유가 될 만큼 '정당한' 것이어서 심지어 죄수들에게도 허용되었던 중요한 관습이었다.[14] 또한 장을 비우는 행위와 마찬가지로 사혈은 질병의 치료뿐 아니라 건강을 유지하기 위한 예방의 차원에서 전계층에서 시행되었다. 많은 양의 피를 뽑아야 하는 사혈은 환자의 고통보다도 피의 응고를 막아 지속적으로 피를 흘리게 하는 의사의 기술이 더 중요한 것으로 여겨질 정도였다.

그런데 수치료법에서는 정화작용을 환자의 체질, 성별, 나이, 질병의 종류와 진행정도에 따라서 처방되어야 했던, 지극히 복잡하고도 위험하기까지 한 것으로 설정한다. 내과의사들은 정화의 시행 정도를 처방하는 것은 정통적 의학수업을 받은 자신들만이 할 수 있는 전문적인 일이라고 주장했다. 이러한 준비단계는 오랜 기간을 요구하는 것이었으며 그 효과의 극대화를 위해 약품의 사용도 빈번하였다. "몸에 비밀스럽게 남아 있는 물까지도 모두 배출해야 하므로 약을 쓰는 것이 필수적이다"라고 프렌치는 말한다.[15] 약품은 다양한 허브와 화학재료로 만들어졌다.

내과의사들은 정화작용을 유도하는 약품을 처방함에서 환자의 혈색, 상태, 나이, 질병, 식습관은 물론 그가 사는 지역이나 기후, 더 나아가 천문학적 고려 역시 포함되어야 한다고 주장하였다.[16] 존스는 수치료법 논문에서 "천문학에 따른 정화시기"라는 주제로 달의 상태에 따른 정화약품의 사용을 논하기도 했다. 또한 이들 약품은 반드시 온천에서 취하라고 강조하였다. 하제와 같은 것을 고향에서 먹고 여행하는 것은 몸에 위험하다는 것이 설득력 있는 이유였다.[17] 그러나 결국 오랜 시간이 걸리는 준비과정을 온천에서 시행한다는 것은 결과적으로 환자의 온천 체류기간을 늘리는 효과를 가져왔다.

진단과정에서 내과의는 그 온천의 광천수가 환자의 체질이나 질병에 맞는지의 여부를 판단하여야 하였다. 광천수들은 저마다 성분이 다르고, 따라서 특히 치료에 효과적인 질병이 있게 마련이었다. 예를 들어 캔터베리의 광천수는 통풍과 관절염에는 무엇보다 효과적이지만 "몸이 뜨겁고, 안색이 붉은 과다체질을 가진 강건한 젊은 사람에게는 권할 만

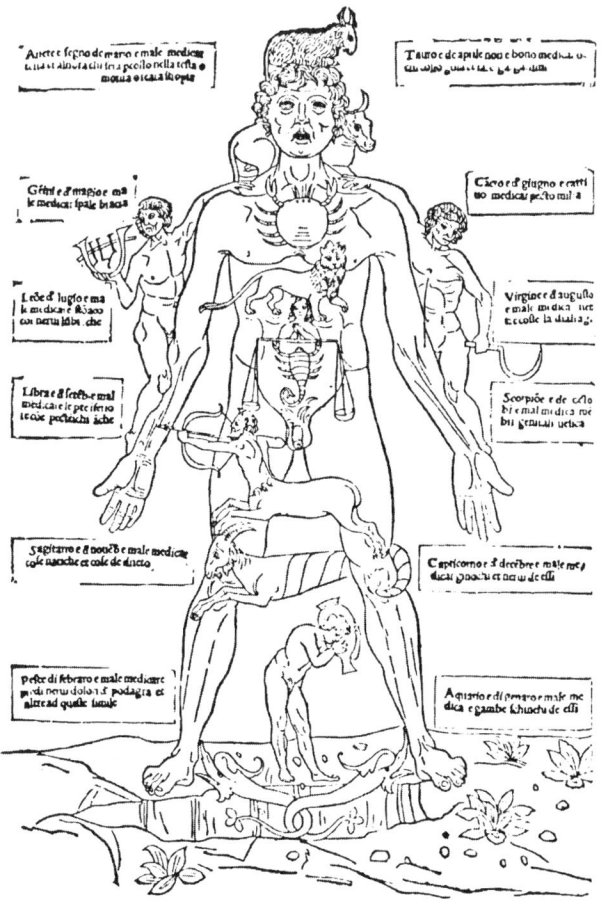

사람의 각 신체부위를 관장한다고 믿었던 별자리. 이 시대 의학은 다분히 천문학과 연계되어 있었다. 수치료법에서도 천문학적 원칙을 고려하여 진단하고 처방하였다.

한 것은 아니다"라고 알려졌다.[18]

이처럼 전문성을 강조한 것은 내과의사들이 수치료법을 독점하려는 의도와 직접 연결되어 있다고 해석할 수 있다. 윌슨(E. Wilson)은, "신체에 적절한 준비과정이 없이 광천수를 마시는 것은 비천하고도 용서할 수 없는 오류이므로 만일 환자가 물을 통한 효과를 기대한다면 정직하고도 능력 있는 내과의사와 상담을 끝낸 후 그의 지시에 따라야 한다"[19]고 저술하였다. 이러한 계몽적인 저술들은 곧바로 경고성의 발언들로 이어져 자신들로부터 적절한 정화과정을 취하지 않고 하층 의술인들의 처방에 따라 곧바로 물을 사용하는 것은 "질병을 악화시키거나 살아 돌아갈 수 없는" 지름길이라고 강조하였다.[20] 즉 내과의사들이 복잡한 정화과정을 수치료법의 필수적 단계로 설정하고 그 중요성을 강조하는 것은 이 의학분야의 시술에 독점을 꾀한 것이라 볼수 있다. 또 의사들은 대부분 환자들이 체류할 수 있는 숙박시설을 직접 경영하였기 때문에 긴 준비기간을 설정하는 것은 결과적으로 환자의 체류기간을 연장시켰고, 이것은 의사의 수입에 직접적인 영향을 끼쳤던 것이다.

준비기간이 끝난 환자는 의사로부터 온천요법의 시행기간(6주~3개월), 물을 사용하는 방법, 물의 사용빈도와 시간, 병행할 약품, 간식, 운동 및 취침방법에 이르기까지 극도로 세밀한 지시를 받았다.[21] 의사는 환자의 성별, 연령, 체질에 광천수의 효능이라는 요소를 고려하여 처방을 내렸다. 한 예로 내러스버러의 온천을 방문한 나이든 남성환자에게 프렌치는 "몸의 저항을 줄이고 광천수의 효과를 최대화할 수 있도록" 목욕은 적게 하도록 하고 철분 성분을 다량 함유한 약품군을 처방하였다.[22]

광천수는 크게 외용(外用)과 내용(內用)으로 구분되었는데, 외용으로는 욕조나 넓은 탕에서 물에 몸을 담그는 것(bathing), 상처부위에 직접 물을 맞는 것(pumping), 두 사람 정도의 보조인에 의해 반복적으로 물을 뒤집어쓰는 방법(bucketing)이 흔히 처방되었다. 펌핑은 탕 내에 설치된 수도꼭지를 통해 뜨거운 물이 바로 나오거나 펌프가 설치된 별개의 방에서 이루어졌다. 특히 드라이 펌프(dry pump)의 처방을 받은 환자는 탕은 없이 펌프만 설치된 방에서 아픈 부위만 지속적으로 물을 맞았다.[23] 어떤 환자는 하루에 1800번이나 물을 맞기도 했다.[24]

내용으로는 처방에 따라 광천수를 마시는 것이 가장 일반적이었다. 광천수를 마시는 경우 처방이란 '네 시간마다 3파인트씩, 너무 급하지도 너무 느리지도 않게 마셔라'는 등 아주 자세했다. 광천수는 보통 커다란 풀에 채워져 노출되어 있었고 목욕용과 식음용의 구분이 없어서 17세기 후반 별도의 관을 통해 식용 광천수를 따로 추출하기[25] 이전까지 사람들은 자신들이 몸을 담그고 있던 탕의 물을 마셨다.[26] 16 · 17세기의 수치료학 관련 논문을 보면 물의 오염성을 우려하는 내용을 종종 담고 있는데, 이 경우 물의 오염은 목욕과 식음을 동시에 한다는 불결함보다는 햇빛이나 비 등에 광천수가 노출되어 있기 때문에 그 성분이 변질될까봐 우려하는 내용이 더 지배적이었다.

자궁이나 요도에 주사기를 통해 다량으로 주입하는 방법도 빈번하게 시행되었다.[27] 광천수를 마시거나 주사하는 경우 약제를 섞는 일도 빈번하였다. 당시 가장 널리 쓰인 '약제'란 소금이었는데, 소금성분은 몸의 나쁜 것들을 배출하는 데 도움이 된다고 생각하였기 때문이다. 또한 장시간 탕에 몸을 담그고 있어야 할 경우 기절하는 환자들이 많았기 때문에 설탕과 허브를 섞어 와인에 끓인 특별한 시럽을 마시는 것이 권장되었다.[28]

환자들은 커다란 공동탕에서 몸을 담그고 앉아 중앙의 단상이나 주변에서 시술되는 타 처방을 구경할 수도 있었다. 공개된 공간에서의 수치료는 혼욕(混浴)과 같은, 다른 어느 곳에서도 볼 수 없던 특이한 온천의 양태를 형성해가며, 시각적 여흥을 제공하게 되었다. 더욱이 온천요법 관련 논문에서는 광천수가 불임을 치료하는 데 탁월한 효과가 있다고 대대적으로 선전하였다.[29] 그 결과 많은 여성환자들을 끌어들일 수 있었고, 온천 내 수태 가능한 여성인구의 증가는 불건전한 목적을 가진 남성들을 불러들여 온천이 퇴폐, 향락적 성향을 띠는 데 기여하였다.

간식 또한 수치료에 병행되는 주요 요소였다. 예를 들어 턴브리지웰스의 의사 루스는 "광천수 한 잔을 마신 후에는 회향풀 열매, 금방동사

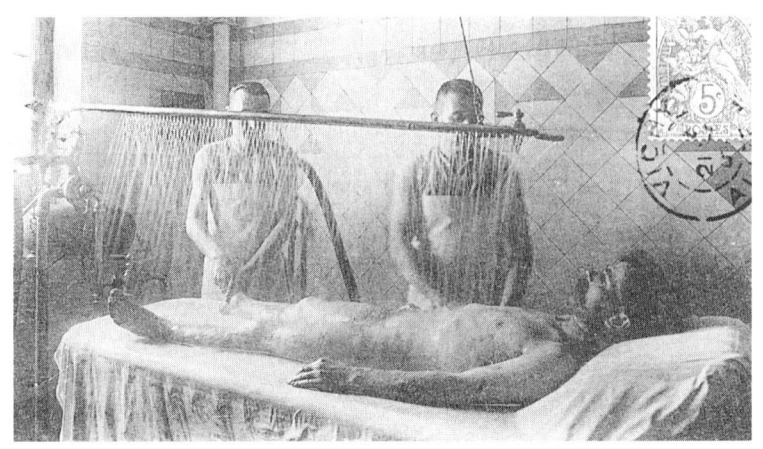

온천장에서의 수치료. 1900년 프랑스의 비시 온천.

니, 생강, 금불초나 멧두릅의 뿌리 등으로 만든 절임과자를 먹는 것이 좋다"고 처방하였다.[30] 가장 빈번하게 처방되는 간식은 오렌지 칩, 시트론 정제, 회향풀 과자, 금불초 뿌리로 만든 사탕 등이었다. 당시 의사들은 광천수가 너무 독하기 때문에 이런 당과종류를 먹어서 속을 편하게 해주어야 한다고 생각했다. 그런데 이러한 간식에는 담배도 끼어 있었다. 턴브리지웰스 같은 온천에서는 1636년 실제로 온천 바로 옆에 흡연실이 설치되었고[31] 내과의사들은 환자들에게 "광천수를 마신 후 담배를 피우는 것은 치료에 도움이 된다. 특히 연기를 깊이 빨아들여 한동안 입안에 담고 있다가 내뿜으면 더욱 좋다"라고 지시하였다.[32]

의사의 지시에 따라 수치료를 마친 환자는 말이나 마차, 혹은 세단체어라 불리는 가마를 타고 숙소로 돌아갔다. 걷는 것은 체력소모가 지나치다 하여 금기시되었고, 걷기보다는 오히려 승마를 권장하였다. 이 과정에서 감기에 걸리지 않도록 세심한 주의를 기울이는 것도 의사의 몫이었다. 완전히 몸을 말린 뒤 온몸을 몇 겹의 담요로 감고 미리 데워진 침대로 곧바로 옮겨지도록 의사들은 신신당부를 하곤 하였다.

운동 또한 수치료법에서 빼놓을 수 없는 요소였다. 16세기 중반부터 영국에서는 르네상스의 영향 아래 신체의 움직임에 대해 긍정적인 평가를 내리는 분위기가 무르익었다. 의학분야에서도 마찬가지로 운동은 건강을 위해 중요한 요소라는 개념이 널리 퍼지게 되었다. 특히 수치료법에서는 운동이 "배출을 원활하게 하고, 몸 속에 내재한 고유한 열기를 자극하여 광천수의 소화를 돕는다"는 이유로 권장되었다.[33] 가벼운 종류의 다양한 스포츠—구기, 카드놀이, 볼링, 승마, 매사냥—와 산책, 마차 타기 등이 처방되었는데, 이로 인해 온천장이 스포츠 및 레저의 중심지로 부상하는 합법적인 이론상의 토대가 되었다. 여건상 운동이 여의치 않은 환자들은 몸을 가볍게 마사지할 것, 그마저도 여의치 않을 경우에는 "소금과 꿀, 그리고 절인 베이컨, 혹은 흰 비누와 더불어 근대로 만든 좌약을 사용하도록" 처방되었다.[34]

영국 온천들은 최상의 효과를 거둘 수 있는 시즌이라 불리는 특별한 기간을 설정하였다. 예를 들어 더럼(Durham)의 스위트 스파(Sweet Spa)는 광천수를 마시기에 최적의 절기를 6월에서 8월이라 천명하였고[35] 캔터베리는 5월 1일에서 9월 30일까지가 시즌이었다. 시즌이란 각 온천마다 다른 광천수의 성분이 최상의 상태에 있는 시기를 기본으로 설정되는 것이 원칙이었다. 그러나 때때로 경쟁하고 있는 타 온천과 겹치지 않게 하기 위해 시즌을 바꾸는 경우도 있었다. 특히 배스의 시즌을 피하기 위해 온천들은 16·17세기 동안 여러 차례에 걸쳐 시즌을 바꾸기도 하였다.

그러나 일반적으로 수치료법의 기본은 맑고 건조한 계절에 하도록 하는 것이 원칙이었다. 의사들은 비가 오는 기간에 수치료를 받는 것을 금하였는데, 이는 비가 물을 혼탁하게 만들고 내재된 광물질의 질을 떨어뜨린다고 생각했기 때문이었다. 의사들은 "극도로 저기압인 날씨에는 물이 본래보다 훨씬 약하다"고 말하곤 하였다.[36] 따라서 이런 맥락에서 탕에 지붕이나 덮개를 씌워야 한다는 주장이 지속적으로 제기되곤 하였던 것이다.[37]

그러나 맑고 건조한 여름철에도 꼭 피해야 하는 시기가 있었는데, 그

것은 복중(dog-days)이라고 불리는 때였다. 이 아주 더운 시기를 피하는 관행은 고대 의학자들이 주창한 것으로, 유럽 대륙으로부터 비롯된 것이다. 영국의 의사들은 처음에 이 관행을 그대로 받아들여서 이 기간에 정화를 위한 약제를 사용하거나 수치료법을 시행하는 것을 "위험하다"[38]고 이야기하였다. 그러나 수치료법 자체가 영국화되어감에 따라 대륙의 관습을 그대로 지키지 않아도 된다는 주장이 제기되었다. 위티와 같은 의사는 이 금기를 고수하여야 한다고 주장한 반면, 딘과 같은 의사들은 이에 반대하여 두 그룹 사이에 치열한 '복중 수치료법'을 둘러싼 공방전이 일어나기도 하였다. 딘에 따르면 영국의 기후는 유럽에 비해 훨씬 서늘하기 때문에 굳이 대륙의 관례를 따를 필요가 없다는 것이었다.[39]

식이요법 역시 수치료법에서 중요한 부분을 차지하는 것이었다. 먹을 거리의 "양과 질, 그리고 먹는 순서와 방식"[40]은 비단 수치료법뿐만 아니라 이 시기 건강에 관련된 관심거리의 주요 요소였다. 인쇄술의 발달에 따라 『섭생법』(*Regiman*)이라 불리는 대중용 건강지침서가 널리 보급되었고, 섭생에 대한 사람들의 관심의 증가는 당연히 수치료법의 내용에 반영되었다. 온천의 의사들은 "병을 뿌리뽑는 가장 확실한 방법은 식이요법이다"라고 말하기도 하였다.[41] 그러나 의사마다, 광천수의 성분마다, 그리고 온천마다 이 식이요법은 아주 커다란 차이를 보였다.

그럼에도 이 시기 수치료법에 병행되던 식이요법에서는 한 가지 재미있는 공통점을 발견할 수 있는데, 그것은 식이요법이 일종의 정신치료와 병행되어야 한다는 주장이다. 따라서 식이요법은 종종 평화로운 환경과 명상 등이 첨가되어 시행되었다. 이런 경향은 특히 교육을 많이 받은 엘리트 내과의사 사이에 강조되던 것으로 "천한 족속들에 의해 지시되는 식이요법보다 훨씬 광범위한 것"[42]을 일컫는 말이었다. 따라서, 육류와 음료는 각각 "공기, 움직임과 고요"라는 요소와 절묘한 조화를

온천욕을 하는 여인들. 20세기 초 프랑스의 생타망레조 온천.

이루며 처방되었고, 환자들은 "지녀야 할 것들과 피해야 할 일들, 수면, 보아야 할 것과 마음의 열정"까지도 다스려야 한다는 지시를 받곤 하였다.[43]

이처럼 수치료법 관련 저술들이 다양하고도 방대하게 출간된 배경에는 의료인들 사이에 그에 대한 강한 동기가 있었다는 것을 시사한다. 그런데 여기서 이처럼 전문적인 저술들이 과연 얼마만큼 독자를 확보하였겠는가 하는 의문이 들 수 있다. 최근 연구를 보면 근세 영국에서 의학 분야의 저술이 상당히 많이 읽히고 있었음을 알 수 있다. 건강은 예나 지금이나 사람들의 가장 큰 관심사 가운데 하나이고, 특히 인쇄술의 보급으로 독자층이 저변으로 확대되어가던 당시 계층을 아우르는 가장 중요한 주제는 건강이었던 것이다.[44] 따라서 "17세기 초 서가에서는 늘 의학관련 서적들을 볼 수 있었다."[45]

수치료법 관련 문헌들이 원칙적으로는 까다로운 의학서적이었지만, 상당한 포용성과 다양성을 지닌 것도 사실이었다. 라틴어로 출간된 지극히 전문적인 것도 있었지만 상당수는 온천의 의사들이 홍보를 위해 출간한 지극히 대중적인 내용들을 담고 있었다. 베넷(H.S. Bennett)은

17세기 서점의 모습. 16·17세기 유럽에서는 서적을 통해 지식의 전파가 급속히 이루어졌다.

이 시기 의학관련 저술들에 대하여 "저자들이 이런 종류의 책을 위한 시장이 형성되어 있다는 것을 잘 알고 있었고, 따라서 독자들에게 많은 것을 기대하지 않았다"고 말한다.[46] 때문에, 아주 심각하고 어려운 책들은 일부러 단순한 독자들을 위해 새로운 형태로 제작되기도 하였던 것이다.

의료인들의 경쟁

수치료법을 정교하게 발달시키고 저술을 통해 널리 알린 내과의사들의 노력은 기타 의료인들과 차별화를 꾀하여 온천이라는 의료시장을 장악하려는 의도에서 비롯한 것이다. 그러나 수치료법은 의술인의 신분구조를 따라 아래로 급속하게 확산되었고 약제사들과 돌팔이들이 이를 흉내내며 환자들을 끌어모으게 되었다. 특히 약제사들은, 온천에 새로이 개업하는 내과의사와는 달리 그 지역에 오랫동안 상주해왔다는 장점을 바탕으로 자신들이 구축한 인적 관계를 통해 두터운 환자층을 확보하게 되었으며, 그 고장의 특질을 잘 안다는 점을 이용하여 광천수와 온천요법에 관한 논문들을 발간하기에 이르렀다.

돌팔이들 또한 커피하우스나 선술집 등을 돌며 저렴한 비용으로 수치료법을 시행하면서 적극적으로 환자들을 유치하였다.[47] 이들의 수치료법 참여에 위기감을 느낀 의사들은 약제사들을 "천한 돌팔이"라 매도하고 약제사들에게 수치료법을 의탁하는 것을 "미친 사람에게 칼을 쥐어주는 것과 마찬가지"라며 환자들의 각성을 촉구하였고,[48] 또한 유랑하는 돌팔이들에게 현혹되지 말 것을 끊임없이 호소하였다.

이러한 내용의 논문들이 17세기 후반까지 지속적으로 증가, 발간되는 것은 전문가를 자처하던 내과의사들이 온천장이라는 의료시장에서 이들 낮은 신분의 의술인들과 적어도 동등하게, 혹은 수세에 몰리는 양상으로 경쟁을 하고 있었음을 반증하는 것이라 볼 수 있다. 이러한 현상은 의료분야로써 수치료법이 지닌 독특한 성격에서 그 발생 원인을 찾아볼 수 있다. 즉, 타 첨단의술들이 런던에 거주하던 소수 엘리트 내과의의 수중에 독점되어 있던 것에 비해 수치료법은 의학적 지식 이외에도 광천수라는 더욱 필수적인 조건을 요구하였기 때문에, 런던이 아닌 광천수가 나온다는 전국 곳곳으로 그 시장이 형성될 수밖에 없었다. 따라서 아직 내과의가 상주하지 않았던 지방온천에서의 경우 약제사나 기타 열등한 의술인들의 시장 점거가 용이하였던 것이다.

또한 이 시대의 의술전반이 일정한 지역에 거주하던 거의 모든 환자를 관장하던 지역적인 것이었다면, 온천요법은 환자들이 용하다는 물을 찾아 전국에서부터 찾아든다는 특성이 있었다. 따라서 온천요법은 전국을 대상으로 하는 큰 규모의 의료시장이었고, 특히 장기간 온천에서 체류가 가능했던 부유층이 대상이었다.

이런 상황에서 이러한 규모의 의료시장을 독점하고자 하는 내과의들의 열망은 대단한 것이었고, 그것이 용이하지 않을 때의 분노 또한 클 수밖에 없었던 것이다. 따라서 내과의사들은 자신들과 약제사들과의 차별성을 강조하는 한편, 약제사들의 수치료법 시행을 월권(越權)이라 며 신랄히 비판하였다. 존 피터(John Peter) 같은 이는 다음과 같이 주 장하였다.

질병을 치료함에서 약품과 처방전을 아는 것으로 충분하다면 런던 약국의 서기가 모든 내과의사들의 존재를 필요없게 만드는 가장 못 된 사람일 것이다. 그리고 아마도 약제사가 가장 최고의 내과의사가 될 자격이 충분할 것이다. 왜냐하면 그들은 내과의사들 사이에 오간 수많은 처방전을 갖고 있으니 말이다. 그리고 광천수 요법에서도 마 찬가지로 내과의사들의 조언은 불필요할 것이다. 그러나 질병을 정 확히 진단하는 것은 처방을 하는 것보다 훨씬 심오한 판단과 기술이 필요한 법이고, 그러한 적절한 진단 없이 얼마나 많은 실수들이 매일 같이 일어나는지를 우리는 보고 있지 않은가? 심지어 그 자체로 더할 나위 없이 안전한 약을 가지고 말이다.[49]

이러한 논문들은 한결같이 약제사들은 수치료법을 절대 시행하여서 는 안될 뿐 아니라 환자들이 약제사들에게 현혹되어서는 안된다고 주 장하는데, 이 경우 약제사들에 대한 공격성 발언들은 크게 두 가지 양 태로 나타난다.

첫째, 내과의사들은 약제사들이 광천요법을 시행할 교육이나 훈련을 전혀 받지 못하였다는 점을 강조하였다. 수치료법은 단순한 약품의 처 방이나 의술의 시행이 아니라 "같은 질병에 같은 처방을 할지라도 오늘 효과적이던 것이 내일 교묘하게도 환자를 쓰러뜨릴 만큼"[50] 어려운 것 이기 때문에 올바른 교육과 훈련을 받은 우수한 내과의사만이 시술할 수 있는 의술이라는 것이다. 내과의사들이 보기에 약제사들의 처방은

르네상스 시기의 수치료법은 목욕을 중시한 반면, 이후에는 물을 마시는 것을 더욱 중시하였다. 20세기 초 프랑스의 비시 온천.

"공연히 어려운 말들을 써가며 귀신도 알 수 없는 표현들로 자신들이 의약품의 전문가인 듯이 수수께끼 주술과도 같은 처방전으로 불쌍한 환자들을 홀리는"[51] 것에 불과하였던 것이다.

더럼 온천에서 명성을 날리던 약제사를 만난 내과의사 윌슨은 다음과 같이 불편한 심기를 토로하였다.

> 그 작자가 이제 조제와 수술을 같은 것으로 여기는 것을 보니 정말 괴롭다. 고대의 방법들과 [대학에서 엄격한 시험을 거치고] 졸업한 내과의사들의 노력을 무시하는 사악한 풍조가 곳곳에서 만연하고, 제정신이 아닌 약제사들의 변덕과 우매함을 따르는 것은 미국사람들이나 할 짓이다. 그들은 유릿조각이나 구슬 따위를 위해 금은을 내준다.[52]

그러나 환자들은 아직 충분히 계몽되지 못하여 계속 이들 약제사나 돌팔이들을 찾는 현실에 대하여, 이들 내과의사들은 특별한 대응책이

이탈리아의 살소메지오레 온천장. 이탈리아는 유럽에서 가장 먼저 수치료법을 부활시킨 곳이다.

없었던 것으로 보인다. 그러한 경향은 이들 내과의들이 당대 의료시장의 자유경쟁원칙을 통렬히 비판하는 구절에서도 찾을 수 있다. 윌슨은 쓰기를, "의료계의 '치명적' 자유 때문에 내과의사들이라면 절대로 처방하지 않을 수치료법을 돌팔이들이 뻔뻔하게 시술하는 실정이다"[53]라고 한탄한다. 또한, "닥터 캐슬(Dr. Castle)이 말했듯이 어린아이가 뼛조각 하나를 가지고 놀 때보다 강철로 된 칼을 갖고 더 큰 일을 낼 수 있듯이, [이러한 의료의 자유는] 돌팔이들로 하여금 더 큰 위험을 저지를 수 있게 조장한다"면서, "안전한 의약품들도 돌팔이들 손에서는 치료가 아니라 살인의 무기가 되고 있다"[54]고 경고하였다. 결국 이 당시 현실은 훈련받은 내과의사들의 눈에는 다음과 같이 비쳤다.

돌팔이들이 불법적으로 의료행위를 하고, 교활하게 환자들의 지갑을 터는데도 만족스럽다거나 칭찬을 듣고 있다. 이러한 이해할 수 없는 관용이 최근 우리나라에서 이들 돌팔이들에게 너무 우호적으로 강화되어 마치 신이 설교자가 되려고 따로 훈련할 필요가 없듯이 의

술의 시행에서 자격이나 훈련이 필요 없는 세상이 되어버렸다.[55]

이렇듯 튜더-스튜어트 시대의 의료시장은 자유경쟁의 원리 아래 움직이고 있었고, 여기서 내과의사들은 그들이 원하던 만큼의 우위를 확보하지 못하였던 것인데, 내과의사들은 심지어 "이들 돌팔이들이 우리를 발 밑에 깔아뭉개며 우습게 여기고 있다"[56]며 분개하였다. 적절한 교육 없이도 의료행위를 통해 돈을 벌어들이던 약제사나 돌팔이들이 "내과의사들이 받은 대학에서의 교육은 불필요한 것이라 생각하고 있다. 이들 돌팔이들은 내과의사의 면허증이 웅얼거리는 기도문만큼도 중요하지 않다고까지 주장한다"[57]고 토로하였던 것이다.

이런 상황에서 내과의들이 약제사와 돌팔이들을 격하시키는 두번째 방법은 이들의 신분이 영리에만 급급한 비천한 계층이라는 식의 공격이었다. 즉 이들 저급한 의술인들이 인술(仁術)을 시행할 만한 도덕적 소양이 없다는 점, 그들의 영리추구는 결국 환자들에게 불필요한 시술을 강요하여 결과적으로 비용이 더 든다는 점을 지적한 것이었다. 이러한 저술은 내과의사들이 자신들의 수치료법이 비용이 많이 든다는 일반적인 인식 때문에 환자를 돌팔이들에게 빼앗겨 왔음을 스스로가 분명하게 인지하고 있으며 이런 선입견을 선전을 통해 개선하려는 노력으로 볼 수 있다.

배스의 유명한 개업의 피어스는, "돌팔이들은 온갖 약을 다 처방하고 있지만, 나는 이제껏 결단코 필요 없는 약을 처방하여 환자에게 부담을 준 일이 없다"[58]고 기술하고 있다. 더욱 직접적으로 "환자들은 약제사에게 바로 가는 것이 내과의사에게 가서 드는 진단료를 절약하므로 싸게 먹힌다고 믿고 있지만 결과적으로 청구서를 받아보면 훨씬 더 비싸다는 것을 깨닫게 될 것이다."[59] 왜냐하면 어느 내과의사가 익명으로 기고했듯이 "돌팔이들은 환자들로부터 긁어낼 돈 이외에는 아무것도 생각하지 않기 때문"[60]이라는 것이었다.

비단 지면뿐만 아니라 가시적으로도 경쟁은 아주 치열했다. 환자를 유치하기 위한 의료인들 사이의 경쟁이란 온천에서는 일상적인 일이었던 것으로 나타난다. "이곳에서 최근 일어나는 일이란"으로 시작되는 피어스의 한탄은 그러한 양상을 잘 보여준다.

커피하우스에 가면, 그들은 스스로에 대한 자랑을 한없이 늘어놓으며, [약장수가 발삼을 늘어놓듯이] 자기가 만들었다는 약을 보여준다. 그뿐만 아니라 환자들과 아는 사람들에게 손님을 끌어오라고 부추기는데, 자화자찬에서 그치는 것이 아니라 다른 사람들의 능력을 깎아내리기 일쑤다. 그런 짓은 이 계통에 몸담고 있는 사람으로서 수치가 아닐 수 없다.[61]

문화적 국가주의

한편 거시적 관점에서 보면 영국 온천장들이 단합하여 경쟁해야 할 대상은 유럽 대륙의 유명한 온천들이었다. 수치료법에서 돈이 되는 주 고객은 부유층이었고 그들은 해외 유수의 온천으로 쉽게 요양을 떠날 수 있었다. 이 당시 영국인들에게도 널리 알려진 유럽 대륙의 온천들로는 이탈리아의 루카(Lucca), 비테르보(Viterbo), 독일의 비텐베르그(Wild Bath : Wittenberg), 스위스의 바덴(Baden), 벨기에의 스파(Spa), 프랑스의 비시(Vichy), 포르주(Forges), 부르봉(Bourbon) 등이 있었다. 부유한 환자들을 국내 온천으로 독점적으로 끌어오려는 시도는 이 당시 논문의 주요한 주제가 되었다. 이들 논문들은 여러 가지 문화적 국가주의(Cultural Nationalism) 이론을 통해 그들의 상업적인 이해를 포장하였다.

17세기의 경우, 특히 영국에서 종교문제로 인해 핍박을 받던 사람들이 해외로 빠져나가는 사례가 빈번해졌다. 그들 사이에서 영국을 빠져

나가는 가장 만만한 구실은 대륙의 온천으로 요양을 떠난다는 것이었다. 따라서 그들이 곱지 않은 시선을 받는 것은 당연한 일이었다. 때문에 해외 온천행은 곧 반역준비중이라는 등식이 성립할 소지가 다분하였던 것이다. "종교상으로 좋지 않은 영향을 가져온다"[62]는 이념적인 이유가 계속 제기된 것은 이 때문이었다. 그러나 정치적인 이유를 든 비난의 배경에는 강력한 경제적인 이유가 숨어 있었다.

수치료법 논문들을 보면 해외 온천행이 국내로부터 중금(重金)이 빠져나가는 국익상의 손실이라는 비판을 종종 발견할 수 있다.[63] "우리나라에도 있는 약을 굳이 외국에서 구할 이유가 있는가?"[64]라는 식이었다. 또한 "독일 온천까지 가는 것은 몸도 힘들고 강도를 만나거나 기타 다른 위험이 많다"[65]는 등 좀더 실제적인 것들도 있었다. 터너 이후 의료인들은 해외로 온천행을 하기보다는 국내 온천을 더 많이 애용할 것을 권고하면서, "이국 땅으로부터의 도움을 열망할 필요 없이 우리 땅에 은혜를 베풀자"고 선동하였다.[66] 또 "영국의 부자들이 국내 온천을 더 낫게 꾸미기 위한 일에 1페니도 안 내놓는 것은 비정상적으로 배려가 없는 행위"라고 애국심을 부추기기도 하였다.[67]

한편 외국의 물은 영국인의 체질에 맞지 않는다는 신토불이(身土不二)의 이론 또한 의학적 견지에서 종종 거론되었다.[68] 특히 이 맥락에서 수치료법을 모국어(영어)로 써야 한다는 주장이 강력하게 제기되었다. 존스는 "모국어만이 질병을 가장 안전하고, 가장 적절하고, 가장 미세하게 묘사할 수 있기 때문이다"[69]라고 주장하였다. 존스의 저술은 1572년에 발간된 것으로, 실제로 그 이후 백여 년 사이에 의학분야에서도 라틴어로 된 논문의 출간은 급속히 퇴조하는 경향을 보였다. 이같은 현상은 앞서 지적하였듯이 영국 내 광범위한 독자를 의식하는 것이었기도 하지만, 다른 한편으로 영국 내 지식인들 사이에 지적 자신감이 상당히 성취되었음을 반영하기도 한다.[70]

온천의 지역주의

온천장들은 끊임없이 새로 부상하는 온천들과, 그곳에서 새로이 개업하는 의료인들과도 경쟁하여야만 하였다. 이 당시 영국에서 의료시장이라는 것은 지극히 지역적 단위로 형성되어 있었다. 그러나 수치료법은 특정지역에만 있는 광천수를 토대로 한 것이기 때문에 자신의 거주지역 의사에게 귀속되는 타 의술과는 달리 전국의 환자를 관장한다는 특성이 있었다. 따라서 더 많은 환자를 끌어모으기 위해 의사들은 앞다투어 저술을 출간하기에 이르렀다. 우선, 이들은 자신이 개업하고 있는 온천의 광천수가 아주 뛰어난 성분을 갖고 있음을 홍보하였다. 그리고 이들은 그 특별한 물을 의학적으로 이용함에서 자신의 전문성을 강조하였다.

배스는 터너가 최초의 논문을 발간한 이래 토비아스 베너(Tobias Venner), 에드워드 조던, 존 메이오(John Mayow) 등에 의해 지속적으로 홍보되었던 가장 큰 규모의 온천이었다. 배스와 필적할 만한 상대였던 벅스턴을 널리 알린 사람은 존스로, 그의 저술은 기타 수치료법 논문들의 범례를 제시한 바 있다.

북부지역의 온천군의 경우, 딘이 기존 성천들을 광천으로 재포장하는 데 기여하였다. 그가 선전하였던 투이휫 샘(Tuiwhit Well), 성 로버트 샘(St. Robert Well), 빌턴 파크의 황산 샘(Sulphur Well at Bilton Park), 해러게이트 헤드(Harrogate Head) 등은 이후 유명한 해러게이트 온천군이 되었다. 이후 존 프렌치, 닥터 클레이턴(Dr. Clayton) 역시 요크셔의 광천수를 홍보하는 저술을 발간하였는데, 이후 광천수 논쟁을 통해 스카버러 온천이 가세하면서 북부 온천군은 널리 알려지게 되었다.

의사들이 독점적으로 전문성을 주장하려면 이미 지명도를 확보한 곳보다 새로운 온천을 개발할 필요가 있었다. 17세기 중엽이 되자 소규모의 새로운 온천에 대한 연구들이 속속들이 나타나기 시작하였다. 1687년 티머시 바이필드(Timothy Byfield)는 혹스던(Hoxdon)에 있는 발삼 샘(Balsamick Well)을 홍보하는 연구논문을 발표한다. 존 피터(John Peter)는 켄트의 루이셤 샘(Lewisham Well)을, 윌슨은 더럼의 비트롤린 온천(Vitroline Spaw)을 독점적으로 다룬 연구들을 내놓으며 고객을 유치하고자 하였다.

브리스틀의 성 빈센트 록(St. Vincent's Rock), 엡섬, 턴브리지웰스 역시 의사들의 노력으로 17세기에 널리 알려지게 된 온천이었다. 브리스틀 온천을 처음 본격적으로 소개한 이는 베너였는데, 그는 브리스틀이 배스에 비해 수질이 떨어진다고 말하였다. 이는 아마도 그 자신이 배스에서 개업하고 있던 이유였을 것으로 추정할 수 있다.

웰링버러(Wellingborough)는 1622년 리처드 배니스터(Richard Banister)에 의해 널리 홍보되었고, 1628년 헨리에타 마리아 여왕(Queen Henriatta Maria)이 그곳에서 온천욕을 하기도 하였다. 옥스퍼드 근처의 애스트롭을 널리 알린 사람은 리처드 로어(Richard Lower)와 그의 동업자 윌리스(Willis)로 1664년부터 턴브리지웰스를 따라잡으려는 노력을 기울였다.[71] 로버트 피어스는 캐슬캐리(Castle-Cary) 근처의 애스퍼드(Asford)를, 패트릭 메이든은 노스 홀의 광천수에 대한 극찬을 늘어놓았다.

이들 출판물들은 비단 멀리 있는 환자를 겨냥한 것뿐만이 아니었다. 인근 주민들에게 자기 고장의 온천을 이용해달라며 지역 감성에 호소하였다. "얼마나 많은 병자들이 끔찍한 상태에서 불만스럽게 누워 있는가? 우리 북부인들에게 서머싯셔의 배스는 너무나도 멀다. 이미 질병만으로도 무겁기 그지없는데 그 몸을 해가지고 그 먼길을 가야 하는가?"라고 호소하는 북부 온천군의 개업의 스태너프(Michael Stanhope)의 글은 다분히 시사적이다.[72]

이들 논문이 이렇게 지역주의적 시각에 젖어 있었으므로 16 · 17세기 동안 온천들이 그렇게 많이 개발되고 발달되었음에도 불구하고 이들을 종합할 만한 온천 백과사전과 같은 저서가 출간되지 않았던 것으로 보인다. 18세기 초에 이르러서야 영국의 온천을 총망라하는 연구가 토머스 쇼트와 존 플로이어에 의해 이루어지게 되었다. 물론 그때는 이미 많은 온천들의 흥망이 판가름난 때였다.

　의사들의 지역주의에 대한 강조는 물론 자신들의 경제적 이익을 확보하기 위한 것이었다. 따라서 이들은 환자들이 다른 온천으로 가는 것을 막아야 할 뿐만 아니라, 자기 온천에 온 환자들이 자신에게 진료를 받도록 설득해야 하였다. 그 때문에 가장 많은 수의 잠재적 환자가 살고 있는 런던의 저명한 내과의사들은 이들 온천의사들에게 경쟁자일 수밖에 없었다. 반드시 온천에 있는 의사에게 진단과 처방을 받으라는 이야기는 아주 논리적으로 "그들이 환자의 체질과 질병, 상태를 가장 잘 알 뿐만 아니라 광천수의 효용을 가장 잘 알기 때문"이라는 설득으로 포장되곤 하였다.[73] 프렌치는 이렇게 말한다.

　　이 나라의 많은 의사들이 이 광천수를 본 적도, 실험한 적도, 심지어 그것에 관하여 읽거나 아는 사람과 이야기도 해본 적이 없다. 그럼에도 그들은 그들이 고칠 수 없다고 판단한 절망적인 환자들을 이곳에 보낸다. 보내면서 환자에게 수치료법을 지시한 내용들을 보면 온천에서 물 퍼주는 아줌마가 웃을 정도이다.[74]

　이 정도는 점잖은 편이다. 나아가, "온천에 상주하는 의사들이 아니라 출신지의 의사에게 진단을 받고 와서 수치료를 하는 바보 같은 환자들은 종종 집에 못 가고 죽는 일도 있다"[75]는 등의 협박성 발언은 흔한 것이었다.

　협박과 더불어 달콤하기 그지없는 구애가 환자들을 향해 쏟아지곤 하였다. 한 온천에서는 "여기 우리 의사들은 박학한 지식으로 누구라도

프랑스 플롱비에르의 로마식 목욕탕을 그린 목판화(1553). 노천탕에서 병자들이 목욕을 하고 있다.

그의 건강상태에 맞추어 체계적으로 수치료를 받을 수 있도록 보조할 만반의 준비가 되어 있습니다"[76]라고 외치는가 하면, 다른 온천에서는 "감히 말하지만 이곳은 우리 주민들에게 더할 나위 없는 건강을 제공하는 상쾌한 환경에서 (치료받는 환자가) 최상의 즐거움을 느낄 수 있는 곳이라고 확신합니다"[77]라고 노래한다. 심지어 또 어떤 곳에서는 "최고의 내과의사가 무료로 여러분에게 상담을 해드립니다"[78]라고 말한다. 이 정도면 거의 홍보전쟁이나 다름없다.

당연히, 이들은 자신들 온천의 물이 외부로 유출되는 것을 달가워할 리 없었다. 물의 수출에 대하여 이들은 이중적 딜레마에 빠져 있었던 듯하다. 당시 대륙에서 광천수의 수출과 외부판매는 상당히 활발히 이루어지고 있었다. 16세기 초반 이미 벨기에 스파에서 나온 광천수는 유럽 주요 도시에서 판매되고 있었고, 이탈리아의 '항해자의 물' (Acqua dei Navigatori)이라는 광천수는 신대륙으로까지 선적되어가던 참이었다. 따라서 대륙의 수치료법을 모방하고 그에 필적하려고 노력했던 이들에게 물의 수출을 무작정 막을 수는 없던 일이었다. 프렌치는 이렇게 말한다.

세브니르(Sevenir)의 물은 먼 곳, 심지어 다른 나라로까지 운반되고 있다. 물의 유용한 성분이 손실되지 않고 말이다. 포봉(Paubon)의 물은 더 먼 곳, 더 먼 나라로까지 가는데 우리 영국에서도 자주 볼 수 있다. 현재 요크셔의 광천수들은 그렇게 멀리 운반되지는 않는다. 그러나 짐작하는 것보다는 멀리 운반되고 있다.[79]

그럼에도, 이들은 광천수의 유출을 그저 보고만 있을 수는 없었다. 의사들은 우선 수입된 외국 광천수들의 질에 대하여 공격하고, 그를 근거로 영국 내 광천수를 외지로 보내는 것이 바람직하지 않다고 주장하였다. 광천수는 흔히 돌로 만든 항아리에 담겨 운반되었는데, 의사들은 광천수가 이 항아리에 담길 경우 중요한 성분이 손상된다고 주장하기 시작하였다.[80] 그들은 물은 반드시 샘이 솟는 곳에서 마셔야 하고[81] 절대로 멀리 운반해서는 안된다는 주장을 펼치며 광천수의 유출을 반대하였다.

그런데 시간이 흐르면서 광천수의 유출이 보편화되어가자 이제 의사들은 운반용기의 밀봉 여부를 가지고 논쟁을 벌이기 시작하였다. 턴브리지웰스의 한 의사는 "광천수가 멀리 보내질 경우, 끓인 코르크 마개로 병을 닫고 다시 한 번 더 단단히 고정시켜야만 한다. 그런데 그 일을 맡은 책임자가 있음에도 불구하고 제대로 되는 것을 본 적이 없다"라고 비난하였다.[82] 배스의 물에 대해서는 "돌 항아리에 담긴 경우는 물의 온도가 같지만, 마시기 전에 물이 차가우면 반드시 중탕을 해야만 한다"[83]고 잔소리를 하였다. 이는 배스의 광천수가 따뜻한 물이기 때문에, 먼 곳으로 옮겨졌을 경우 식으면 그 성분이 달라진다는 이야기였다.

또한 어떤 이는 "배스의 물은 운반되어도 괜찮지만, 다른 온천의 물은 절대로 안된다"[84]고까지 주장하였다. 마찬가지로, 의사들은 샘에서 솟아나온 물을 바로 실험해보고 멀리 운반한 뒤 다시 실험해보면 분명히 광물질의 손실이 나타난다고 주장하면서 "멀리 갈수록, 그리고 나무통에 운반될수록 틀림없이 그런 현상이 나타난다"고 말하기도 하였다.[85]

광천수 논쟁

수치료법을 독점하려는 의료인들 사이의 경쟁은 이제 다른 지역 광천수의 수질에 대한 비난이나 다른 온천 의사들의 실력에 대한 신랄한 공격으로 이어졌다. 배스, 벅스턴, 내러스버러, 해러게이트, 웰링버러와 같이 이미 지명도를 확보한 온천들 외에도 17세기 초반부터는 엡섬, 턴브리지웰스, 스카버러, 혹스던 등의 신흥 온천들이 이러한 비방의 대상이 되었다. 특히 신흥온천인 스카버러의 광천수를 둘러싼 논쟁은 수치료법 역사상 가장 큰 것으로, 1660년부터 20여 년에 걸쳐 지속된 세기적 논쟁으로 기록될 수 있다.

외면적으로 이는 스카버러의 내륙온천에서 솟아나던 광천수가 특정 질병에 효과가 있느냐는 것이 중점이었던 학술적 논쟁이었다. 1660년 요크의 저명한 의사 위티는 스카버러에서 나오던 광천수의 효능을 찬미하는 논문을 발표하였다. 여기서 이 광천수야말로 모든 질병에 효험이 있는 "만병통치약"이라고 주장한 것이 화근이었다. 실제로 이 당시 광천수는 흔히 만병통치약 내지 특효약이라는 별칭으로 불렸던 것이 관행이었다. 그런데 머지않아 윌리엄 심슨(William Simpson)이라는 의사가 세 권이나 되는 장문의 저서를 통해 위티를 공격하면서 논쟁이 시작되었다.

위티가 스카버러 광천수의 주요 성분이 황산이라고 주장하였던 반면 심슨은 알루미늄을 함유한 소금을 주성분으로 꼽았다. 또 이 물은 괴혈병, 결석, 멜랑콜리 등 몇몇 질병에는 효과가 있지만 전반적으로 모든 질병에 좋은 것이 절대 아니라고 주장하였다. 위티는 중세 이래 지속되어오던 갈레노스 의학을 신봉하는 사람이었지만, 심슨은 새로운 화학적 방법론에 기반을 둔 제약학에 심취한 젊은이였다. "방법과 법칙보다 영속하는 것은 없다. 갈레노스식 방법은 지난 1500년을 버텨왔다……. 그리고 나는 그것이 또 1500년 이상 지속하지 못할 이유가 없다고 본다"는 위티의 말에 심슨은 다음과 같이 반박한다.

약품을 다루는 실제적 제약학에 관한 당신의 비판에 대하여 내가 잘 답변하였듯이, 요즘 내과의사들은 [매일같이 더 많이] 적은 시간으로 환자의 고통을 덜어주기 위해 이 방식을 채택하고 있다. 따라서 이 방식은 세상에 넓은 지지기반을 확보해가고 있으며, 머지않아 자연스럽게 갈레노스식 방법을 사그라들게 할 것이다.[86]

따라서 이 논쟁은 전통적인 방법을 고수하고자 하는 저명하고 연륜 있는 의사와, 젊고 회의주의적이며 새로운 학문세계를 접한 젊은 의사 사이의 세대간의 전쟁이기도 하였다.[87]

그러나 이 전통과 개혁 사이의 학문적 갈등의 배경에는 같은 의료시장을 둘러싼 이해경쟁이 도사리고 있었다. 위티가 헐(Hull)에서의 18년 동안의 성공적인 개업의 생활을 청산하고 요크로 이주하게 되자 심슨은 많은 환자들을 위티에게 빼앗기게 되었다. 영업에 실패한 후 심슨은 웨이크필드(Wakefield)로 옮겨갔고, 이후 리즈에서 개업하면서 빼앗긴 고객들을 다시 찾아오겠다는 집착을 버리지 않았다.[88] 심슨은 위티가 선전한 스카버러 광천수를 신랄하게 비판했다. 이에 위티가 반박성 짙은 책을 출판하며 "독자들은 이 젊은이의 우매함을 비웃어줄 것이다"[89]라고 대응하자 심슨은 이제 스카버러에 대적하기 위해 내러스버러와 위트비를 대신 내세워 훌륭한 광천수라 대대적으로 선전하였다.

전문성에 대한 공방과 인신공격이 여러 권의 책을 통해 세상에 알려지게 되었고, 이 열기를 틈타 자신의 명성을 확보해보고자 하는 의사들이 가담하면서 논쟁은 전국적으로 번져나갔다. 우선 같은 요크셔 지역에서 의술을 시행하던 조지 톤스톨(George Tonstall)은 "난 이 두 사람 모두와 친구이다. 하지만 이제 위티의 서재와 심슨의 진료실 사이를 예전처럼 넘나들 수 없다"고 주장하면서 "위티와 심슨의 등(背)에 예기치 못한 방망이질"[90]을 퍼부었다.

톤스톨은 특히 왕립학회(Royal Society)에 보내는 공개적인 저서를 출간하며 자신의 논리에 대한 후원을 요청했으나 잘 받아들여지지 않자 차선책으로 케임브리지 대학의 교수 및 과학자들로부터 동의를 받아냈다. 위티는 이에 대응하여 자신의 스카버러 온천요법으로 효험을 본 이들로부터 받은 편지와 시들을 출판하기에 이르렀다.

이 논쟁은 소규모 온천의 수많은 의사들이 다투어 의견을 제시하는 방향으로 발전하고, 마침내 학술적이 아닌 개인적 비방이 되었다. 결국 의사들은 타 온천의 의사에게 치료를 받던 중 병세가 악화되거나 죽은 환자들의 명세를 책으로 엮어서 출간하는 지경에까지 이르게 되었다.[91]

예를 들어 수치료학 사상 가장 지독한 독설서라 기록되기도 한[92] 톤스톨의 『위티 박사에게 보내는 새해선물』(*A New-Year Gift for Doctor Witty*)은 "스카버러 근처에 살던 램플로 씨가 위티 박사에게 가서 2주 동안 수치료를 받은 뒤 죽었다"[93]는 등 부고(訃告)의 모음과 같은 내용으로 가득 차 있었다.

이 논쟁은 요크에 기반을 두고 스카버러에 일년에 몇 달간 내려와 수치료법을 시행하던 의사들이 "수치료법의 성수기에 독점을 꾀하느라"[94] 일어났던 것으로, 결국 20여 년 간의 신랄한 공격에도 위티의 아성을 무너뜨릴 수 없게 되자 근처의 타 온천을 스카버러에 맞설 대응책으로 개발, 선전하는 과정으로 마무리가 되었다. 이 과정에서 의사들은 "긴 논쟁에도 아직 내 이는 한 개도 부러지지 않았다"[95]고 주장하였고, 그 결과 내러스버러, 위트비와 해러게이트가 열성적으로 선전되었다.

인공온천장

온천의 상업화를 둘러싼 의술인들 간의 경쟁으로 마침내 인공온천장(Artificial Spa)이 탄생되었다. 인공온천이란 당시 유명한 자연온천의 독특한 수질을 구성하는 광물질이나 약제를 일반적인 물에 섞어 만드는 것이었다. 이미 터너는 논문을 통해 "누구든지 집에 인공온천을 만들어 고통스러운 질병들로부터 해방될 수 있다"[96]고 말한 바 있다. 존스 역시 "제약학에 지식이 있다면" 인공온천장을 만들 수 있다고 말하였다.[97] 그럼에도 불구하고 인공온천이 수치료법에서 대안적 방법으로 권장된 사례는 없었다.

그런데 1679년에 상당히 큰 규모의 인공온천장이 대도시 런던의 한가운데[98] 세워지게 되었다. 이는 사실상 의료진 포화상태에 이른 지방 온천에서 개업에 실패한 의사들이 자구책으로 고안한 것이었다. 따라서 이들은 자연온천들과의 경쟁이 불가피한 상황으로, 끊임없이 지명도를 확보한 자연온천의 동향에 따라 거듭나야 하는 부담을 지고 있었다.

인공온천장을 개발, 선전하는 데 혁혁한 공을 세운 바이필드는 더블린(Dublin)의 의과대학 출신으로 런던에서 활동을 하던 의사였는데, 당시 수치료법이 호황을 누리는 것을 보고 자신도 이를 시행하고자 혹스턴이라는 신흥온천으로 내려갔으나 만족할 만큼 환자를 확보하지 못하였다.[99] 그는 실패의 원인이 그 지역 의사들이 "너무 독점을 하고 수치료법을 비밀로 하기 때문"[100]이라고 불평하며 결국에는 "나는 대개의 의사들이 그러하듯이 광천 옆에서 대기하거나 약방 근처를 어슬렁거리며 환자를 끌어보려고는 하지 않겠다. 대신 우리 집에서 약제와 온천수를 만들겠다"[101]고 결심하였던 것이다.

런던으로 돌아온 뒤 그는 당시 배니오(Bagnio)라고 불리던 목욕탕의 사용권을 얻어 이를 확장, 개조한 뒤 인공적으로 배합한 광천수를 만들어 호화 의료시설로 탈바꿈시켰다. 그가 만든 광천수는 "그 수질이 천연광천수와 같거나 오히려 뛰어나다"[102]고 선전되었는데, 그 이유는 "천연광천수에 포함되어 있는 불순물이 없고, 천연광천수의 뛰어난 성분을 강화시켰기 때문"[103]이라는 것이었다. 그의 주장에 따르면, 인공온천을 이용하는 것이 일반온천장에 가는 것보다 여러 가지 면에서 훨씬 효과적이라는 것이었다. 예를 들면 자연온천에서 수치료를 받는 것은 "너무 비싸고 힘들기 때문"[104]이고, 또한 자연온천은 비나 햇빛 때문에 물의 성분이 변할 위험이 있으나 인공온천은 이러한 불편이 전혀 없다는 것이었다.[105]

새뮤얼 호어스(Samuel Haworth) 역시 인공온천장 사업에 뛰어든 사람이었다. 그는 이 온천이 런던 한가운데 있음을 상기시키며 추운 겨울에도 여름과 마찬가지로 온천욕을 할 수 있다는 점을 강조하였다.[106] 인공온천장들은 또한 왕과 귀족들의 후견을 얻어 자신들의 위상을 드높이는 한편 상주의사, 마사지사와 많은 하인을 두어 고객이 들어오는 순간부터 나가는 순간까지 철저한 서비스를 한다고 대대적으로 선전하였다. 이들 인공온천장은 입구에서 몸무게를 재는 것으로부터, 개인용 욕의(浴衣) 및 목욕용품의 공급, 조각과 분수로 장식된 냉탕, 온탕, 수증기실, 마사지실, 미용실, 운동실, 수면실 등의 설비, 부속건물로써 커피하우스 등의 설치에 이르기까지 최신의 호화시설과 첨단 운영방식을 자랑하였다.

이들 인공온천장은 자연온천에 비해 의료기관이라기보다 휴식처로서의 색채가 더욱 짙었는데, 의사들은 그러한 성격을 오히려 더욱 강조, 선전하였다. 이와 같은 선전은 환자들뿐만 아니라 건강한 이들까지도 고객으로 폭넓게 확보하려는 시도로 볼 수 있다. 따라서 도심에 위치한 인공온천장은 심각한 질병을 치료하는 의료기관이라기보다는 "바쁜 일상생활에서 지친 몸을 회복하고 기분을 상쾌하게 해주는 데 최적인 곳"[107]이라 선전되었으며, 여성고객 확보를 위한 여성전용일, 그리고 아동의 날을 지정하여 운영하였다.[108]

인공온천장을 개발한 의사들은 이러한 성공에 안주하지 않고 더 많은 고객을 확보하기 위해 또 다른 상품을 고안했는데, 그것은 광천수의 성분이 되는 광물질의 농축액과 정제로써 가정에서도 손쉽게 온천수를 만들 수 있게 한 것이었다.[109] "온천 팅크"(Spa Tincture)[110]라 불린 것으로 수치료를 위해 장거리 이동이 불가능하거나 가난한 이들이 가정에서 사용할 수 있도록 고안된 것이었다. 그러나 의사들은 곧 누구나 와인 같은 주류에 섞어 섭취하면 탁월한 강장(强壯)효과가 있다고 선전했고, 심지어 "턴브리지웰스나 다른 온천으로 떠나는 경우에도 이 팅크를 가져가세요. 왜냐하면 이 제품은 천연광천수의 효과를 극대화시켜주고 또 한편으로 천연광천수가 가져올 수도 있는 부작용을 막아주니까요"[111]라고 선전했던 것이다.

수치료법과 관련하여 이러한 상품의 등장은 다음과 같은 측면에서 중요성을 찾아볼 수 있을 것이다. 우선, 이러한 상품을 고안하고 그것이 많이 팔려나갈 만큼 수치료법의 수요가 존재하였다는 것이다. 둘째로, 수치료법을 둘러싼 의료인들의 경쟁이 극에 달하여, 온천에 앉아 환자가 오기를 기다리는 단계를 벗어나 직접 온천을 가정으로 배달하는 상황이 되었다는 것이다. 마지막으로, 이제 수치료법은 심각한 질병을 고칠 수 있는 치료방법에서 한 걸음 더 나아가 건강을 유지하고 질병을 예방하는 차원뿐만 아니라 기분을 청량하게 해줄 수 있는 일상생활의 한 부분이 되었다는 것이다. 따라서 이같은 상품의 판매는 의사의 특별한 진단과 처방 없이도 행할 수 있는 보편적인 수치료법의 장을 열었다는 점에서 수치료법의 대중적 보급에 매우 중요한 획을 긋는 사건이라 볼 수 있다.

홍보전쟁

17세기 말에 이르면 이들 온천장의 선전은 더욱 다양해지고 치열해져서 자신들의 온천이 제공할 수 있는 아름다운 풍광, 오락과 숙박의 안내 등이 논문에 포함되고 성공담을 모은 사례집들이 발간되기에 이른다.[112] 원래 온천에서 치료를 받은 환자들의 성공담이란, 질병으로부터의 쾌유를 감사하고 기념하는 뜻으로 환자들이 자발적으로 일정한 액수의 기부금을 내고 나서 기록에 올리거나 기념품을 남기는 것이었다. 벅스턴에서는 16세기 중엽에 이미 환자당 4펜스를 받고 등록부에 올리는 전통이 있었고,[113] 배스에서는 경제력이 있는 환자들이 쾌유후 욕탕의 주변에 금속으로 만든 고리나 시계 등을 설치하는 것이 관례였다.[114]

그러나 온천의 상업화가 진행되면서 이러한 개인적 차원의 감사와 기념은 이제 그 온천의 지명도를 높이는 주요한 선전의 도구가 되어갔던 것이다. "공개감사"[115]라는 형식의 행사가 환자들에게 요구되는가 하면, 환자들이 집에 돌아간 후 보내온 감사의 편지와 시들을 모아 발간함은 물론, 특정온천에 찾아왔던 사람들의 등록부가 책으로 엮여 나왔던 것이다.[116] 신흥온천의 의사들은 이러한 풍조를 적극 활용하여 자신과 자신의 온천을 알리는 데 힘썼다.

가장 대표적인 것으로 토머스 귀도(Thomas Guidott)의 『배스 등록부 : 200개의 사례집』(*The Register of Bath : or Two Hundred Observations*)을 꼽을 수 있을 것이다. 이 책은 온천에서 성공적으로 쾌유한 200명의 환자에 대한 기록으로, 그 이름, 신분, 질병 및 수치료법에서의 처방이 적혀 있다. 예를 들어 "윌리엄 하워드 경은 킹스 배스에서의 목욕요법으로 관절염을 치료하였는데, 공공탕을 사용한 것과는 별도로, 편리한 이동용 욕조에 킹스 배스에서 길어온 광천수를 부어서 겨울에도 치료를 한 결과 완쾌되었다"고 쓰고 있다.[117]

이들 사례집에서 특히 강조되는 요소는 의사가 얼마나 전문성을 발휘하여 수치료법을 시행하였는가 하는 점이다. 실제로 사례집에는 앞서 살펴본 것처럼 목욕, 식음, 펌핑, 버키팅 이외에도 가글링(물을 삼키지 않고 머금었다가 뱉기)이나 수영과 같은 다양한 방법으로 수치료를 하였음이 나타난다.

그밖에도 이 사례집은 사회적 신분에서도 귀족으로부터 하인에 이르기까지 정말로 다양한 계층의 사람들이 수치료법을 사용하였음을 보여주는 귀중한 자료이다. 나아가 이들은 영국 전역, 아일랜드, 심지어 외국에서 온 환자에 대해서도 기록하고 있어서 사람들이 공간적으로 얼마나 멀리서까지 왔는지를 짐작할 수 있다. 그리고 특이한 점은, 이들 사례집에 따르면 온천들은 시즌 이외에도 늘 방문객들로 북적거렸다는 점이다.

홍보효과에서, 이들 사례집만큼 대중에게 어필하는 것은 드물 것이다. 그만큼 생생한 표현들로 가득 차 있었다. 예를 들어 스태너프의 『내러스버러의 광천수로 효험을 본 사람들의 카탈로그』(*A Catalogue of Such Persons as Have Received Benefit or Cure by Mineral Water of Knaresborough*)에는 다음과 같은 이야기들이 넘쳐난다.

내러스버러 온천을 찾아온 요크셔의 라우던 씨는 수년간 온몸의 경련과 통증으로 고생해오던 중 이곳의 물을 마신 후 각각 1야드가 넘는 두 개의 커다란 벌레뭉치를 배설하였다. 이 괴물 같은 벌레의 사슬은 살아 꿈틀거리는 벌레들로 이루어져 있었으며, 그중 한 종류는──전문가에 따르면──그 엄청난 길이로 보아 지금까지 알려지지 않은 것이었다. 약 4일이 지난 후 그는 네 개의 벌레들을 더 배설하였는데 크고 무척 길었으나 죽어 있었다. 그후로는 더 이상 벌레를 배설하지 않았으며 온갖 고통으로부터 해방됨과 동시에 최상의 건강상태를 되찾았음은 물론 지금까지 건강을 유지하고 있다. 이러한 사실들은 로키라는 신사에게도 알려져 그는 괴물이라 불릴 만한 14개의 벌레들을 배설하였다.[118]

사례집의 홍보효과를 목도한 의사들은 "매년 특출한 성공사례목록을 출판하자"[119]고 제안하기도 하였고, 라틴어로 쓰인 성공사례집을 쉬운 영어로 다시 발간하기도 하였다.

영국의 온천장은 16세기 중반 종교개혁이 가져온 부수적 영향 아래 탄생하였으며, 그 이론적 토대를 구축한 주체는 르네상스 과학을 영국에 보급시킨 의사들이었다. 의술인들의 적극적 개발은 세속화·상업화되는 튜더-스튜어트 시대의 의료시장의 양상을 뚜렷이 반영하고 있으며, 과거의 순례지였던 성천이 근대적이고 합법적인 휴양지로서 탈바꿈하게 된 원동력이 되었던 것이다.

16·17세기 영국에서 출간된 수치료학 관련 논문들은 당시 가장 상업성 있는 의료분야로 떠오른 온천요법에서 우위를 다지고자 하는 여러 의술인 계층 간의 치열한 경쟁을 반영하고 있으며, 특히 엘리트 의술인이었던 내과의들의 수치료법 독점을 위한 시도들은 온천요법을 극

도로 세련된 의술분야로 발전시키게 되었던 것이다. 이러한 토대 위에 인근주민과 사업가들의 상업적 동기에 따른 적극적 개발과, 종교개혁 이전의 순례와 같은 레저 활동을 지속하고자 하는 영국인의 욕구가 더해져 온천장은 독보적인 의료기관 및 레저의 중심지로 자리잡게 된 것이다.

4

지역공동체의 상업화 경쟁

물의 운명이란 아직 구체화되지 않은
무언가를 위한 것이다

• 헤겔

배스, 목욕탕이 있다 하여 이름 붙여진 이곳은 성벽으로 둘러싸인 작은 도시이다. 그리고 방문객을 맞기 위해 훌륭하고 아름다운 건물들이 세워졌다.

• 베너, 「배스의 목욕탕」[1]

온천장의 탄생은 비단 의사들의 노력만으로 이루어지는 것이 아니었다. 종교개혁 후 세속화의 물결 아래 종래의 도덕적 가치들이 밀려나고 경제적 이윤과 같이 개인의 이익을 추구하는 경향이 자리잡아갔다. 시장경제의 활성화로 새로운 경제적 조직체들이 만들어지면서 재산이나 경제활동에 대한 태도마저도 긍정적으로 바뀌게 되었다. 역사학자들이 '소유적 개인주의'라고 부르는 이 경향은 경제적 이익을 둘러싼 개인의 권리가 자유시장의 원칙 아래서 기존 사회적 의무의 제한들로부터 탈피하였음을 보여주는 것이다.[2]

광천이 발견되기 시작하면서 지역공동체들은 온천장을 만들기 위한 다양한 노력을 기울이게 된다. 이 장에서는 온천장 주민들이 온천장을 둘러싸고 어떻게 그들의 상업적 동기를 발현해나갔는지 그 과정을 살펴보기로 한다. 사업적 감각이 뛰어나고 영향력이 있던 유지들은 광천의 소유권을 확보하기 위해 치열한 경합을 벌였고, 더 나아가 광천수의 개발과 수출이 시작되었다. 또한 방문객 위주의 서비스 산업이 새로 생겨나거나 확장되면서 기존의 농업이나 직물업과 같은 산업체계가 서비스 산업 위주로 바뀌게 되었다. 이 장에서는 온천장들에서 일반적으로 나타났던 상업화 열기를 지역 주민들의 온천산업 참여를 중심으로 훑어가기로 한다.

광천의 소유권 분쟁

광천수의 의학적 효용이 홍보되면서 온천장마다 광천을 둘러싼 소유권 분쟁이 일어나게 되었다. 대개의 경우 이러한 분쟁은 독점을 막기 위한 공동체의 노력의 소산이기도 하였다. 가장 대표적인 온천으로 거듭난 배스는 중세부터 도시공동체의 결속력이 강한 도시였다. 배스는 원래 로마 점령군이 휴양을 위해 세운 도시였으나 로마 멸망 후 거의 사라졌다가 중세 중엽 현재의 도시 형태를 갖추게 되었다. 중세 배스는 수도원이 위치한 종교의 중심지이자 주변지의 시장역할을 했을 뿐 아니라 모직물업의 중심지였다.[3]

그러나 배스는 16세기 초반 급속히 쇠퇴한 것으로 보인다.[4] 그 원인은 우선 직물업의 쇠퇴에서 기인한 것으로 보인다.[5] 또 다른 요인으로는 수도원 해체를 들 수 있는데, 1539년 왕령에 의해 배스의 수도원(Priory Church of St. Peter)이 해체되었다.[6] 직물업과 종교 중심지로서의 역할을 잃게 된 배스는 인근지역의 시장도시로서의 기능만이 남게 되었다. 그러나 배스 시는 온천업으로 업종전환을 꾀함으로써 새로운 도약을 하게 된다.

배스가 도시의 주산업을 직물업에서 온천업으로 전환할 수 있었던 가장 큰 이유는 천연자원이라 할 수 있는 온천이 존재하였기 때문일 것이다. 1539년 당시 배스에는 이미 5개의 온천탕——킹스 배스(the King's Bath), 핫 배스(the Hot Bath), 크로스 배스(the Cross Bath), 대수도원장 배스(the Abbot's Bath), 소수도원장 배스(the Prior's Bath)——이 있었는데, 그 가운데 마지막 두 개는 그 이름이 명시하듯이 수도원의 관할로서, 수도승들의 치료를 위해 간간이 사용되었던 것으로 드러난다.[7]

수도원 해체에 따라 배스 수도원의 재산이 압류되었을 당시, 왕은 배스의 전 수도원장이었던 깁스(William Gibbs)에게 복종의 대가로 50파운드의 연금과 집, 그리고 온천탕으로부터 나오는 수입(perquisites)을 주었다.[8] 이에서 알 수 있듯이 온천탕은 이미 어떤 형태로든 이익을 남길 수 있는 수입원이었던 것이다. 그러나 이 당시 온천에서 거둘 수

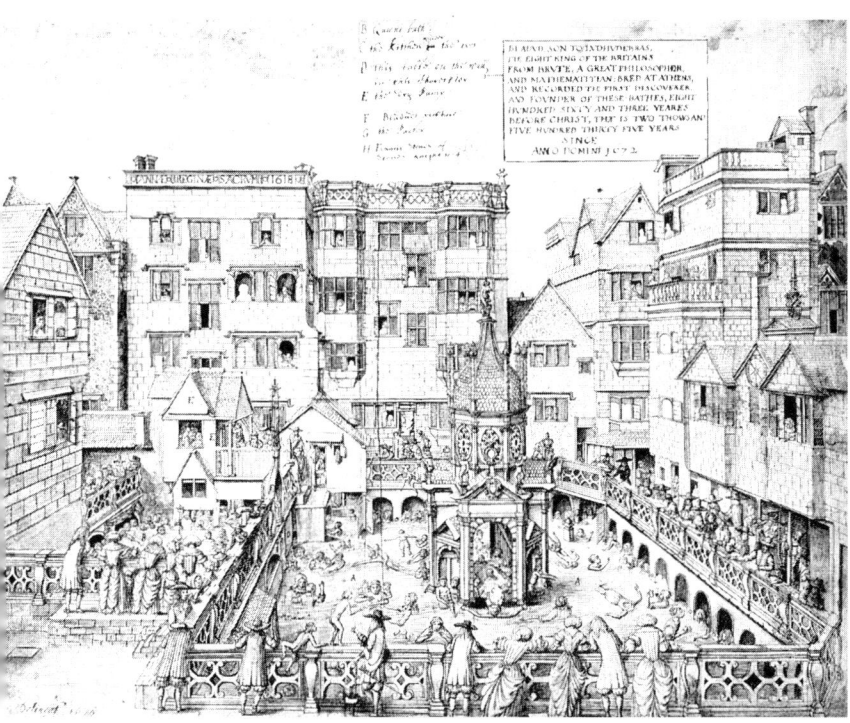

17세기 배스 시의 킹스 배스. 신사들에게 돈을 받고 물에 뛰어들어 동전을 물고 나오는 묘기를 보여
주던 소년들의 모습이 보인다.

있는 수입이란 지극히 적은 것이어서 "깁스와 같이 한때 존경받던 이가
왕으로부터 겨우 그 정도의 연금을 받는다는 것은 정말 안타까운 일이
다. 더구나 테니스를 치는 이들이나 가끔 들르는 온천탕에서 나오는 수
입을 받아먹어야 한다는 것은 더욱 안타깝다"고 서술된 바 있다.[9]

깁스의 죽음과 더불어 그의 재산이 이 사람 저 사람의 손으로 넘겨질
때에도 온천탕으로부터 얻을 수 있는 수입은 "극히 적은 액수"로 묘사
되고 있었다. 온천탕에서 수입을 취할 수 있는 권리는 깁스의 죽음과
더불어 그의 집을 빌려 쓰고 있던 프램프턴(Richard Frampton)에게
넘겨졌고, 결국 1550년 코튼(Humphrey Cotton)에게 넘겨지게 된다.

배스의 지방사학자들 사이에서 코튼은 물욕에 눈이 어두워 배스 시
를 상대로 긴 소송을 치른 이기적인 사람으로 그려지곤 하지만, 코튼은

배스가 온천장으로 태어날 수 있는 촉매작용을 한 중요한 인물로 평가될 수 있다. 코튼의 경력은 자세히 알려져 있지는 않지만, 자격증이 있는 내과의사로 광천수가 경제적으로 확실한 수입원이 될 수 있다고 판단한 자였던 것 같다.

그는 다수의 환자들에게 의학적 도움을 준다는 명목으로 온천탕을 관리하는 공식적 직위를 요청하였고, 1550년 국왕은 "내과의사 코튼은 오랜 기간 의학을 연마하였고 보통 배스 시의 샘 혹은·온천탕이라 불리는 곳에서 나오는 온천수로 다양한 질병에 시달리는 우리 백성들이나 혹은 다른 [나라] 사람들을 치유할 수 있으므로" 매일 4펜스의 임대료를 내고 평생 온천관리자(the Keeper of Baths)의 직책을 가질 수 있도록 허가하였다.[10]

그러나 1552년, 국왕이 배스 시 자치체에 과거 수도원의 재산과 거기서 파생되는 수입을 모두 가질 수 있는 권리를 부여하자 이는 코튼이 개인적으로 허가받은 이권과 상충되었다. 그로부터 코튼과 배스 시 사이에 온천탕의 권리를 둘러싼 심각한 갈등이 시작되었다. 이 무렵 배스 공동체는 온천의 상업적 가치를 인식하기 시작한 것으로 보인다. 게다가 터너, 존스 등[11]이 잇달아 배스 온천수의 의학적 효용에 관한 책을 출간하자 온천의 사업상의 가치가 널리 알려지기 시작하였다.

치열한 소송이 계속되고, 코튼은 자신의 권리를 더욱 강경하게 주장하고자 킹스 배스 입구에 담을 쌓아 봉쇄하기에 이르렀다. 이에 격분한 배스 시의 시장과 전(前) 시장단들은 코튼에게서 온천탕의 열쇠를 빼앗고 그와 그의 아내를 온천탕의 물 속으로 던져버리는 일까지 발생하였다.[12] 소송과 물리적 폭력이 양측에서 계속되다가 결국 1555년 코튼은 보상금을 받고 시에 권리[13]를 넘겨줄 수밖에 없었다.

종교개혁 당시 배스와 더불어 가장 널리 알려져 있었던 벅스턴의 광천은 1538년 크롬웰의 명령에 따라 폐쇄되었다. 그런데 바로 직후 그 고장에서 가장 큰 여관의 주인이었던 로저 코트렐(Roger Cottrell)이

15세기 프랑스 목욕탕에 얽힌 일화를 그린 그림. 귀부인을 탕 안으로 안내한 포주는 곧 한 남자에게 돈을 받고 벽에 뚫린 구멍으로 그 광경을 엿보게 한다. 중세 말 목욕탕은 결코 점잖은 장소가 아니었다.

광천과 인근 사원을 독점하고 그곳을 이용하고자 하는 사람들에게 돈을 받는 사태가 벌어졌다. 이에 주민들은 1541, 1553, 1555년에 걸쳐 정부에 탄원을 하였고, 정부는 코트렐에게 샘과 사원을 주민들에게 개방하라는 명령을 내려보냈다. 그러나 코트렐은 이를 무시하고 아무도 들어올 수 없도록 문을 걸어 잠그기까지 하였다.[14]

코트렐의 상업적 동기는 법을 무시하면서까지 샘과 사원을 독점하여 이익을 챙기는 단계로 발전하였다. 그는 젊은 남녀들에게 돈을 받고 샘에서 목욕할 수 있도록 하는가 하면 사원에 술과 고기를 비치하여 판매하면서, 그곳을 "정말로 말도 안되게 술에 절고 담배를 피우고, 춤을 추고 뛰고 노래하는 장소"[15]로 만들어버렸다. 실제로 그는 이 일로 많은 돈을 벌었던 것으로 알려졌는데, 일요일과 성일에까지 이런 방종을 조장하였기 때문에 안식일을 준수하던 당시 사회 풍조 아래 격렬한 비난을 받게 되었다. 결국 이 소란은 십여 년을 끈 후에야 코트렐이 100파운드의 벌금을 내는 것으로 마무리되었고, 1568년 샘의 사용권은 조지 톨벗 경(George Talbot, the Earl of Shrewsbury)에게 넘어가 벅스턴은 한 단계 더 발전한 전국적인 온천이 될 수 있었다.

더비셔의 매틀록(Matlock) 온천은 1690년이 되어서야 본격적으로 개발된 곳이다. 이곳에서는 광천이 발견되자마자 그 소유권을 주장하는 사람들이 나타나서 싸움을 벌이게 되었다. 처음 소유권을 주장한 사람은 매틀록에 살고 있던 페른(Mr. Fern)과 크롬퍼드에 살고 있던 헤이워드(Mr. Heyward)였는데, 광천에 목욕탕을 짓고 길을 포장하였다. 그러나 조지 래그(George Wragg)라는 사람이 다시 나타나서 광천 땅을 소유한 사람들로부터 무려 150파운드와 연간 얼마씩의 사용료를 내고 90년 동안의 차용계약을 맺었다고 주장하였다.[16)]

결국 광천의 사용권은 래그에게 돌아가게 되었고, 그는 목욕탕 주변에 여러 개의 객실을 지어 방문객에게 편의를 제공하였다. 20년 후 그는 1000파운드에 달하는 돈을 받고 광천의 사용권을 노팅엄 출신의 스미스(Smith)와 오넬(Oennel)에게 팔아넘겨 이익을 챙겼다. 새 주인들은 그곳에 마구간과 마차고까지 달린 커다란 여관을 두 채나 지었으며 마차가 자유로이 드나들 수 있도록 크롬퍼드로부터 강을 따라서 길을 닦기도 했다.

엡섬에서는 1618년 처음 광천이 발견되자마자 땅주인이 벽을 쌓아 샘을 막고 지붕을 만들어 방문객들이 비나 햇빛을 가릴 수 있는 공간을 제공하였다. 그런데 17세기에 엡섬이 유명한 온천으로 탄생한 배경에는 사업적 감각이 있는 두 사람이 더 있었다. 하나는 존 파크허스트(John Parkhurst)로, 그는 애초 발견된 샘을 개선시키는 노력을 하였고, 또 하나는 약제사였던 존 리빙스턴(John Livingston)으로 새로이 광천을 파서 뉴웰(New-Well)이라 불렀다. 1690년 리빙스턴은 그 지역의 시장이 되었으며 자신의 직책을 이용하여 광천의 소유권을 획득

하였다.[17]

런던에 위치한 슈터스 힐(Shooters Hill) 온천은 세 개의 샘이 솟는 곳이었는데, 그 땅을 빌려 쓰고 있던 존 가이(John Guy)라는 사람에 의해 발달되었다. 그는 그 광천들을 자신이 발견하였다고 주장하며 직접 이름을 지었으며 샘 근처에 벽돌을 쌓고 길을 닦으며 계단을 설치하기도 하였다.[18] 이처럼 광천이 발견된 후 소유권 분쟁이 일어났다는 것은 당시 사람들이 광천의 상업적 가치를 충분히 인지하고 있었으며, 이를 위해 적극적인 행동을 할 수 있는 사회적 분위기가 형성되어 있었다는 것을 보여준다.

물의 사용료와 신흥직종

온천장에서 취할 수 있는 가장 일차적인 수입은 물에 대한 사용료였다. 중세 배스에서 욕탕은 "건강을 회복하기 위해 온 사람이라면 누구에게나 완전히 무료였고, 그것이 관습이었다."[19] 그러나 배스의 경우 1550년 에드워드 6세가 "가난한 자에게는 사용료를 부과하지 말라"고 명령한 사실로 미루어볼 때 이미 그 이전부터 입장료(manor fee or reward)가 있었고,[20] 17세기에 이르면 배스 시가 "온천이용의 규칙과 법규"를 제정함으로써 "탕에 들어가는 자는 누구나 들어갈 때마다 1실링 6펜스를 내야" 되었다.[21]

벅스턴의 경우에도 1572년 입장료를 내야 한다는 규정이 있었다. 존 존스는 『벅스턴의 고대 욕탕의 은혜』(*The Benefit of Auncient Bathes of Buckstones*)에서 특히 상주 의사를 고용하고 욕탕을 유지하는 데드는 비용으로 반드시 사용료를 내야 한다고 강조하는데, 흥미롭게도 신분별로 부과하는 액수가 달랐다.

모든 요맨 6펜스, 모든 젠틀맨 2실링, 모든 에스콰이어 2실링 3펜스, 모든 기사 6실링 7펜스, 모든 남작 10실링, 모든 자작 13실링 4펜스, 모든 백작 20실링, 모든 후작 30실링, 모든 공작 2파운드 10실링, 모든 대주교 5파운드, 모든 주교 40실링, 모든 판사 20실링, 모든 내과의사와 치안관은 10실링, 모든 대법관과 상급 법정 변호사는 6실링 8펜스, 모든 신부, 수록(受祿) 성직자와 성당 참사회원은 5실링, 모든 비국교파 목사는 12펜스, 모든 공작부인은 40실링, 모든 후작부인은 20실링, 모든 백작부인은 12실링 3펜스, 모든 남작부인은 10실링, 모든 레이디는 6실링 7펜스, 모든 시녀는 1실링.[22]

상대적으로 상업화가 덜 진행된 작은 온천장들에서는 사용료를 내지 않고도 사람들의 출입이 비교적 수월하였을 것이다. 하지만 곧 조직적인 징수체계를 갖추지 못한 작은 온천들에서조차 "광천이 항상 깨끗하고 순수하게 유지되기 위해 걷는"[23]다는 명복으로 '비공식적 요금'이 부과되었다. 17세기 초반 무렵에는 대부분의 온천장에서 보편적으로 입욕료가 부과되었고, 요크셔 온천군의 한 기록은 "이같이 요금을 징수하는 것은 우리 시대의 가장 기억할 만한 일"이라고까지 적고 있다.[24]

턴브리지웰스의 경우 입장료를 둘러싸고 발생한 분쟁은 이같은 열기를 잘 보여주는 예이다. 턴브리지웰스에서는 흔히 '물 떠주는 이에게 보답하는 인사'라고 불리던 입장료가 있었다. 이곳을 찾는 고귀한 사람들이 허리를 굽혀 물을 뜨지 않아도 되도록 마을 주민들이 몰려 있다가 대신 물을 떠주고 받던 사례금으로, 근처 주민들에게 만만치 않은 수입이었던 것으로 보인다.

그런데 존 위번(John Wybarn)이라는 자가 "자기 혼자만 이익을 얻고자" 샘을 개조하여 수위를 높이고 근처 나무들을 베어내 샘에 이르는 길을 고르고 자신이 직접 방문객에게 입장료를 받으려 하였다. 1660년 이에 분개한 마을 주민들은 "지난 50년간 많은 방문객들이 이 샘을 찾고, 물을 퍼주는 대가로 가난한 주민들이 그마나 생활을 유지할 수 있었는데 이제 그것마저도 제약을 받게 되었다"며 상부에 탄원을 하였다. 그들은 위번이 샘을 원상태대로 돌려놓게 해달라고 요청하였는데, 이후 그 요청이 받아들여진 것으로 보인다.[25]

흔히 디퍼(dipper)라고 불린 물 퍼주는 사람은 온천의 개발과 더불어 나타난 신종 직업군이었다. 이들은 지역마다 스파우먼, 워터우먼으로 불리기도 하였다. 작은 온천의 경우, 이들은 정식 직업군이라기 보다는 일종의 부업적인 성격이 강하였고, 공동체에서 비교적 가난한 여성들이 이 일에 종사하였던 것으로 나타난다. 따라서 그들에게는 매주 중요한 수입원인 광천의 독점에 심한 반대를 할 수밖에 없었다.

요크셔 온천군의 경우는 달리 생계수단이 없던 지역에 온천이 들어서면서 마을이 형성되고 많은 여성들이 물 퍼주는 직업에 종사하게 되었던 것으로 나타난다. 17세기 후반 해러게이트에 머물렀던 토머스 배스커빌(Thomas Baskervill)은 "이 마을은 샘을 찾는 손님들을 숙박시키기 위해 생긴 곳"이라며 경쟁적으로 손님을 끌어가려는 여성들의 모습을 다음과 같이 묘사한다.

우리의 도착을 맞아준 것은 시끄러운 한떼의 워터우먼들이었다. 그들은 샘에서 길어온 물을 가득 채운 병들을 사달라거나 숙소로 광천수를 갖다주겠다고 울부짖었다. 몇몇은 심지어 손님들이 아직 일어나기도 전에 물통들을 끌어안고 숙소의 방문을 열어젖히며 들어오기도 하였다……. 하나가 소리친다 "나는 이쁜 베티예요, 제가 당신의 주문을 받게 해주세요." 또 다른 하나가 외친다. "케이트와 돌이에요, 우리가 모실게요." 그러나 솔직히 말해서 그들이 주장하는 것과는 거리가 멀다. 왜냐하면 그들의 얼굴은 베이컨 껍질처럼 번득거리고, 아름다움으로 말하자면 옛날 배스 안내원의 엉덩짝과 비교할 만한데, 유황기 있는 물에 그들의 얼굴이 오염되었기 때문이리라.[26]

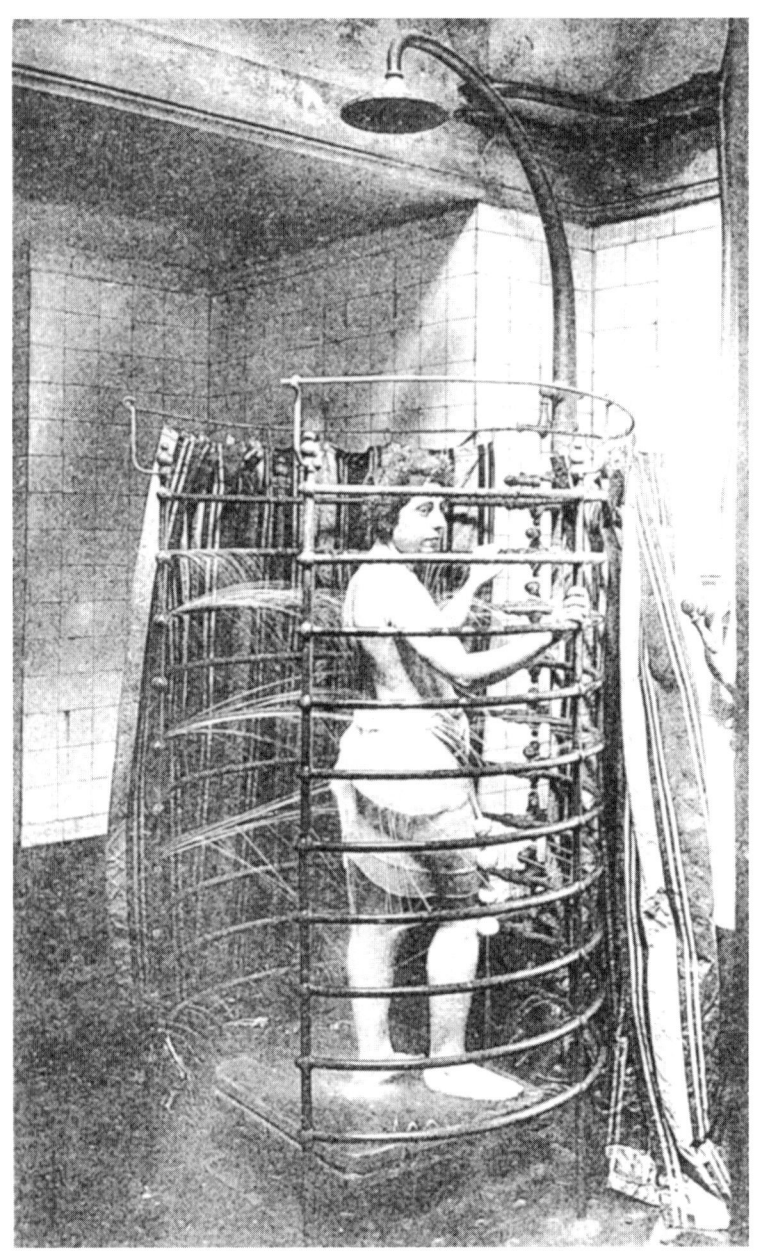

19세기 말 수치료를 하는 여성. 다양한 모습의 샤워기에서 뿜어져 나오는 광천수로 질병을 치료하는 전통은 16 · 17세기 수치료법의 하나인 버키팅이나 펌핑의 연장선상에 있는 것이었다.

작은 규모의 온천과는 달리 배스 시는 수입의 규모나 관리체계에서 탁월하게 조직적으로 운영되었던 곳이다. 온천의 소유권을 쥔 배스 시 자치체가 거두어들이는 정규수입으로는 관리인들로부터 걷는 점용료, 킹스 배스로 통하는 개인통로의 사용권을 들 수 있다. 관리인은 온천탕에서 발생하는 수입을 취하는 대가로 배스 시에 일정한 액수를 점용료의 형식으로 납부하였다.

예를 들어, 1569년 메이스(Harry Mace)는 3파운드 1실링 10펜스를 점용료로 납부하였다.[27] 개인통로[28]의 점용권을 가진 이들의 숫자는 정확하게는 파악되지 않고 있으나 개인통로 자체는 점점 늘어나는 추세였다.[29] 킹스 배스의 경우, 1569년 6개의 개인통로가 있었는데, 1594년에는 10개로 늘어났다. 이 통로를 사용하는 권리는 개인당 연간 5실링의 점용료를 받고 주어진 것으로 나타난다.

배스의 관리인은 온천마다 볼 수 있는 물 떠주는 이와 같은 서비스 직종의 가장 조직적인 형태라 볼 수 있다. 이들은 관리장(Chief Director), 혹은 관리관(Sergeant of Bath)이라 불리기도 하였는데, 휘하에 안내자(Bath guide)라고 불리는 하급직원을 두고 온천탕을 관리할 수 있었다. 1550년에 등장한 온천탕 관리인의 경우, 17세기 초에는 2명의 온천 관리인(Directors of the Baths) 휘하에 킹스 배스에 8명의 남성 안내인과 6명의 여성 안내인이 있었고, 크로스 배스와 핫 배스에 4명의 여성 안내인과 4명의 남성 안내인이 있었다.[30] 파인스는 이들 관리인이 하던 일을 다음과 같이 묘사한다.

각 욕탕에는 관리인이 있어 목욕하는 시간 동안 회랑을 돌며 질서가 잘 지켜지는가를 감독하고, 무례한 자들을 처벌한다. 높은 사람들은 자신들의 도착을 이들에게 알리며 관리인들은 그들에게 특별한 주의를 기울인다. 매일 아침마다 인사를 하며 아는 척을 하는 그들이기에 시즌이 끝날 무렵에 적절한 사례금을 주어 마땅하다.[31]

온천관리인의 자리는 많은 수입을 올릴 수 있는 직책이었던 것으로 보인다. 이들은 온천탕을 관리하고, 하급 관리자들로부터 수입을 챙겼을 뿐만 아니라 탕에 비치된 온천수 급수 펌프에서 파생되는 수입을 챙길 수 있는 권리가 있었다. 배스 시는 관리인들로부터 관리인으로서의 권리에 대한 점용료 이외에 펌프에 대한 권리의 점용료를 따로 받았고, 그 액수는 지속적으로 증가하였다.

하급 관리인인 안내인들 역시 시에서 임명하는 공무원과 같은 지위를 누린 것으로 보이는데, 이들은 손님들을 안내하고 입욕을 도와줄 뿐만 아니라 온천욕과 관련된 간단한 의료행위를 시행함으로써 사례금을 챙겼다. 펌핑이나 버키팅을 처방받은 환자들은 지속적으로 물을 부어줄 안내인이 반드시 필요하였고, 특히 물 속에서 거동이 불편한 환자의 목욕을 돕는 일은 강한 체력이 요구되는 일이었기 때문에 힘이 세고 덩치가 큰 안내인은 수요가 대단하였다.

17세기 배스 시의 의사록은 이들을 임명하는 문제를 둘러싸고 갈등과 경쟁이 치열하였음을 생생하게 보여주고 있다.[32] 그 내용으로 보아 안내인으로 선출되려면 시의 유력자들과 긴밀한 관계를 유지해야 하였고, 평소의 행실 또한 안내원이라는 자리를 결정짓는 중요한 요인이었다. 예를 들어 1663년 안내인 월터 포인팅(Walter Pointing)은 시 참사회 위원에게 욕설을 퍼부었다는 이유로 해고당하였고,[33] 술 주정을 하였다는 이유로, 또 잦은 실수를 하였다는 이유로 해고당한 안내원들도 있었다.[34]

온천으로 인한 수입이 많아지자 배스 시는 안내원 이외의 기타 직종을 만들어 역시 점용료를 받고 임대하였다. 17세기 후반에 등장하는 펌퍼(pumper)가 그 가운데 하나인데,[35] 수치료법에서 기술적 행위의 하나인 펌프질(아픈 부위에 펌프로 물을 끼얹는 것)을 담당하는 직책이었다. 1694년의 경우, 펌퍼로 임명된 사람들은 1년에 4차례씩 5파운드의 점용료를 시에 납부하였다. 정기적으로 납부하는 금액에 더하여 펌퍼

온천장에서는 수치료를 받고 난 환자들을 세단 의자라고 부르는 가마로 운반하곤 하였다. 20세기 초 프랑스의 엑스레뱅 온천.

로 임명될 당시에 납부하는 권리금도 있었는데, 1694년의 경우 그 액수는 35파운드에 달하였던 것으로 미루어 이 자리는 무척 수입이 좋았음을 짐작할 수 있겠다.

또 다른 업종으로는 천 깔아주는 이들(cloth layer)을 들 수 있다. 이들은 주로 여성들이었는데, 미끄러운 욕탕에서 나올 때 마른 천을 바닥에 깔아주는 일을 하였다. 시 의사록에 이들이 처음 나타난 것은 1650년대로, 배스 시는 이들로부터 연간 5파운드의 점용료를 거두어들였던 것으로 나타난다. 이들에게는 각 온천탕에서 영업구역이 할당되었으나, 다른 구역을 침범하여 자주 말썽이 일어났다. 그래서 배스 시는 1672년 각 탕마다 한 사람에게 이 직책을 독점할 수 있도록 조치하였다. 그러나 이 조치는 기존 담당자들의 원성을 사서 4년간이나 이를 둘러싼 싸움이 벌어졌다.[36] 결국 새로 임명된 독점권자가 기존 담당자에게 평생에 걸쳐 매년 40실링을 지급하는 것으로 타협을 보았다.

또 다른 직종으로는 가마꾼을 들 수 있다. 이른바 세단 의자라 불리는 운반용 가마는 1630년대 처음 영국에 들어왔는데, 배스 시에는 1630년대 말에 도입된 것으로 보인다.[37] 피프스가 배스를 방문했을 때 그 일행은 모두 숙소에서 온천탕까지 가마로 운반되었고,[38] 파인스 역시 방문자들이 가마를 이용하였음을 기록하고 있다.[39] 이 가마는 1676년 20대 정도였으나 그 수가 급격히 증가하여 1708년에는 배스 시가 발행한 가마면허증만 60개에 이르렀다.

온천의 특성상 의료진의 숫자 또한 많았다. 1598년부터 1640년까지 배스 시에서 의료행위를 한 이들은 최소 16명으로 파악되고 있으며, 제임스 1세 재위기간만 보더라도 12명의 내과의사, 2명의 외과의사, 2명의 약사 및 산파와 접골사 각각 1명이 파악되고 있다.[40] 이는 소도시의 의료인으로서는 엄청난 숫자이다. 게다가 면허 없이 의료행위를 하던 돌팔이들이 한몫 챙기기 위해 온천으로 몰려들던 풍조에서 그들의 숫자까지 감안한다면 의료 서비스 측면에서도 배스는 황금어장이었을 것이다.[41] 따라서 앞장에서 살펴보았듯이 온천 내 의료인들 사이의 경쟁은 불가피한 것이었을 수도 있겠다.

광천수의 판매

온천들은 비단 찾아드는 이들에게만 물의 사용료를 받았던 것이 아니라 외지로 물을 수출하여 이익을 꾀하기도 하였다. 광천수는 병에 담겨져서 근처 시장이나 멀리 런던에까지 운반되어 판매되었다. 17세기에 가장 많은 판매가 이루어진 영국 내의 광천수는 엡섬의 물이었다. 1662년 셸링크스(William Schellinks)는 영국을 여행하면서 돌로 만든 병에 담긴 엡섬의 물이 전국 각지로 보내지고 있는 것을 목격하였다.[42] 이 수요는 상당해서 한 상인은 "난 엡섬의 물 이외에 다른 품목은 취급하지도 않는다"라고 말했을 정도였다.[43] 엡섬의 물은 뛰어난 정화작용으로 호평을 받고 있었으며, 종종 선물로도 사용되었다. 피프스와

존 이블린(John Evelyn)의 일기는 17세기 엡섬 물이 사회 상류층에서 애호되었음을 잘 보여주고 있는 예이다.[44]

다른 온천장의 광천수 역시 상업화되기 시작하였다. 요크셔 온천군의 물은 이미 1632년에 요크 시내에서 볼 수 있었는데,[45] 특히 아이 웰(Eye Well)의 물은 전국 약방으로 팔려나갔다.[46] 이들 광천수는 식수용이라기보다는 의약품의 차원에서 판매되는 경우가 더 많았던 것으로 보인다. 특히 앨퍼드처럼 정화작용이 뛰어나다고 알려진 물은 약방에서 쉽게 찾아볼 수 있었다.[47] 벅스턴의 물 역시 먼 곳으로 운반되었다.[48] 1670년대 후반부터 덜위치의 물은 런던의 가판대에서 판매되었다.[49] 스카버러의 물은 그곳까지 직접 가지 못하는 사람들을 위해 뉴턴(Newton)에서 배포되었다.[50] 우스터셔(Worcestershire)의 몰번 힐의 물은 특히 피부에 좋다고 알려져 귀부인들의 세안용으로 배달되기도 하였다.[51]

17세기 후반 영국에서 가장 큰 규모로 광천수를 판매하던 사람은 헨리 에어(Henry Eyre)였다. 그는 런던의 플리트 가에 '골든 티캐니스터'(Golden Tea-Cannister)라고 불리는 가게를 운영하였는데, 국내뿐만 아니라 해외의 유명한 광천수들을 취급하였다. 그의 가게를 홍보하는 팸플릿을 보면 런던에서는 유일하게 작은 온천에서 나는 광천수까지 모두 취급한다고 적혀 있다. "윌셔의 홀트에 있는 그레이스 하딩으로부터……배스와 브리스틀, 그리고 스파(벨기에의 스파), 피몽(Pymont)과 같은 해외의 광천수를 모두 취급합니다. 도매와 소매를 가장 저렴한 가격에, 새로운 상품은 매주 월요일에 만나보실 수 있습니다."[52]

1692년 햄스테드에서는 영국은행의 설립자인 패터슨(William Paterson)에 의해 햄스테드 워터 컴퍼니(Hampstead Water Company)가 설립되었다.[53] 스카버러에서는 1684년 시 자치체가 팔려나가는 물 1앵커(anker : 약 10갤론)당 6펜스의 관세를 매겼다.[54] 홍보전단 역시 많이 배포되었다. 광천수 상인들은 "런던의 어느 곳이든 무료로 배달합니다"라면서 "독일의 스파, 피몽은 다스(doz)에 14실링, 스카버러와 배스의 물은 다스에 7실링 6펜스, 그리고 반 다스에는 4실링"을 받았다.[55]

광천수뿐만 아니라 광천수에서 추출한 소금 역시 중요한 상품이 되어갔다. 온천의 여관들은 시즌이 끝나면 소금 만드는 일을 시작하곤 하였다. 해러게이트에서는 "매년 손님들이 떠나면 많은 양의 물을 끓여서 소금을 만든다. 그 소금은 런던을 비롯한 전국으로 팔려나갔다. 건기나 한랭기의 경우 1갤론의 물로 1온스의 소금을 만들 수 있지만 다른 철에는 그보다 적게 만들어진다."[56] 난트위치와 드로이트위치 역시 소금을 만들어 팔던 온천으로 알려졌다.[57]

유명한 엡섬 소금은 1640년경부터 제조되기 시작하였다. 1온스에 5실링이나 하는 매우 비싼 가격이었음에도 불구하고 수요가 공급을 초과하게 되었다. 1679년 네이미아 그루(Nehemiah Grew)가 런던 근처의 광천수를 논하는 세 편의 논문에서 엡섬의 소금에 대하여 소개하였는데 그 자신이 엡섬에서 멀지 않은 액턴에 소금공장을 세우기도 하였다. 곧 프랜시스 마운츠(Francis Mounts) 역시 런던의 슈터스 힐에 경쟁적으로 소금공장을 세웠는데, 이 모두 엡섬 소금에 대한 수요에 발맞춘 것이었다.[58] 따라서 17세기 말 이런 공장들에서 만든 소금은 엡섬 소금으로 둔갑하여 팔려나갔고, 가짜 엡섬 소금이 판을 치게 되었다.

욕탕 만들기

쾌적한 요양의 장을 만드는 데서 욕탕을 짓고 개선하는 것은 온천장 주민들에게 중요한 과제였다. 온천의 가장 큰 과제는 배수로의 정비였다. 터너의 첫번째 논문에서도 "영국의 온천들은 모든 욕탕 바닥에 구멍을 뚫어 24시간마다 물이 잘 빠져나갈 수 있도록 깨끗하게 유지하여야 한다"고 역설한 바 있다.[59] 이 충고를 받아들여 배스 시 자치체는 원활한 배수시설을 정비하였다.[60]

따라서 1577년 배스를 찾은 해리슨은, "최근 많은 귀족들, 젠트리, 도시민 그리고 성직자들이 온천탕에 기부한 금액은 내가 밝힐 바는 아니나, 이들 온천탕들은 대폭 보수되고 다양한 기술들이 동원되어 장식되었을 뿐만 아니라, 훨씬 더 잘 운영되고, 청결이 유지되었으며, 그곳에서 매일 회복을 꾀하는 불쌍한 환자들을 위한 친절한 여건이 제공되고 있다"[61]고 기록하였다.

배스의 온천 시즌에는 하루 두 번 물을 갈아주었다. 배스 시 자치체는 1645년 "도시 내의 모든 공공탕은 매일 오후 4시에 문을 닫은 뒤 물을 빼고, 다음날 아침 7시에 다시 한 번 물을 빼고 새로 채움으로써 사용함에서 편리하도록 해야 한다"고 규정하였다.[62] 이 원칙은 매우 철저하게 지켜졌다. 따라서 목욕을 할 수 있는 시간 역시 정해졌다. 사람들은 깨끗한 물이 공급되는 시간대면 욕탕에 몰려들곤 하였다.[63] 1668년 배스를 방문한 피프스는 오전과 오후 두 차례에 걸쳐 온천욕이 시행된다고 기록하였다.[64] 그 사이에 물을 빼고 채우는 과정이 있었음은 물론이다.

벅스턴 온천에서도 지속적으로 배수관을 정비하고 개선하였다. 처음에는 욕탕의 바닥에 나 있는 조그만 구멍 두 개가 배수로의 역할을 하였는데, 이후 "현대적인 설비가 화이트 씨에 의해 도입되면서" 벽에 커다랗고 네모난 구멍을 뚫어 욕탕은 "매일매일 비워지고, 청소되고, 신선한 물로 채워지는" 등 개선되었다.[65]

욕탕과 더불어 중요한 설비로는 탈의실을 들 수 있다. 배스 시에서는 모든 공공탕과 연결된 탈의실을 설치하였다. 킹스 배스와 퀸스 배스처럼 규모가 큰 공공탕에는 공공탈의실뿐만 아니라 개인용 탈의실도 설치되었다. 16세기 후반에는 각 탈의실에 난방시설도 갖추어졌다. "거의 젠틀맨들만 사용하는" 것으로 알려진 크로스 배스는 1590년대에 3개의 최신 설비의 탈의실이 설치되었다. 편리함뿐만 아니라 사생활을 보호해줄 수 있는 방향으로 개선된 탈의실은 온천장이 쾌적한 휴양의 장으로 자리잡는 데 매우 중요한 요건으로, 방문객들이 따져보는 조건 가운데 하나였다.

광천이 잘 솟아오를 수 있고, 방문자들이 편리하게 이용할 수 있는 급수시설과 펌프, 그리고 주변의 도로 포장 역시 온천 설비의 주요한 부문이었다. 1644년 턴브리지웰스에서는 광천에 수도관을 새로 만들고, 욕탕을 돌로 새로이 만드는 등 개선작업을 실시하였다.[66] 브리스틀의 시장 존 나이트 경은 브리스틀 광천을 둘러싼 돌담을 높여서 혹시라도 있을 바닷물의 역류를 막고자 하였다.[67] 또한 17세기 후반 브리스틀의 상인조합은 광천으로 향하는 도로를 새로 깔고, 핫웰하우스(Hot-Well-House)를 짓고, 깊이 수도관을 박아서 순수한 물을 공급할 수 있도록 하였다. 이 건물은 연회장과 여관을 갖추고 있었다.[68]

뒤늦게 개발된 작은 온천들은 종종 공공욕탕을 갖추고 있지 않은 경우도 많았다. 온천을 개발하려는 사람들은 방문객들의 요구에 부응할

횃불을 꽂을 수 있는 고리. 온천욕을 통해 고질적인 질병을 치유한 사람들은 종종 감사의 표지로 온천장에 이런 고리들을 기증하였다. 미끄러지기 쉬운 욕탕의 벽에 부착된 이런 고리들은 물 속에 오래 서 있어야 하는 환자들의 손잡이로도 사용되었다.

수 있는 욕탕을 만들기 위해 부심하였다. 요크셔의 온천군에서 개업한 의사들은 "배스에 있는 것과 같은 욕탕을 갖추는 것"이 소원이었다.[69] 작은 온천들은 샘 바로 아래에 나무로 만든 간이욕조를 놓거나 공공욕조를 만들기 시작하였고, 목욕을 할 수 있는 통나무집을 지었다.[70] 1600년 발견된 체셔의 뉴 웰에는 샘 아래로 상, 중 하 세 개의 욕탕이 꾸며져 각기 신분이 다른 사람들이 이용할 수 있게 하였다.[71] 로 해러게이트(Low Harrogate) 온천에는 스무 군데가 넘는 목욕소들이 생겨나기도 하였다.[72]

온천마다 욕탕을 비롯한 다양한 설비들은 당시의 기준에서 보았을 때 충분히 아름답게 꾸며지기도 하였다. 1572년 벅스턴의 공공탕 주변은 "대담하리만큼 아름다운 의자들로 꾸며졌다."[73] 욕탕의 벽에는 목욕할 때 잡고 있을 수 있는 둥근 고리들이 설치되곤 하였다. 고리들을 박아넣는 것 자체도 이 당시 온천 공동체들에게는 사소한 사안이 아니었고 노력과 비용이 많이 드는 작업이었던 것으로 나타난다.[74] 온천을 찾는 이들이 많아지면서 온천욕을 통해 효험을 많이 본 사람들은 이 고리를 헌사하는 관습이 생겨났다. 이 고리들은 이후 온천마다 자랑하는 가장 중요한 장식품의 한 가지로 자리잡았다.

16세기 말과 17세기 초에 걸쳐 배스의 공공탕에 지붕을 씌우거나 새로운 재질로 바꿔 덮는 작업도 진행되었다. 강한 햇빛과 비로부터 광천수의 수질과 환자들을 보호하기 위해 지붕이 필요하다는 주장이 끊임없이 제기되면서 배스 시 자치체에서 욕탕과 광천에 지붕을 씌우기로 한 것이다. 이 지붕들은 자치체 소속 시민들의 기부금으로 마련된 것으로, 목욕탕의 환기를 위해 15분 안에 걷을 수 있도록 이동식으로 설치되었던 것으로 알려져 있다.[75] 또한 배스에서는 1670년대에 킹스 배스 남쪽에서 북쪽까지 지붕이 씌워진 회랑을 만들었다. 이 회랑은 원래 구경꾼들의 편의를 위해 만든 것으로, 목욕탕에 들어가지 않고도 목욕을 하고 있는 사람들과 자유롭게 이야기를 나눌 수 있도록 설계된 것이었다.

온천의 개혁

1570년대 배스는 깔끔한 휴양지로서의 면모를 갖추기 위해 시의 외양을 아름답게 정비하는 일을 적극적으로 추진하였다. 1569년부터 대대적 재건축[76]을 통해 많은 건물이 신축되거나 보수에 들어갔는데, 여기 지출된 비용은 4095파운드 11실링 6펜스로 기록되고 있다.[77] 1570년 배스 시는 펨브룩 백작(2nd Earl of Pembroke)을 비롯한 귀족들의 후견을 얻어냈다. 1574년 여왕의 배스 시 방문은 고위직 손님을 유치할 수 있는 최고의 기회로 받아들여졌을 것이다. 여왕의 방문 전후로 높은 신분을 가진 고객들의 방문이 이어졌는데, 1573년 추밀원은 배스 시에 중요한 후원자들을 받을 수 있도록 온천탕을 잘 관리하라고 요청하기도 하였다.[78]

이 과정에서 뉴 배스가 확장되어 여성 전용탕이 만들어지는가 하면(1576), 길드 홀이 재건축되고(1575), 나병환자를 수용하는 병원 및 문둥이탕[79]이 세워졌다(1575~76). 정확한 시기는 알 수 없으나, 최소한 1610년 이전에 병든 말을 치료할 목적으로 남쪽 성문 바로 바깥쪽으로 말을 위한 탕도 만들어졌다.[80]

그러나 상업화가 진행되어감에 따라 개인의 지나친 이윤추구에 따른 부작용들이 나타나기 시작하였다. 온천 공동체 안에서 극단적인 이윤추구를 통제하고 질서를 회복해야 한다는 목소리가 높아지기 시작하였다. 17세기 초반부터 자성을 촉구하고 개혁이 절실함을 알리는 책자들이 등장하고, 공동체 차원의 통제가 시도되었다. 1631년 조던은 "우리 공공탕들은 무지, 협잡, 개인적 이해, 욕심, 유행과 무질서 등의 압제 아래 매일 셀 수 없는 사안들로 시달리는 실정이다"라며 배스 시에 개혁을 촉구하였다.[81]

배스 시에서 나타난 상업화의 열기 가운데 가장 두드러진 것으로는 슬립(slip) 혹은 도어(door)라고 불리던, 개인통로를 둘러싼 공방이었다. 개인통로는 온천탕으로 바로 연결되기 때문에 체면을 중시하는 이들에게 선호되었고, 때문에 온천탕에 인접한 여관들은 신분이 높은 부유한 고객을 유치하기 위해 이의 확보에 주력하였다.

이 과정에서 시장을 역임한 도시의 유력자들이 통로의 사용권을 독점하여 문제가 되었다. 페어먼(George Pearman), 위벤 가(Whibbens family), 터너, 채프먼(Peter Chapman) 등 시의 유력자들은 오랜 기간 개인통로를 독점하여 시민들의 원성을 샀다. 네 차례나 시장직을 맡았던 페어먼의 경우 1573년부터 1596년까지 이를 독점하였을 뿐만 아니라 페어먼을 비롯해 몇몇이 결탁하여 공공도로인 스톨 가(Stall Street)를 막아 자신의 집으로부터 킹스 배스까지 개인통로를 만들려고 까지 하였다.[82] 이에 격분한 시민들은 담을 부수고 폭동을 일으키기도 하였다.[83]

16세기 말부터 배스 시의 역사는 개인통로를 확보하기 위한 여관주인들의 투쟁사라 하여도 과언이 아닐 만큼 이를 둘러싼 경쟁은 치열하

배스 시의 한 온천장. 각 여관에서 직접 탕으로 연결되는 개인통로가 보인다.

였다. 그러나 배스 시 자치체는 이러한 과정에서 공정한 조정자는 아니었던 것으로 드러난다. 이 당시 도시들이 그렇듯이 도시행정이란 몇몇 유력자의 입김이 크게 작용해 주로 그들의 이익이 존중되는 결과를 낳기 일쑤였다. 따라서 배스 시 역시 몇몇 집안이 개인통로와 같은 이권을 장기간 소유한 것은 당연한 일이었다.

이런 상황에서, 온천탕에 인접한 여관이나 집을 소유하지 못한 이들 가운데 온천탕의 물을 끌어다가 집안에 사설 온천탕을 만들려는 사람들까지 나타났다. 1583년 푹스(Fewkes)와 체임버(Chamber)는 핫 배스의 물을 끌어다가 사설 온천탕을 만들었다. 배스 시의 시민들은 이를 사적 이해가 공공의 권리를 침해하는 중대사라 규정하며 강력히 반발하였다. 그 이듬해 배스 시는 이들 두 사설 욕탕에 물을 공급하는 파이프를 철거하라고 명령하였다.[84]

사설 욕탕에 대한 시민들의 반감은 상당했던 것 같다. 이는 시 자치체라는 공동체의 특성상 아마도 배스의 천연자원을 공공의 것으로 간주하고, 따라서 모두가 이익을 취할 수 있으리라는 환상을 지속하기를 바랐기 때문이라고 볼 수도 있을 것이다. 그러나 그보다는 주로 공공탕 근처에서 영업을 하던 도시 유력자들이 온천탕과 비교적 떨어진 배후 지역에 고객을 뺏기지 않으려고 폭력을 조장하였을 가능성이 더 높다.

사실 부유한 고객들은 남녀, 심지어 동물까지 함께 온천욕을 하는 지저분한 공공탕보다 사설 욕탕을 훨씬 선호하였다. 그 예로, 과거 수도원이 해체된 이후 개인의 소유로 넘어갔던 수도원 건물의 경우 여러 구역으로 분할되어 몇몇에게 임대되었는데, 그 가운데 한 부분은 예로부터 온천이 위치한 곳이었다. 그곳을 임대한 의사가 그 자리에 사설 욕탕을 만들었는데, 배스에서 영업을 하는 의사들이 그곳을 차지하기 위하여 치열하게 경쟁하였다.

1592년 결국 베이커(Dr. Robert Baker)에게 임대된 이곳은 이후 시민들의 강력한 반발의 목표물이 되었고, 배스 시는 다른 사설 욕탕들과 더불어 이곳을 폐쇄하라고 명령하였다. 그럼에도 불구하고 사설 욕탕에 대한 귀족 고객들의 요구는 계속되었던 것 같다. 해링턴 경(Sir. John Harington)은 1596년에 "핫 배스로부터 물을 끌어온 이 욕탕은 여왕께 어떤 이야기가 들어갔든 그 훌륭한 가치 자체를 손상시키는 것은 아니다"[85]라고 말한다. 이 발언은 분명 사설 욕탕을 폐쇄시켜 달라는 시민들의 민원이 정부에까지 들어갔다는 것을 의미한다. 해링턴은 나아가 "여기 온 고귀한 사람들에게 이런 개인용 시설은 필요한 것이다"[86]라고 말한다.

그러나 사설 욕탕을 보존시키라는 상부의 조치는 다시 한 번 시민들의 강력한 반발을 불러일으켜서, 같은 해 "무례하고, 무질서하고, 격앙된 사람들이 핫 배스의 문을 폐쇄하고, 온천을 파헤치고, 사설 욕탕을 파괴하고, 그곳으로 끌어가던 물을 다른 방향으로 쏟아내어 기존의 사설 욕탕을 못 쓰게 만드는"[87] 폭동이 발생하였다. 결국 추밀원은 1598년 "핫 배스라고 불리는 공공탕에서 끌어온 이 사설 욕탕들은 귀족들과 그 부인들에 의해 자주 이용되는 만큼 계속 유지되는 것이 바람직하다"[88]고 명령하기에 이르렀다.

나아가 추밀원은 시장과 시 자치체에게 파손된 사설 탕을 보수하라고 명령하고, 폽햄 경(Sir John Popham of Wellington in Somerset)에게 그 결과를 보고하라고 하였다. 당시 국내외 고관들이 이곳을 방문할 계획이 있었기 때문에 내려진 조치로서, 배스를 방문한 이들은 시에 후한 기부를 남기기도 하였다.[89] 극심한 반발이 있었지만 결국 사설 욕탕과 개인통로는 계속 남게 되고, 17세기에는 이들을 갖춘 여관들이 열성적으로 자기들의 시설이 편리하다고 홍보할 수 있는 근거가 되었다.

또한 온천탕에서 직접 손님들을 보조하는 서비스업 종사자들의 태도에 대한 개선의 목소리도 높았다. 손님들에게 지나친 사례금을 요구하거나 그들 사이에 서로 손님을 차지하려는 경쟁이 팽배하였기 때문이다. 한 방문객은 이들 안내원들의 지나친 행동에 대하여 "광대 같은 작자들과 못생긴 늙은 마녀들은 스스로도 잘 통제할 수 없는 주제에 남들을 안내한다"고 비난하였다.[90] 따라서 배스 시는 이들에 대한 통제문제로 골머리를 앓고 있었던 것으로 보인다.

많은 돈을 벌고자 불법적으로 가족 모두를 끌고 나와 일을 하다가 적발된 그들을 해고[91]하는 문제, 해고당한 며칠 후 또다시 아내를 데리고 나와 영업을 한 안내인들[92]에 대한 사례들이 시 의사록에 심심치 않게 등장한다. 또한 어떤 이들은 많은 권리금을 받고 그 자리를 재임대하기도 하였다.[93] 배스 시는 충분한 수입이 보장되는 온천의 성수기에는 이들로부터 추가임대료를 거두었다.[94]

토머스 귀도는 질서를 회복하여야 한다는 취지 아래 정치적 방법을 동원해서라도 개혁이 이루어져야 한다고 주장하였다. 지나치게 사례금에 집착할 수 없게 하기 위해서는 그들에게 정해진 급료를 주고, 그 수를 줄여야 하며, 그들을 통제할 수 있는 상급관리자의 권한을 확대하자고 제안하였다. 욕탕을 이용하는 사람의 상태, 신분, 체류기간 등을 고려한 도표를 만들어 적절한 사례금을 징수하되, 징수체계를 통일하여 거두어진 사례금을 욕탕 안내인을 비롯한 서비스업 종사자들에게 합리

프랑스 비시 온천의 펌프 룸의 내관

적으로 배분하여야 한다는 것이었다. 물론 직무태만이나 불성실성, 무례함 등을 보인 사람들은 즉각 일을 그만두게 할 수도 있었다.

이에 부응하여 17세기 말 배스 시는 '규칙과 질서'를 제정하게 되었다. 그 내용의 대강은 다음과 같다.

— 온천 관리인은 한 번 목욕할 때마다 3펜스 이상을 요구할 수 없다.

— 온천 안내인은 한 번 목욕할 때마다 1실링 이상을 요구할 수 없다.

— 천 깔아주는 이는 한 번 목욕할 때마다 3펜스 이상을 요구할 수 없다.

— 킹스 배스와 퀸스 배스에서의 펌핑은 100회마다 2펜스를 부과하고, 드라이 펌프는 100회마다 4펜스를 부과한다.

— 가난한 사람이나 하인들은 안내인에게 내는 6펜스의 요금으로 린넨과 보조를 받도록 한다.

—관리인, 안내인, 천 깔아주는 이나 가마꾼은 손님에게 목욕이나 펌핑에 관하여 흔히 '한턱낸다'는 이름으로 요구하곤 하던 어떤 것도 요구할 수 없다.

—욕탕과 펌프는 매번 사용할 때마다 요금을 내야 하고, 목욕을 예약한 손님은 미리 취소를 알리지 않을 경우에는 사용하지 않더라도 요금을 내야 한다.[95]

이 규칙과 질서는 비단 온천장 관계자들뿐만 아니라 손님들에게도 적용되는 것이었다. 손님 가운데 안내인이나 기타 보조원들에게 불만이 있을 경우 월요일 정오 시청에 있는 하급 판사에게 신고하도록 하였다.[96]

작은 온천들에서도 질서를 유지하기 위한 대책마련에 부심한 흔적이 남아 있다. 체셔의 뉴 웰에서는 존 프로드섬(John Frodsham)이라는 사람을 관리인으로 임명하였다. 그의 임무는 "온천을 감독하고 하층 사람들을 통제하는 것으로, 그곳에 머무는 높은 양반들에게 더 나은 대접을 하기 위한 것"이었다.[97] 그는 주어진 사명을 다하기 위해 많은 노력을 기울였던 것으로 기록되어 있다.[98]

숙박시설의 개선

영국에서 숙박시설의 발달은 종교개혁이 가져온 가장 큰 변화 가운데 하나일 것이다. 종교개혁 이전에는 여행자 숙박의 대부분이 수도원과 같은 종교기관에 의해 제공되었다. 그러나 수도원 해체와 더불어 자선 프로그램의 일종으로 지나는 여행자들을 묵어가게 해줄 수 있는 기구들이 사라지면서 이제 숙박은 세속인의 손으로 넘어가게 되었다. 또한 여행자의 수가 늘어나면서 전통적으로 여인숙의 역할을 겸하곤 하던 마을에 한두 개 있던 선술집 이외에 숙박을 전문으로 하는 여관이

여관에서 방을 구하는 두 순례자. 종교개혁과 더불어 영국에서 수도원이 해체되면서 이제 개인이 운영하는 여관은 숙박이라는 상업적 영역에서 독점적 위치를 확보하게 되었다.

필요하게 되었다.

이 당시 온천장은 여관업에서 가장 두드러진 발달을 보인 곳이었다. 특히 공동체의 주력 산업을 온천업으로 전환한 온천장들은 훌륭한 숙박시설을 갖추기 위해 많은 노력을 기울였다. 1580년에 이르러 배스 시는 300채의 집과 1500명 정도의 인구를 가진 도시였는데, 11개의 여관이 파악되고 있고, 공식적 숙박업소 이외에도 의사들이나 기타 숙박을 겸업하는 집들 및 부유층을 수용하는 고급주택들이 있었다.

배스는 특히 재건축을 통해 숙박시설을 늘린 대표적인 케이스이다. 부유한 고객에게 장기적으로 임대할 수 있는 훌륭한 숙박시설을 짓기 위해 배스 시는 1580년에 미처 확보하지 못한 땅들마저 50년 정도 장기임대의 형태로 취하기도 하였다.[99] 1596년에 해링턴이 "배스 시는……충분히 가난하고도 충분히 자랑스러웠으나 여왕이 방문한 후로 놀랄 만큼 화려해졌다. 음식점과 숙박시설로 쓰일 훌륭한 건물들이 들어서는 속도만큼이나 그들의 오래되고 정직한 장사였던 직물업은 쇠퇴해갔다"[100]라고 기록한 것은 이러한 변화를 증언하는 것이다.

17세기 들어 여관의 숫자도 계속해서 증가하였다. 1641년경 배스 시에는 최소 16개의 여관이 있었는데 20년 후에는 12개의 여관이 새롭게 등장하였다. 1694년 길모어(Joseph Gilmore)의 지도[101]에 29개의 큰 여관들이 그려져 있는데, 1641년에서 1694년 사이에 문을 닫은 여관은 오직 네 군데뿐이었던 것으로 미루어 여관업이 지속적으로 수지가 맞는 직종이었다고 볼 수 있다. 공식적인 여관들뿐만 아니라 의사들이 집에서 환자를 치료하며 몇 개월씩 숙박을 제공하는 경우와, 부유한 방문객에게 장기간 임대되는 고급주택들을 감안한다면 이 도시는 그야말로 "물 때문에 먹고 사는"[102] 숙박업 중심의 도시가 되었던 것이다. 숙박업자들 사이에 부유한 고객을 유치하려는 경쟁 또한 치열했던 것으로 보인다. 1628년 베너는 그때의 상황을 다음과 같이 전한다.

그곳[배스]의 사람들이 숙박객을 끌기 위해 호객꾼을 풀어놓는데, 그들은 거리 모퉁이마다, 그리고 성문 앞에서 기다리기도 한다. 이들 호객꾼들이 이런저런 온천탕과 가깝다는 이런저런 집으로 가자고 끌고, 자신들 집 근처의 탕이 좋다며 유혹하는 것을 보면 걱정스러울 정도이다. 더욱 나쁜 것은 이런 모든 일들이 진정 손님의 복지를 위한 것이 아니라 자신들의 이익만을 챙기는 일이라는 것이다.[103]

또한 배스 시 자치체에서 시정을 장악하던 이들의 대부분이 숙박업에 종사하였다는 사실만으로도 배스 시 내에서 여관업자들의 발언권이 무척 강하였음을 짐작할 수 있는데, 자신들의 이해관계가 첨예하게 얽혀 있는 휴양지 산업을 위해 시정의 리더로서 적극적인 추진력을 발휘하였으리라는 것은 자명한 일이라고 할 수 있겠다.

광천수 소유권 분쟁을 매듭지은 벅스턴 온천의 톨벗 경은 1570년 자신이 살기 위해 성과 같은 커다란 건물을 지었다. 벅스턴 홀 혹은 올드 홀이라 불리던 이 건물은 4층 높이에 방이 30개 정도 있었다. 바로 온천을 끼고 있어 방문객이 많아지자 그는 건물을 개조하여 여관으로 만들었다. 이 건물은 이후 2세기에 걸쳐 스코틀랜드의 메리 여왕과 같은 귀족들이 묵어가는 명소가 되었다.

17세기 철학자 토머스 홉스(Thomas Hobbes)도 그들 가운데 하나였다. 그는 벅스턴의 물을 찬양하였을 뿐만 아니라, 솟아오르는 온천수를 담고 있는 깊이 5피트에 지붕과 차양이 갖추어진 욕탕을 인상깊게 보았다. 대부분의 손님들이 그랬듯이 그는 숙소가 바로 욕탕과 연결된다는 점을 매우 편리하다고 생각하였다.[104]

벅스턴 홀이 1670년 화재로 불타게 되자 그 자리에 윌리엄 경은 더욱 큰 건물을 지었다. 이 뉴 홀은 60여 개의 객실 이외에 하인들을 위한 공간이 따로 만들어졌고, 고귀한 방문객의 연회를 위해 70야드 길이에 19피트 넓이의 식당도 갖추었다.[105] 이 멋진 건물은 피크(Peak) 지역의 휴양지를 나타내는 대표적 건물이 되었다. 올드 홀말고도 이미 1577년에는 두 개 이상의 여관이 들어섰으며, 시즌 중에 방이 모자라는 점을 감안해 광천 주변에는 낮은 통나무집이라 불리는 임시숙소들이 들어서기도 하였다. 매콜리는 기록하기를 "더비셔나 근처 지방 젠트리들은 벅스턴에 휴양을 하러 와서 낮은 통나무집에서 북적거린다. 그들은 귀리로 만든 케이크와 주인이 양고기로 만들었다고 주장하는 요리로 연회를 즐기는데, 그 고기가 개고기인 것 같다고 강하게 의심하기도 하였다."[106]

17세기 초부터 개발되기 시작한 온천들에서도 눈에 띄게 숙박시설이 증가되었다. 엡섬의 헨리 포넬(Henry Pownell)은 1618년부터 "건물들이 많이 증가하였고 먼 곳에서부터 별 이유 없이 와서 묵는 손님들도 많았다"고 보고한다.[107] 엡섬은 온천이 알려지면서 본격적으로 건물들이 들어섰기 때문에 배스처럼 오랜 도시에 비하여 새 건물이 많았다.

따라서 엡섬의 홍보에는 아름답고 새로운 건물이 많다는 이야기가 빠지지 않았고, 여관의 주인들도 최신 설비를 유지하고자 노력하였다. "심지어 주민들이 살고 있는 집도 정말 깨끗하고, 그 대부분이 최신식으로 지어져 매우 편리한데, 이는 방문객들을 접대할 수 있도록 고안되었기 때문이다."[108]

턴브리지웰스에서 숙박시설은 1630년대부터 들어서기 시작하였다. 이곳의 건물과 숙박시설은 17세기 말까지도 꾸준히 증가하여 "멋진 건물들이 빠른 속도로 올라가고 있다. 사우트버러(Sought-borough), 러스트홀(Rust-hall)과 마운트 슈프레임(Mount Sphraim)은 이제 건물로 뒤덮였다"고 묘사되기도 하였다.[109] 작은 규모의 온천에서도 숙박업은 각광받는 신종사업이었다. 시싱허스트 파크(Sissinghyrst Park)에 위치한 작은 광천을 홍보하는 책자를 보면 그 지역 주민들이 얼마나 손님을 끌고자 노력하였는지를 알 수 있다.

이곳을 소유한 젠트리들은 고귀한 분들을 모실 만반의 준비가 되어 있습니다. 가구가 딸린 방이든 딸리지 않은 방이든, 혹은 예배당이 있는 곳까지.

또한 런던의 상인인 배스던은 이 거리에 여러 채의 멋진 집을 갖고 있으며 세를 놓거나 숙박을 제공하고자 합니다. 가구 딸린 곳과 딸리지 않은 곳, 말들을 먹일 기름진 목초지가 있는 곳 등등······.

또한 이 거리와 교구의 여러 곳에서 젠트리들 역시 모시고자 합니다. 가구 딸린 방을 합리적인 가격에 말입니다.[110]

17세기 후반에는 온천과 관련된 숙박시설을 홍보하는 팸플릿이 대량으로 쏟아져 나왔다. 런던 스파를 홍보하는 한 팸플릿은 광천수를 비롯한 주류 판매업자인 할베드(John Halbed)가 제작한 것인데, 그는 자신의 집에 숙박객을 유치하고자 하였다. "그가 취급하는 물만큼이나 홀

룡한 숙박시설은 그가 초청한 고귀한 분들을 위한 것입니다. 매우 편리한 아파트뿐만 아니라 남녀 각각을 위한 산책로 또한 갖추어져 있는데, 특히 여성을 위한 설비가 뛰어납니다."[111] 이 선전책자는 여성이 온천의 주고객군을 형성한다는 것을 계산한 것이었다.

때때로 숙박시설의 편리함은 수치료법을 다루는 의사들의 논문에 언급되기도 하였다. 이는 장기 체류가 뒤따르는 수치료법에서 묵을 만한 숙박시설이 갖추어져 있느냐 하는 것은 그만큼 중요한 사항이었고, 나아가 대개의 경우 의사들이 직접 숙박시설을 경영하고 있었기 때문에 자신들의 여관을 홍보하기 위함이었다. 래섬 온천의 의사 볼레즈(Borlase)는 "광천에서 멀지 않은 곳에 손님들에게 필요한 모든 것을 갖추고 높은 양반들을 모실 만한 그 고장 사람들이 많이 있다"고 홍보하였다.[112]

그러나 몰려드는 손님에 비해 숙박시설이 태반 부족한 것은 사실이었다. 도시를 끼고 발달한 온천이 아니고 새로이 개발된 온천들은 더욱 심했다. 요크셔 온천군은 광천이 대부분 숲속에 위치하고 있었기 때문에 방문객에 비하여 숙박시설이 턱없이 부족하였다. 특히 추운 날씨에 오래 목욕하고 나서 몸을 덥힐 만한 곳이 없다는 것은 의사들 또한 종종 지적하는 심각한 문제점이었다.[113] "추운 날 아침 일찍 몰려드는 새 손님들에게 방을 빼앗길까봐 치료 중에도 숙소로 돌아가야 하는 이들은 어떠한가? 어차피 양쪽 다 힘든 일이지만, 약한 환자들은 물에서 혜택을 보기보다 파고드는 찬바람에 오히려 해를 입기가 쉽다."[114]

이런 문제점을 해결하기 위해 다양한 방법이 고안되었다. 시즌에만 개설되는 임시숙소가 생겨났는가 하면 몇몇 여관은 아예 욕탕시설을 갖추기도 하였다.

여관들은 여러 개의 욕조를 갖추고 샘으로부터 유황 성분의 광천수를 채워놓았다. 손님이 여관에 묵는 기간뿐만 아니라 단순히 목욕을 위해 들르는 손님들에게도 제공되었다. 잠시 들르는 손님 가운데 일부는 낮에만 사용을 하고 나머지 사람들은 저녁에 사용하는데, 감기에 걸리는 것을 막기 위해 밤새도록 그 여관에 머물다가 다음날 아침 일찍 광천수를 마신 후 자신이 원래 묵고 있는 숙소로 돌아간다.[115)

1600년 체셔에서 발견된 뉴 웰의 경우, 깊은 숲속에 위치한 이 광천의 효험이 뛰어나다는 소문이 퍼지면서 갑자기 사람들이 몰려들었다. 하루 평균 2000명 정도였던 것으로 보여 그들의 숙박은 당연히 문제가 되었을 것이다.[116) 샘에서 비교적 멀리 떨어진 여관마저 꽉 차 갈 곳 없는 사람들은 샘 근처에서 밤을 새웠고, 왕실 사냥터인 그 숲의 "여왕님의 사슴들에게 막대한 피해를 끼쳐" 큰 문제로 번지기도 하였다.[117)
대규모의 온천장에서도 시즌 중에는 방이 턱없이 모자랐던 것이 사실이었다. 터무니없는 바가지 요금이 극성을 부리게 되는 것은 어쩌면 당연한 일이었을 것이다. 1662년 셀링크스가 엡섬을 방문하였을 때 그 마을에만 300개 이상의 침대가 있었다고 기록하였는데, 몰려드는 손님에 비하면 모자랐던 것으로 나타난다. 피프스가 방문한 1667년, 그는 여관에 '형편없는 방' 밖에 남지 않았다고 불평하였다.[118) 벅스턴역시 객실이 부족하기는 마찬가지여서 파인스는 다음과 같이 투덜거렸다.

여관은 너무 형편없다. 방 하나에 침대 두 개를 들여놓았는데, 가끔세 개 혹은 네 개를 들여놓는 경우도 있다…… . 만약 일행이 한 방에찰 만한 인원이 되지 않을 경우 당장 낯선 사람들을 집어넣는다. 가끔씩 사람이 너무 많을 때는 세 사람이 한 침대를 써야 하는 경우도있다. 너무 불편해서 이틀 밤 혹은 사흘 밤 이상을 묵는 사람은 많지않을 정도이다. 일행들이 목욕탕에 들어가고 나올 때마다 시끄럽기그지없다.[119)

턴브리지웰스 역시 시즌 중에는 너무 많은 손님이 몰리는 바람에 근처의 집들은 "한 주 집세를 런던에서의 한 달치보다 더 많이" 요구하기로 악명 높았다.[120] 그런데 손님들은 이런 바가지 요금을 어쩔 수 없이 받아들였던 것으로 보인다. "물에 대한 명성이 정말 자자하므로 사람들은 그에 수반되는 불편을 기꺼이 감수하였다. 그래서 멋진 집들이 다 차고 나면 오막살이나 비바람을 피할 수 있는 곳이라면 엄청난 값을 지불하면서도 묵으려 했다. 물의 효험을 보지 않고 그냥 집으로 돌아가는 것보다는 나을 테니까 말이다."[121]

휴양지로서의 온천장은 17세기 내내 지속적으로 발달하였다고 볼 수 있다. 이는 온천장들이 내전이나 역병과 같은 위기에 그다지 크게 영향을 받지 않았다는 것을 의미한다. 1646년 9월 29일 파먼(Clement Paman)은 배스에서 보낸 편지를 통해 그곳의 모습을 전하고 있다.

난 지금 배스에 와 있습니다. 이곳은 자연에 의해 방어가 불가능하기도 하고 동시에 안전한 곳이기도 합니다. 왜냐하면 이곳을 둘러싼 구릉들은 그 동안 아마도 천혜의 요새 역할을 했을 것입니다. 그러나 지금은 공격적인 둔덕이 되었습니다……. 그럼에도 이곳은 상당히 안전한데, 최근의 전쟁에서도 장기간 주둔이나 포위를 당하지 않았던 것입니다……. 이 도시에서 가장 놀라운 것은 교회와 온천탕인데, 온천탕은 열광적으로 붐비는 곳입니다.[122]

공화정 체제 아래서는 부상당한 병사들뿐만 아니라 왕당파 죄수들도 온천장에서의 치료와 휴양이 허가되었다.[123] 오히려 내전 중에 치료의 장으로서의 온천장의 명성은 더 높아졌다고 볼 수 있다. 왕정 복고 후에는 비단 귀족들뿐만 아니라 중소 젠트리와 같은 사람들이 과거에 비해 훨씬 자주 온천장을 찾았다.

17세기 직업군을 보면 배스 시가 도시거주민과 주변지의 시장도시로서의 상시수요를 충족시킬 뿐만 아니라 온천을 찾는 이들의 소비 행태에 부응하는 것들도 많았다는 것을 알 수 있다. 특히 잡화상은 상인군 가운데 가장 많은 수를 차지하는 것으로 나타난다. 1659∼1670년에 배스 시가 발행한 영업자 주화(tradesmen's tokens)[124]를 보면 3분의 1이 잡화상[125]이었고, 포목상, 양복장이, 가죽업자, 양초장수, 직조공, 금세공사, 모자장수, 책장수, 문구장수 등의 직업군이 나타난다.[126]

특히 많은 수의 양복장이와 수예재료상, 장갑장수, 가발장수, 패스트리업자 등은 도시 내의 수요보다 방문자들의 수요를 고려한 것으로 보인다. 이외에도 커피하우스를 비롯, 조직화된 여흥을 사고 팔 수 있는 곳들이 등장하였고, 온천욕의 성수기에는 복권가게들이 성업하였다.[127] 이처럼 온천공동체 주민들은 적극적으로 상업화에 뛰어들어 온천을 개인적 이익을 취할 수 있는 최적의 공간으로 만드는 데 심혈을 기울였던 것이다.

5

빈자의 탕

물의 가르침을 이해하고자 한다면
그냥 마셔보아라
• 선사상 중에서

번쩍이는 마차에 탄 의사는

가난한 이의 움막에는 가지 않네.

의사는 진료비가 없으면 오지 않으니

빈민에게는 치료도, 구제도 없다네.

　• 에드워드 워드, 「돈이 행하는 기적」[1]

　온천장에는 전 사회계층을 망라하여 수많은 사람들이 모여들었다. 그러나 온천장에서 볼 수 있는 신분으로는 부자와 빈민이라는 단 두 집단만이 있는 듯이 보였다. 1587년 윌리엄 해리슨(William Harrison)이 배스에서 "온천장의 일상이란 부유한 사람들은 있는 동안 돈을 쓰는 것이고, 가난한 이들은 구걸을 하며 지내는 것이 일반적인 모습이다"[2]라고 관찰한 기록이 이를 뒷받침한다. 온천장이 급속하게 상업화되어감에 따라 화폐경제에 기반을 둔 이 공간에서 신분적 구분이란 새로운 형태를 띠게 되었던 것이다. 즉 이제 온천장에서는 돈을 쓰는 사람과 그렇지 않은 사람에 따른 구분이 기존의 복잡한 신분체계보다도 더욱 가시적이고도 중요한 구분으로 등장하게 되었다.

　온천장이 발달하면서 귀족, 젠트리, 평민과 성직자 등 온천장에 몰려든 다양한 사람들은 '부자'와 '빈민'이라는 단순화된 두 집단으로만 묘사가 되었고, 이에 대한 온천장의 태도 또한 차별적 구도를 갖추어 나갔다. 중세 기독교적 사고구조에서 비난의 표적이었던 부유한 사람들은 자신들에게 이익을 가져올 고객으로 환영을 받게 된 반면 가난한 사람들은 반갑지 않은 불청객으로, 부유한 손님들에게 누가 되지 않을까 염려를 낳는 대상이 되었던 것이다. 이 장에서는 근세 영국의 빈민문제를 논함에서 온천장이 차지하는 중요성에 대하여 살펴보고, 온천장 주민들이 빈민을 어떻게 인식하고, 이 문제에 대처하였는가를 알아보고자 한다.

　여기서는 당시 온천장의 주민들 사이에 빈민을 상업화의 물결 속에 자신들의 경제적 이해관계에서 걸림돌과 같은 무임승차자로 보는 의식이 팽배했음을 보여줄 것이다. 이는 또한 온천장과 관련된 빈민법이 중앙정부가 부랑자들이 일으킬 사회적 악영향을 고려해서 제정한, 위로부터 부과한 것이 아닌, 지방공동체의 요구가 법과 같은 조치로 반영된 것이었음을 암시하는 것이기도 하다. 그리고 결국 빈민법과 같은 중앙정부의 일괄적 빈민대책이 실패하면서 지방공동체가 나름대로 고안해냈던 다양한 빈민문제에 대한 대처방안을 살펴봄으로써, 기독교적 자선의 의무라는 전통이 새로운 경제질서의 이해관계에서 밀려나는 과정을 재구성하기로 한다. 이는 빈민에 대한 배척이 물리적이고 가시적인 방법뿐만 아니라, 좀더 정교하고 보이지 않는 장치를 동원하여 구축되어가는 현상을 보여줄 것이다.

근세 영국의 빈민문제

지난 40여 년간 영국 근세사 연구에서 가장 괄목할 만한 성과 가운데 하나는 빈민에 관한 것이다. 빈민을 규정짓는 빈곤을 정의하기란 어려운 일이다. 빈곤이란 절대적 개념이라기보다는 상대적 개념이기 때문이다.[3] 여기서는 빈곤을 최근 학자들이 대부분 동의하고 있는 바대로 '특정한 사회에서 동시대인의 생활수준과 사회적 관습에 비추어 보통 이하의 생활을 영위하는 소득을 가진 경우'로 넓게 규정하고 논의를 전개시키고자 한다.[4]

최근 논의되고 있는 빈민에 관한 연구들은 빈민의 규모와 구성, 그들의 이동 및 사망률, 일상생활, 공적·사적인 구제기구 및 정책의 발달, 그리고 그들을 보는 시각의 변화까지도 아우르며 근세 영국의 빈민에 대한 이해의 폭을 한층 넓히고 있다. 이들 연구가 공유하는 점은 16·17세기 빈민은 사회적으로 심각한 문제로 대두되었고, 영국은 대륙의 어느 나라보다도 먼저, 그리고 훨씬 체계적인 해결책을 모색하였다는

것이다.[5]

16 · 17세기 영국에서 빈민, 특히 많은 유랑민이 배출된 근본적인 원인으로는 인구증가와 그 증가율을 따라가지 못하는 기술진보에서 기인한 생산력의 저하, 인플레이션으로 인한 실질임금의 감소, 상업적 농업의 발달로 인한 대규모 지주의 소농합병을 꼽는다. 이같은 경제적 변화로 많은 빈민이 배출되었고, 생활기반을 잃은 농민들이 유랑민으로 전락된 것이다. 이 문제를 해결하기 위하여 빈민법(Poor Law)이라 불리는 일련의 법이 고안되었으나 큰 효과를 거두지 못하였고 기타 다양한 구제기구 역시 빈민문제를 근본적으로 해결할 수 없었다. 따라서 달리 생활방도가 없었던 유랑민들은 처벌의 위험을 무릅쓰고 생존을 위한 이동을 계속하였던 것이다.[6]

빈민문제에서 유럽 대륙의 국가들과 영국 정부의 태도를 비교하면 크게 두 가지 측면에서 뚜렷한 차이가 나타난다. 우선 영국 정부는 1572년부터 구빈세(poor-rate)를 교구단위로 책정하여 빈민에게 직접 배분케 하였다는 점이고, 둘째로는 정착법(Act of Settlement, 1629)을 제정, 유럽의 어느 나라보다도 강력하게 중앙통제적인 유랑민 금지 정책을 시행하였다는 것이다.

이 시기 영국이 대륙의 국가들에 비하여 빈민문제에 상대적으로 더 많은 관심을 기울였다는 것이 영국에서 빈민의 비율이 더 높았다거나 경제적으로 어려웠음을 반영한다고 볼 수는 없다. 오히려 16 · 17세기 영국은 대륙의 어느 나라보다도 높은 생활수준을 영위하고 있었으며 빈민의 수도 상대적으로 많지 않았다. 때문에, 이 시기 영국에서 정교하고도 지속적인 빈민문제 해결을 위한 장치들이 고안된 것은 사회가 안정되고 경제적으로도 부를 누리고 있었음을 시사하는 반증이 될 수 있는 것이다.[7]

나아가 영국에서 빈민대책을 둘러싼 중앙집권적 조치를 취할 수 있었던 이유는 사법과 행정 두 측면에서 중앙집권화가 상당히 성숙하게 진행되었으며 동시에 지방자치권이 상대적으로 약하였다는 점을 들 수 있을 것이다. 또한 수도원 해산에 따른 주요 자선기구의 소멸이라는 측면은 그 공백을 중앙정부가 메워야만 하는 부담으로 이어졌을 것이다. 이런 상황들 때문에 영국 정부는 사회복지라는 문제에서 당시로는 가장 발달된 정책을 고안, 시행하게 되었다고 볼 수 있겠다.

그런데 영국 정부가 빈민문제에 대처함에서 구제(구빈세)와 처벌(정착법)이라는 상반된 성격의 정책을 동시에 진행하였다는 사실은 당시 빈민을 보는 시각 자체가 뚜렷이 양분되어 있었음을 반영한다. 이런 맥락에서 빈민문제를 연구하는 학자들은 16·17세기 영국에서 빈민을 보는 시각이 크게 세 가지로 나타난다고 주장하였다.

1. 신체적 혹은 사회적 상황으로 인하여 경제적으로 자립할 수 없는 구제와 자선의 대상(impotent poor)
2. 공공질서를 위협하는 잠재적 불순세력이므로 처벌하고 박멸해야 할 대상(dangerous poor, social threat)
3. 생산에 투입될 수 있는 유용한 인력(labouring poor)[8]

또 이같은 시각은 빈민문제를 기술한 자의 사회적 위치에 따라 다르게 나타났다는 것이다. 즉 성직자는 대부분 빈민을 자선의 대상이라 기술하였고, 중앙정부와 지방관리들은 주로 사회안정을 위협하는 존재인 빈민에 대해 중점적으로 다루었으며, 사회개혁가들은 빈민에게 노동을 강제할 방법을 고안하였다는 것이다.

폴 슬랙(Paul Slack) 같은 학자는 빈민을 이렇듯 세 범주로 구분짓고 각기 다른 대처방안을 고안하였던 것은 중앙집권화의 한 결과로서, 빈민에 대한 개념 자체가 행정력의 발달과 더불어 위로부터 아래로 주입되어간 것이라고 주장한다.

또한 이 세 가지 다른 시각은 16세기에서 17세기로 넘어가면서 자선,

강에서 목욕하는 사람들. 르네상스 초기의 그림이다.

위협, 노동력이라는 순서로 서서히 전환되어가는 현상이 지배적으로 나타났다고 주장한다. 이런 주장들은 튜더–스튜어트 왕조의 행정력 발달이라는 측면을 상당히 강조하는 전제에서 출발하고 있다. 그런데 빈민에 대한 관념 자체가 위로부터 주입되었다는 이런 주장들은 상대적으로 '주입받던' 대중들의 인식이라는 문제를 지나치게 가볍고 수동적으로 설정하고 있다고 생각된다. 여기서 그 당시 영국의 대중들이 진정 빈민을 어떻게 보았으며 어떻게 반응하였는지 그를 고찰해볼 필요가 있다.

튜더–스튜어트 왕조의 영국에서 빈민이란 진정 어떤 존재들로 인식되었을까? 슬랙의 주장처럼 대중들도 위로부터 주입된 관념에 영향을 받아 빈민을 세 범주로 구분했을까? 그리고 만일 빈민에 대한 시각이나 태도가 이 시기에 변화를 보인다면 어떤 것이었을까? 또한 그 변화가 반드시 강력해지고 있던 중앙집권화의 산물일까? 당시 빈민법의 주요 대상이었던 유랑민이 가장 많이 출몰하던 온천장에서 거주민들에게서 나타난 빈민에 대한 인식, 태도 및 대처방법은 이 의문들에 대한 실마리를 제공할 것이다.

온천장과 빈민

빈민은 어느 사회에서나 존재하였으나 온천장의 경우 특히 주목해야 할 사항은 외부로부터 유입되는 수가 엄청나게 많았다는 점이다. 전통적으로 온천장은 성지였던 까닭에 병을 고치려는 빈민이 방문하는 경우가 많았다. 유명한 성지를 찾아 성물에 기도하거나 성수를 뿌리거나 바르면서 질병을 치유하던 관습은 특별한 의학적 방법이 고안되기 이전 중세에서 가장 보편적으로 시행되던 치료행위였다. 특히 이런 관습은 경제적 능력이 없는 빈민들에게는 최선의 치료책으로 성지에는 항상 빈민이 들끓었고, 특히 성천을 보유한 수도원이나 종교기관들은 자선을 행하는 특정한 성일에 몰려드는 빈민 때문에 몸살을 앓기도 하였다.[9] 때로는 그 수가 너무 많아 약탈을 두려워한 수도원은 문을 굳게 걸어잠그곤 하였다.[10]

중세 동안 빈민들은 기타 사회적 계층들과 마찬가지로 자유롭게 성천을 이용할 수 있었다. 오히려 빈민이 성천을 이용하는 것은 부유한 이들보다 더욱 권장되었는데, 가난한 이들이야말로 신의 특별한 백성이고, 나아가 신의 체현이어서 그들에게 안식을 제공하는 것이 곧 신에게 안식을 제공하는 것이라는 기독교적 관념 때문이었다. 즉 신에게 진정한 축복을 받은 이들이 바로 빈민들이었기 때문에 신의 선물인 성천을 이용함에서 이들에게 우선권이 있다는 관념상의 동의가 깔려 있었다.[11]

이같은 중세적 관념은 심지어 이들 성천이 광천으로 바뀌어 불리게 되고, 그 물의 치료효능에 신이 역사하는 기적이 아니라 물에 포함된 광물질의 성분에 의한 것이라는 과학적 사고가 도입되는 과정에서도

방대한 양의 일기를 남겨 더욱 유명한 새뮤얼 피프스. 피프스는 배스, 엡섬, 턴브리지웰스 등 당시 유명한 온천장들을 수차례 방문하였다.

지속적으로 나타난다. 1684년 워커(Anthony Walker)는 턴브리지웰스에 교회가 세워진 것을 기념하는 유명한 설교에서 "신의 선한 뜻이 빈민을 위해 이 광천수가 나오는 샘을 만들었다"고 강조하였다.[12]

온천의 상업화에 앞장섰던 의료인들조차 이같은 전통적 관념을 인지하고 있어 래섬 온천장의 한 의사는 "이러한 온천들이란 빈민구제라는 신의 뜻에 의해 만들어진 것"[13]이라고 말했고, 내러스버러 온천의 수치료사 스태너프 또한 "제반 다른 치유법이 없을 빈자에게 최고의 효험을 주고자"[14] 온천이 존재한다고 말한 바 있다.

이와 같은 전통적 관념 아래 성천을 찾아 치료와 구걸을 동시에 행하던 빈민들은 종교개혁 후 성천이 폐쇄되고 대신 온천장이 들어서는 과정에서도 과거로의 여행을 계속하였다. 영국 전역에서 온천장의 활발한 상업화가 이루어지던 17세기의 기록들을 보면 빈민들이 온천으로 계속 모여들고 있었음을 알 수 있다. 1631년 영국 북부에 위치한 내러스버러의 경우 "빈민들이 이들 우물을 찾아 오래된 상처와 종기를 치

료하는 것보다 친숙한 광경이란 없다"[15)]는 기록이 있으며, 배스 온천
을 찾은 피프스의 일기를 보면 구걸하는 거지들에게 매일 최소 세 차례
의 자선을 베풀었던 사실이 기록되어 있다. 예를 들어, 1668년 6월 15
일의 일기에서 "크로스 배스 근처의 거지에게 6펜스, 내가 머물던 여관
앞의 거지에게 1펜스, 길거리의 거지에게 3펜스를 주었다"[16)]고 쓰고
있다.

　작은 규모의 온천장에도 빈민이 들끓었다. 켄트의 루이셤 웰에서는
"많은 빈민들이 매일 우물가에 모여들어 사람들에게 물을 떠서 강매한
다"[17)]는 기록이 있으며, 1661년 요크셔의 성 매그너스 샘에는 "엄청난
수의 빈민들이 셔츠를 물에 적셔 등 위에 얹어 말리고 있다"[18)]고 전하
고 있다. 17세기 말까지 발견된 광천의 백서를 집필한 쇼트는 17세기
내내 "너무 많은 빈민들이 이들 광천을 끊임없이 찾았다"[19)]고 회고하
였다.

이들 온천장에 나타나던 빈민들은 그 지역 출신이 아니라 대부분 외부에서 몰려들었음에 주목할 필요가 있다. 이들 "영국 전역으로부터 몰려드는" 빈민들은 풀러가 이야기하듯이 "어떤 이들은 구걸을 위해, 어떤 이들은 치료"를 위한 목적이었지만,[20] 대부분 구걸과 치료를 행하고 있었다. 심지어 구걸을 주목적으로 하는 '직업적 거지'도 있었는데, 이들은 온천장에 부유한 고객이 증가함에 따라 그 수가 더 늘어났던 것으로 보인다. 턴브리지웰스에서는 "자비로운 동냥을 얻을 수 있는 저택의 대기실과도 같은" 우물가에 "떼로 몰려서 기다리고 있는 유쾌한 거지들"이 분명 눈에 뜨이는 요소로 등장하였다.[21] 풀러는 "온천욕 기간 동안 많은 젠트리들이 모이기 때문에" 거지들이 몰리고 있다고 기록했다. 또 지리서에서 빈민들이 온천장에 들끓는 것은 지극히 당연한 일이라며 "새떼들이 곡식창고의 문을 두고 왜 딱딱한 얼음판으로 가겠는가?"[22]라고 반문하고 있다.

이 당시 영국의 온천장을 찾은 외국인의 기록들에도 온천장의 빈민이라는 문제는 심심찮게 거론되고 있는 주제인데, 특히 "배스의 건장한 거지떼는 이미 [직업적 거지를 일컫는] 하나의 통용어가 되었다"[23]고 말하고 있다. 따라서 이처럼 많은 빈민이 유입되던 온천장이야말로 근세 영국에서 생존의 기반을 갖지 못하고 떠도는 빈민이라는 문제를 고찰하는 데 가장 중요한 요소 가운데 하나라고 볼 수 있는 것이다.

온천의 무임승차자

그렇다면 온천장의 주민들은 빈민을 어떤 시각으로 보았을까? 튜더-스튜어트 시대 온천장과 관련된 사료들을 분석해볼 때 온천장의 거주자들은 빈민을 기존 학자들이 구분한 세 가지 유형이 아니라 하나의 집단으로 보았다. 즉 그 집단을 상업화의 물결에 편승하던 자신들의 지역 공동체에 등장한 거추장스러운 '무임승차자'로 취급하였음이 분명하다. 또한 이같은 시각은 사회적 지위나 직업에 관계없이 온천장에 거주하던 모든 사람들——의사, 지방관리, 그리고 성직자를 포함한——이 공유했던 것으로 보인다.

무임승차자인 빈민을 자신들 공동체의 발전을 좀먹는 걸림돌로 인식하고, 이들을 배척해야만 한다는 주장은 당시 온천장의 개혁에 관한 논문들의 단골주제로 등장한다. 의사이자 사회개혁가였던 조던은 "우리의 공공탕들은 매일 공짜로 이용하고자 하는 거지들이 일으키는 무질서 때문에 더욱 강력한 개혁이 요구된다"고 역설하였다.[24]

여기서 조던이 지칭하는 질서와 무질서의 개념은 도덕질서 혹은 사회질서라기보다는 시장경제 논리에 의거한 상행위의 질서임을 주목할 필요가 있다. 따라서 그가 주장하는 개혁이란 구매력이 없는 빈민에게는 사용을 철저히 금지하도록 하는 더 강력한 조치가 필요하다는 것을 말한다.

배스 시의 또 다른 지도자 격인 의사 귀도 또한 "그 동안 일어난 불미스런 사고들은 기본적으로 유랑자들과 좀도둑들 때문"이라고 단정하면서, 이들 무임승차자들을 쫓아내야 한다고 주장한다.[25] 그러나 이들 빈민의 존재란 사회질서를 교란하거나 위협할 만큼 심각하거나 위협적이었다기보다는 상행위를 방해하는 부담스런 장애였던 것으로 나타난다. 따라서 이들에 대해 느끼는 반감은 구매력이 있는 고객을 보호하거나 자신들의 상행위라는 고유영역을 빈민들이 뻔뻔스럽게 침입한다고 생각하는 것이고, 이러한 경우 특히 날카롭게 드러나곤 하였다. 요크셔의 의료인 스태너프는 이렇게 말한다.

수많은 상류층 사람들이 와서 마시는 유황 온천에 질서를 위한 어떤 규제도 마련되지 않은 채 온갖 족속들에게 개방되어 있다는 것은 부끄러운 일이 아닌가? 문둥이들과 가난한 이들이 매일 그 주변에 몰려들고, 썩은 걸레 같은 옷 쪼가리가 여기저기 널려 있다. 게다가 그

들은 사람들이 마시기 위해 컵을 담그는 바로 그 물에 자신들의 상처
와 악취에 절은 옷 쪼가리를 빨고 있지 않은가?[26]

또한 턴브리지웰스에서는 "가난한 여인들이 우물을 점거하고 물을
떠서 방문객들에게 파는 행위까지 하고 있기 때문에"[27] 이들을 쫓아내
기 위해 우물을 막고 독점하는 사태까지 벌어졌던 것이다.

이같은 부담과 혐오는 빈민들이란 근본적으로 자신들의 공동체인 온
천장에 속할 수 없는 비정상적인 집단이라는 논지로 이어진다. 턴브리
지웰스에서 행한 설교에서 광천수가 빈민을 구제하려는 신의 뜻에 따
라 만들어진 것이라고 주장했던 워커는 온천장에 출몰하는 거지를 거
세게 비난한다. 그는 빈민과 온천장의 거지를 동일시하지 않았으며 "뻐
기는 거지만큼 참을 수 없는 것도 없다"[28]라고 말한다. 그의 이야기 속
에는 온천장과 같은 곳에 오는 거지는 온천을 공짜로 이용한다는 것에
대하여 부끄러움을 느껴야 한다는 생각이 들어 있다. 이같은 발언에는
신의 선한 뜻에 의해 만들어진 광천수를 이용할 수 있는 빈민의 권리는
광천이 모두에게 무료로 제공될 때만 보장되는 것이고, 상업화된 영역
에서는 권리를 보장받지 못한다는 암시가 깔려 있다.

그는 심지어 온천장에 출몰하는 거지들을 비정상인이라 부르기까지
하였다.[29] 그는 빈민들이 대금을 지불할 수 있는 '정상인'에 대비되는
'비정상인'이기 때문에 어차피 치료를 기대할 수 없다고 주장한다. 왜
냐하면 "신은 우리의 의사이고 우리는 그의 환자이다. 이 광천들은 그
의 매장이고 광천수는 그의 의약품"인데 구매력을 갖추지 못한 빈민들
은 이러한 질서에 편승하지 못하는 무임승차자, 즉 비정상인이기 때문
에 신의 의약품을 사용할 자격이 없다는 것이다.[30]

이와 같이 온천장에 거주하던 이들의 빈민에 대한 인식은 결국 너무
나 '부담스러운' 존재들을 배제하기 위한 일련의 프로그램을 고안하는
배경이 된다. 온천장이라는 지역공동체가 빈민대책으로 착수한 가장

두드러진 공적 조치는 중앙 정부에 탄원을 하는 것이었다. 예를 들어, 1595년 벅스턴 인근의 작은 마을 페어필드(Fairfield)의 주민들은 몰려드는 빈민이 자신들의 지역에 과중한 부담이 되기 때문에 이를 극복할 수 있도록 교회와 목사를 보조해달라는 탄원을 냈다.

벅스턴의 샘에서 병을 고치겠다고 몰려드는 빈민, 병자와 무능한 사람들 때문에 근처 예배당의 주민들은 자신들이 가진 것을 내주며 그들을 구제하느라 매일 시달리고 있습니다. 때문에 정작 예배당에 목사를 둘 수 없는 지경에 이르렀고, 예배당은 허물어져 황폐해가고 있습니다. 따라서 우리 주민들은 예배도 드릴 수 없고, 영적인 가르침도 받을 수 없게 되었습니다. 이를 위해 조속한 조치가 취해져서 예배당이 지속될 수 있도록 보조해주십시오.[31]

이처럼 자신들의 교구에서 빈민구제를 할 수 있도록 정부의 보조를 원하는 경우보다 더욱 심각한 것은 아예 자신들의 지역에 빈민들이 올 수 없도록 해달라는 탄원이었다. 배스와 벅스턴 주민들의 강경한 탄원에 대한 응답으로 엘리자베스 빈민법(Elizabethan Poor Law, 혹은 The Old Poor Law)의 하나로 온천장에 유입되는 빈민들을 제한하는 법령을 제정하기에 이르렀다.

영국의 빈민법

튜더 왕조가 들어서면서 그 기반이 마련된 빈민법[32]은 1495년의 부랑자 조례(Vagrancy Act)[33]를 필두로 1530년대, 1547년, 1572년, 1590년대를 거쳐 다양하고도 숙성된 일련의 법령으로 이어진다. 1597년에 이르기까지 보강을 거듭하면서 발전한 법령들은 1601년에 최종적으로 형태를 갖추게 되는데 이것이 엘리자베스 빈민법이다. 구걸을 금

떠돌아다니는 부랑자는 어느 공동체에서나 위험 인물로 간주되곤 하였다. 16세기 빈민법은 이러한 부랑자를 통제하고자 고안된 것이었다. 그림은 부랑자를 잡아 매질하여 돌려보내는 당시의 관행을 그렸다.

하거나 억압하고, 빈민에게 일자리를 제공하고자 했으며, 보조가 필요한 규모를 미리 책정한다는 측면에서 이것은 기존의 자선기구와 확실한 차이를 보였다.

엘리자베스 빈민법 가운데 온천장에 대한 내용이 구체적으로 거명된 것은 1572년, 1597년의 두 법령에서이다. 1572년 법령에서는 "엄청난 수의 빈민과 병자가 서머싯의 배스와 더비의 벅스턴에 구제와 치료를 위해 몰려들고 있어 두 도시의 주민에게 과중한 부담이 되고 있다. 이에 이들이 짊어진 견딜 수 없는 부담을 덜어주기 위하여 병자나 빈민은 이 두 도시를 찾는 것을 금한다"고 명령하였다.[34] 1572년 법령을 수정한 1597년의 법령은 또 다음과 같이 명시하고 있다.

병자나 빈자는 자신의 출신지나 거주지의 치안판사로부터 통행허가증을 받고, 구걸하지 않는다는 조건을 갖춘 이외의 어떤 경우에도 거주지를 떠나 배스나 벅스턴, 혹은 두 곳 모두에 가서 그들의 고통을 경감해보려고 체류하거나 요양할 수 없다. 또한 그곳까지 가는 동안, 두 장소에서 체류하는 동안, 그리고 돌아오는 동안 그들에게 필요한 소요경비가 보조되어 구걸하지 않을 경우에만 여행이 가능하고, 반드시 자신이 속한 지역으로 돌아와야만 한다. 전술한 여행은 허가증이 있어야만 가능하다. 그렇지 않을 경우 이 법령에 의해 불량배, 부랑자, 그리고 건장한 거지라 공포되어 처벌을 받을 것이다. 또한 이 법령에 의거, 배스와 벅스턴의 주민들은 어떤 경우에도 이들 빈민들을 찾거나 구제하는 부담을 져서는 안된다.[35]

이러한 법령의 중요성은 크게 세 가지 측면에서 찾아볼 수 있다. 우선 배스나 벅스턴이 당시 몰려드는 빈민들 때문에 몸살을 앓고 있을 만큼 전국적으로 지명도가 높은 온천이었다는 사실을 확인시켜준다. 둘째로, 지방공동체의 요청에 의하여 정부가 빈민법을 제정하였다는 한 예를 보여준다는 사실이다. 이는 영국 정부가 중앙 정부의 역량 강화 차원에서 일괄적으로 전국적인 빈민규제 프로그램인 빈민법을 제정, 위로부터 하달하였다는 기존 학자들의 주장과는 다른 예를 제시하는 것이다. 즉, 중앙 정부는 지방 정부의 요청에 부응하여 법령을 제정, 지방 정부의 이익을 존중하는 통치를 수행하였음을 단적으로 보여주는 예라는 것이다. 또한 이 법령은 빈민을 구제하기보다는 오히려 자유로이 이곳을 찾았던 유산계급과 이들 빈민들을 뚜렷이 구분지어, 구매력이 없는 빈민들의 온천장 출입을 원천 봉쇄하려는 정부의 의지를 빈민법에 투영하고 있음을 보여주고 있다.

따라서 이 두 법령에서는 빈민에 대한 자선의 전통, 즉 빈자가 신의 선물인 광천의 혜택을 우선적으로 누릴 수 있다는 관념은 찾아볼 수가 없다. 이는 1550년 에드워드 6세가 수도원 해산 후 각 광천탕에 대하여 "빈민들이 가끔 사용료 없이 무료로 이용할 수 있도록 욕탕 한 개는 따로 배려할 것"[36]이라고 명령하였던 전례에 비추어볼 때 빈민에 대한 정부의 배려가 엄청나게 축소하였음을 반영한다.

온천의 빈민과 관계된 이 두 법령에서 구제라는 차원에서의 빈민법의 의의를 찾아본다면 보조금을 지급하고 통행허가증을 발급하여 온천행을 인가한 부분일 것이다. 이는 빈민법의 기본이 각 교구로 하여금 구빈세를 거두어 교구 내의 빈민을 보조하도록 한 원칙에 근거한 것이다. 이는 교구 내에서 부유한 주민으로 하여금 세금의 기준을 정하고 집행을 관리하게 하는 등 폭넓은 행정적 역량을 부과하는 것이었다. 교구단위의 빈민구제는 의료분야 역시 총괄하는 것으로, 실제로 16·17세기에 빈민의 치료를 위해 출신지역에서 기부금을 갹출하여 온천장으로 보내던 관행은 드문 일이 아니었던 것으로 나타난다.

토머스(J.H. Thomas)는 "특정한 질병치유에 효험이 뛰어나다는 광천이 있는 지역들로 빈민을 보내는 것은 시정 차원의 자선 프로그램으로 빈번히 시행되었다"[37]고 말한 바 있다. 예를 들어 켄들(Kendal)에

사는 네 명의 절름발이 남성을 배스에 보내는 데 노팅엄은 12펜스를 지급하였고, 다리를 저는 소년을 뉴 웰에 보내기 위해 옥스퍼드는 6실 링 8펜스를 지출하였다.[38] 드로이트위치 교구는 1608년 부상병 한 명을 배스로 보내기 위해 30실링을 보조하였다.[39] 웨스트민스터의 성 마 거리트 교구는 정기적으로 병든 빈민을 배스로 보냈다.[40] 또한 스카버 러의 의사 위티는 "출신 교구의 보조금으로 50마일이 넘는 이곳으로 와서 치료를 받은 매우 가난한 정신병자"에 관한 기록을 남기기도 하 였다.[41]

가난한 병자를 온천장에 보내는 관행은 공동체적 차원뿐만 아니라 개인적 기부나 자선에 의해서도 시행되었다. 1612년 솔즈버리 경은 자신이 배스 온천에 체류하는 동안 매주 4파운드를 기부하였다.[42] 랭커셔 에 있는 래섬 온천의 경우 찰스 경은 17세기 중엽 빈민에게 숙박을 제 공하였고, 그 혜택으로 가난한 존 링글리(John Lingley)는 담석을 치료하였다.[43] 체스터에 사는 16세의 존 소프(John Thorp)는 온몸이 아파서 후한 구제의 대상이 되고도 남음이 있으므로 더비의 백작은 그를 래섬으로 보내도록 명하여 광천수를 자유로이 마시도록 하였다. 이같은 조치로 그의 상태는 놀랍도록 호전되었다.[44] 1697년 성 매그너스 샘 에서는 사지의 통증으로 고생하던 빈민이 부유한 방문자의 도움으로 치료를 받은 기록이 있다.[45]

빈민법과 같이 정부에 의해 강제된 교구 차원의 보조보다 개인적 차원의 예들은 중세 이래 자선을 기독교인의 의무로 여기는 전통이 지속되고 있음을 분명히 드러내는 부분이다. 실제로 성직자들은 설교를 통해 온천장을 찾는 이들에게 불쌍한 사람들을 구제해야 한다는 기독교적 이데올로기를 자주 천명하곤 했다. 턴브리지웰스의 콘월리스(H. Cornwallis)는 온천욕을 위해 찾아든 방문객들을 향해 가난한 이들에게 자선을 베풀 것을 권장했다. 자선은 "인간애를 실천하는 길이자 기독교인의 의무이다. 비록 가난한 이들이 우리들 대부분에게 부담으로 여겨지지만 그래도 우리는 빈민들에게 자비로워야 한다."[46]

그러나 온천장의 출입이 합법적으로 허가된 소수의 빈민들조차도 허가증에 의해 일반인들과 확연히 구별될 수밖에 없었다. 이들이 지닌 허가증에는 "매우 가난하고, 이 도시의 욕탕을 이용하여 질병을 치유함에서 좋은 시민들의 도움과 보살핌 없이는 자신을 지탱해나갈 수 없는 사람"[47]이라고 명시되어 있어 이들 도시의 방문객을 고객과 구제의 대상으로 뚜렷이 양분하는 꼬리표와도 같은 역할을 하였던 것이다.

이와도 같은 분위기 속에서 배스의 시장이었던 헨리 채프먼(Henry Chapman)은 시를 홍보하는 책자에서 배스는 "쿼터 세일 때는 [고객을 위해] 빈민들이 물건을 흐트러뜨리지 않도록 그들을 묶어놓는다"라고 자랑스럽게 말하였던 것이다.[48]

이같은 통제는 중앙 정부와 지방 정부의 일치된 합의가 저변에 깔려 있었기 때문에 가능하였고, 이 경우 지방 정부의 주요 관심사는 온천장을 고귀한 엘리트들의 쾌적한 방문지로 만드는 것이었다.

따라서 빈민의 온천행을 보조한 자선의 예에서 온천장과 관련해 제정된 빈민법이 원활한 빈민구제를 목적으로 하는 것이었다고 볼 수는 없다. 더욱이 온천장을 찾는 대부분의 빈민이 이러한 혜택을 누렸다고 판단하는 것은 잘못이다. 허가증과 출신교구의 보조금을 가지고 합법적으로 온천을 방문하던 빈민들보다 구걸에 의지하는 빈민이 훨씬 많았고, 이들의 수는 줄어들지 않았던 것으로 보인다. 배스의 경우 허가증 없이 몰려드는 빈자 중에 심각한 질병을 앓고 있는 이들에 대해 깊은 동정을 느끼던 벨럿(Thomas Bellot)은 1609년 이들을 구제하고자 벨럿 병원을 건립하였다.

이 구빈원은 14개의 방을 갖추고 한 번에 12명까지만 환자를 수용하였다.[49] 벨럿은 "여성에게는 전혀 친절한 마음이 없어서" 여성은 제외하였다.[50] 17세기 초의 기록에 따르면 이곳에 들어올 수 있는 시기는 '온천 시즌'이라 알려진 4월, 5월, 9월로 제한되었고, 최대 4주간 머물

수 있었다. 그리고 전염성이 있을 듯한 질병을 앓았던 환자는 받아들이지 않았다. 구빈원의 기록을 보면 영국 전역과 심지어 아일랜드에서까지 빈민들이 공간이 제한된 이 수용시설에 들어오고자 치열하게 경쟁하였음을 알 수 있다.[51]

그러나 이같은 기구가 세워진 반면 동시에 지방 정부는 몰려드는 유랑민을 내쫓기 위해 시 차원에서 임시공무원을 고용하기를 서슴치 않았다. 17세기 배스의 시정의사록에는 임시공무원의 이름과 급여가 기록되어 있다. 예를 들어 1617년 시평의회는 윌리엄 포드를 유랑자를 쫓아내는 일에 고용하고, 한 사생아를 글로스터셔까지 데려다주기 위해 마운셀을 파견하였다.[52]

중세 동안 여느 공동체와 마찬가지로 전통적으로 시행되던 개인적 차원의 자선도 근세 온천장에서는 현격히 감소되어갔다. 온천장이 개발되기 시작한 초기에는 뜻있는 이들이 우물이나 목욕탕 주변에 '가난한 자의 상자'라는 것을 설치하여 개인적 차원에서 빈민들을 구제하는 데 일조하는 관습이 있었다. 1572년 존스는 벅스턴 온천에서 "빈자들을 돕기 위해 가난한 자의 상자"를 설치하여 광천수를 이용하는 자들이 일정한 금액을 기부하도록 하였다.[53]

그가 이 제도를 제안할 무렵에는 "그 어느 누구도 지갑끈을 꼭 조일 만큼 동정심이 없지는 않을 것"[54]이라고 생각하였는데, 실제로 17세기 초까지만 해도 이 제도는 배스와 같은 기타 온천장에서도 제대로 운영되고 있었다. "공작으로부터 요먼에 이르기까지 [온천장을 찾는] 모든 이들에게 부과된 일정한 액수의 자선금"은 시에서 임명한 정직한 사람들에 의해 관리되었다. 이는 "통행허가증을 가지고 외부로부터 방문하는 빈민을 구제하기 위한 것"이었으며, 이같은 갹출은 "절대 강제적인 것이 아니었고, 좀더 나은 입장에 있는 사람들에게 순수한 의도로 제안된 것"이었다고 전해진다.[55]

그러나 가난한 자의 상자는 오래 지속되지 못했다. 왜냐하면 "이제 빈자는 너무 많고 아주 부담스러운 존재여서 기존의 구제책은 모두 사라져버리게 되었다"는 것이었다.[56] 16세기 후반에 운영되던 가난한 자의 상자라는 전통은 17세기 후반기를 살아가는 사람들의 눈에 "이 시대를 돌아보게 하는 것, 즉 과거의 사람들이 얼마나 신앙심 있고 자비로웠던가를 되새기게 하는 징표"로만 남게 되었다.[57]

벨럿 병원과 같은 구제기관이 성립된 이유와 개인적 차원의 자선행위가 감소된 것으로, 상업화의 진행과 그럼에도 불구하고 끊임없이 찾아드는 빈민, 그리고 그 긴장을 조정하고자 하는 중앙 정부의 의도와의 역학관계를 조망할 수 있다.

그럼에도 유입하는 빈민을 통제하고자 하는 빈민법의 목적은 충분한 성과를 이루지 못하였다. 빈민법이 시행된 후 수십 년이 경과한 17세기 후반에 씌어진 풀러의 지리서는 배스를 묘사하는 가장 큰 특징 가운데 하나로 빈민을 꼽았으며 "배스의 거지라는 말은 이제 명물이 되었다"고까지 말한다.

그는 "하기야 [실제로] 법이란 이들 거지들을 규제하기 위해 매일 만들어지는 것이지만 동시에 만든 이들의 편의에 따라 매일 파기되는 것이 아닌가?"라고 반문한다.[58]

즉, 통제를 위한 이런 법적 조치들은 "주린 배가 짖고, 창자가 우는데 입을 다물라는 것은 불가능한 처사"[59]에 불과하다는 것을 시인하는 셈이다. 그는 온천장을 찾는 빈민의 절실한 처지에 동정을 표하고 난 뒤 "채찍의 기름이 [과거엔] 이들의 나태라는 병에는 좋은 고약보다 더 적절했겠지만, 진짜로 자선이 필요한 이들에게는 동정의 여지가 있어야 한다"[60]고 강조함으로써 근본적인 해결책 없이 이들의 유입만을 규제하는 데 중점을 둔 이 빈민법이 현실성 없는 조치였음을 시사한다. 이와 같은 상황에서 빈민을 통제할 다양한 방법이 온천장 내에서 고안되기에 이른다.

빈민의 격리와 차별

온천 사용료

상업화 과정에서 빈민을 온천장으로부터 배척하는 가장 손쉬운 방법은 입욕료를 부과하는 것이었다. 중세의 성천과 수도원 해산 전의 노천탕이 순수히 무료로 개방되었던 것과는 대조적으로, 이들이 세속인의 손에 넘어가 온천으로 개발되기 시작한 16세기 중반부터 입욕료가 부과되기 시작하였다. 제4장에서 이미 자세히 살펴본 것처럼 배스, 벅스턴뿐만 아니라 소규모의 온천까지도 입욕료를 부과하기 시작하여 17세기 초반이 되면 광천을 이용하려면 어떤 종류든 사용료를 내야 했다.

그런데 이와 같은 조치는 입장료를 낼 경제적 능력이 없는 빈민이 배척되는 결과를 가져왔다. 1600년에는 불과 두어 달 전에 처음 온천이 발견된 체셔의 작은 마을에서조차 입장료 때문에 많은 빈민들이 쫓겨나고 있다는 기록이 발간되었다.[61] 17세기 중엽의 사회문제를 고발하는 한 기록을 보면 "광천을 누가 발견하였든 부자와 빈자 모두가 사용할 수 있도록 해주는 것이야말로 한 나라를 세우는 것보다 더 크고 더 고귀한 자선"이라고 호소하였다.[62] 풀러 또한 "신이 무료로 내리신 선물인 광천을 매물로 만들어 빈민을 배척하는 것은 해악이다"[63]라고 하였는데, 이와 같은 탄식들은 온천장들이 입욕료를 부과함으로써 빈자들을 철저히 배척해나갔던 상황을 반증하는 것이다.

물론 이 과정에서 전통적이고 기독교적인 의무라 할 자선에 관한 개념과 시장경제의 원칙 사이에서 갈등이 일어나고, 그것이 빚어낸 혼돈과 도덕적인 딜레마가 있었다. 성천을 매물화시키는 것이 물의 신비한 효능을 잃게 할 것이라는 죄의식이 그것이다. 루이섬 웰의 한 의사는 "광천이 발견된 후 한 지방유지가 이것을 독점하고 빈민을 배척하며 상업화하려 하자 갑자기 물의 독특한 냄새와 효능이 없어져 버렸다"고 전하면서, "신은 스스로 돌볼 수 없는 빈자를 위하여 이같은 역사를 즉

각적으로 행하였다"고 기록하고 있다.[64] 배스의 의사 귀도 또한 "요금을 부과하면서부터 광천이 효능을 잃었다는 말이 있다"는 기록을 남겼다.[65]

이런 갈등을 표출하고는 있지만, 온천의 의사들 사이에서 순수하게 자선의 차원에서 빈민을 치료했던 사례들은 극히 드물었던 것으로 보인다. 수치료법과 관련된 논문들에서 의사의 치료를 받은 가난한 환자에 대한 사례는 거의 발견되지 않는다. 배스에서 놀라운 치유를 받았다는 환자들의 기록을 모은 『배스 등록부』(The Register of Bath)를 보면 200명의 환자 가운데 단 한 명의 빈민만이 올라 있다. 그럼에도 이 사람은 출신교구로부터 내과의사에게 치료비를 지불할 만큼 상당한 보조를 받았으며, 배스를 세 차례(1684년, 1685년 그리고 1688년)나 방문하였으며, 배스 시의회 의장 집에 머물렀던 아주 특별한 경우였다.[66]

배스 시의 경우 1652년 공식적으로 빈민들에게 "조언을 하는" 의사를 임명하기도 하였다. 한 귀족의 기부금으로 설립된 이 자리는 1652년에서 1700년 사이 베너, 브루어, 피어스, 파커 등 당대 유명한 의사들로 채워졌다. 그들은 직함을 유지하는 대가로 시로부터 상당한 액수의 급료를 받았던 것으로 보이는데,[67] 실제로 그들이 빈민을 치료했는지는 확인할 수 없다.

흥미로운 사실은 의사로서 갖추어야 할 덕목 가운데 자비나 자선, 혹은 인간애와 같은 요소들은 중요한 사항이 아니었던 것으로 나타난다는 점이다. 배스의 저명한 의사들의 활약상을 기록한 『배스의 내과의사들의 삶과 성격』(The Lives and Characters of the Physicians of Bath)에는 배스 시의 빈민치료를 담당했던 의사 모두를 포함한 의료인에 대한 설명이 실려 있다. 그런데 15명의 의료인 가운데 자선행위를 했음이 기록된 사람은 단 하나 레이슨(Leyson)으로, 그는 내과의가 아닌 하급 의료인이었다.[68]

의사가 주관하는 제대로 된 수치료법은 매우 비용이 많이 들었고, 입욕료조차 부담할 수 없는 빈민들이 감히 넘볼 수 없는 영역이었을 것이다. 가난한 사람들이 의료행위를 제대로 받을 수 없다는 사실은 급진적 사회개혁가들에게 중요한 사안으로 대두하기도 하였다. 실제로 내란기에 윈스턴리(Gerrad Winstanley)와 헤링(Samuel Hering)은 국가가 주도하는 의료 서비스를 제안하였다. 즉 국가가 의사에게 급료를 주고 환자들에게는 무료로 의료행위를 제공하자는 것이었다. 또한 국왕을 살해한 쿡(John Cook)은 빈민들에게 무료로 의료혜택을 주어야 한다고 주장하기도 하였다.[69]

그러나 이와 같은 도덕적 갈등은 상업화가 진행됨에 따라 점차 희미해져서 결국 17세기 후반에는 요금을 부과함으로써 "빈자를 이들 온천으로부터 몰아내는 것이 공공휴양지를 제대로 지켜나가는 것"이라는 주장이 팽배해지기에 이른다.[70]

빈자 전용 목욕탕

온천장에서의 빈민에 대한 배척은 또한 공간적 격리라는 형태로 나타났다. 우선 전국에서 모여든 문둥이들 중에 가난한 사람을 따로 수용하는 것으로 공간적 격리가 시작되었다. 이 시대 문둥병이란 현대적 개념의 특정한 질병인 문둥병이 아니라 외상으로 나타나는 거의 모든 피부병을 광범위하게 지칭하는 것이었다. 문둥병 치료에 온천욕은 당대 최선의 치료책으로 알려졌고, 빈부에 관계없이 많은 피부병 환자가 온천을 찾았던 것이다. 그러나 1576년 배스 시가 웨스트민스터의 대수도원장이었던 페커넘(John Feckenham)의 요청을 받아들여 문둥이요양소(Lepers' Hospital)를 건립함으로써 빈민 가운데 문둥이로 구분된 이들의 격리는 시작되었다.[71] "엎지른 꿀에 꼬이는 파리도 여기 몰려드는 거지의 숫자는 안될 만큼"[72] 거지떼가 몰려들었지만 오직 7개의 병상만이 "온천에서 구제를 받아보겠다고 배스까지 온 가장 불쌍한 백성들"을 돕는 데 쓰였다.[73]

문둥이요양소의 부속 건물로 새 문둥이탕이라고 불리는 노천탕이 건설되었다. "매우 작은 규모"[74]였던 노천욕탕의 건설은 매우 중요한 의미를 지닌다. 온천이 본격적으로 상업화되기 전에는 질병의 종류나 빈부의 차이에 관계없이 모든 이들이 함께 노천탕을 이용하였다. 1542년 배스를 방문한 릴런드(John Leland)는 그곳의 노천탕이 "문둥병, 뾰루지, 두드러기, 관절염을 앓고 있는 사람들로 북적거린다"[75]고 기록하였다. 그러나 이제 문둥이탕이 만들어짐으로써 합법적으로 온천을 방문한 빈자들마저도 공공영역으로부터 배척할 수 있는 계기가 마련된 것이다.

격리욕탕은 "전염성이 있거나 끔찍한 질병을 가진 환자를 위한 탕이 따로 만들어져야 한다"[76]는 수치료법 논문들의 이론을 빌려 의학적 차원에서 그 정당성이 주장되었다. 그러나 배스에서 행해진 격리를 의학적 차원으로 보기는 어렵다. 왜냐하면 이 당시 기록들을 살펴보면 부유한 환자의 경우에는 문둥병을 비롯해 어떠한 전염성 질병을 보유하고 있을지라도 공공욕탕으로부터 격리된 예가 없었기 때문이다.

따라서 이처럼 차별적 욕탕을 건립하는 일은 빈민을 공공영역으로부터 물리적으로 배척해 나가고, 통제가 가능한 특정한 곳으로 격리하고자 하는 지역공동체의 고안이라 볼 수 있다. 한 동시대인이 "이 도시의 문둥이탕을 보건대 진짜 가여운 문둥이들만이 그곳에서 구걸하고 있다고 본다"[77]고 지적하였듯이 이들을 공공탕으로부터 몰아내어 가난과 전염성 질병이라는 이중의 낙인을 찍어 문둥이탕에 집어넣었던 것이다.

문둥이들을 격리하는 주요한 원인은 기본적으로 고객에게 최대한의 편의를 베풀고자 하는 상업적 동기에서 비롯된다. 요크셔의 의료인 스태너프는 단적으로 "내 개인 비용을 들여서라도 조금 떨어진 곳에 빈자들을 위한 욕탕을 새로 짓고 싶다"면서 "이는 빈민들이 온천을 이용하지 못하게 하려는 것이 아니고 단지 부유한 고객들의 편의를 보아주고 싶어서"라고 토로한다.[78] 그리하여 17세기 말에 이르면 빈자 전용의 욕탕을 건설하는 것이 일반화되었다.

플로이어는 17세기 말 영국 온천장들을 평가하는 저서에서 벅스턴을 개선하는 최우선적 과제로 타 온천에서처럼 "구제할 가치가 있는 빈민만을 수용"하는 욕탕을 건립하는 일이 시급하다고 강조한다.[79] 여기서는 불쌍한 빈민과 건장한 거지를 나누는, '위로부터 주입된' 구분이 드러난다. 그러나 이 경우 더욱 주목해야 할 부분은 온천욕의 시혜라는 측면에서의 격리이다. 누구를 수용하고 누구를 수용하지 않는가 하는 문제는 전적으로 지방공동체에 달린 것이고, 그들은 격리되어야 하는 대상이라는 것이다. 배스의 내과의 귀도 또한 "가난한 환자들을 쫓아보내는 것이 요즘 영국 온천의 의사들에게 만연한 풍조"라고 기술하고 있다.[80]

즉 온천의 상업화는 이들 빈자들을 부유한 고객으로부터 격리시켜 나감으로써 쾌적한 요양의 장으로써의 온천장을 건립하고자 하였던 것이다. 이같은 연장선상에서 배스의 의사 그레이브스(Graves)는 자신의 돈을 들여서라도 부유한 환자들이 머물고 있는 "우리 병원의 정원을 빈민들이 들여다볼 수 없도록 구빈원의 창문을 막아"버릴 수 있게 해달라고 시에 허가를 구하였다.[81] 이런 노력들로 인해 배스가 최고의 휴양지가 되었음을 홍보하는 책자들이 배포되고, "이와 같은 조치[빈자 격리탕] 등이 취해졌기 때문에 우리 시는 다른 지역과는 달리 고객이 음식을 즐기는 동안에도 끊임없이 들려오던 빈자의 울부짖음과 비명을 듣지 않게 되었다"고 역설하게 된 것이다.[82]

빈민의 치료 담론

이들 온천장에서 빈민을 배척, 격리해나가는 방법은 비단 공간적인 격리뿐만이 아니었다. 당시 수치료법을 다룬 의학서를 보면 빈민의 치료를 부유한 환자들의 치료와는 근본적으로 다른 것으로 담론화하였다. 전혀 다른 형태의 치료법을 제창하여 이들 빈민들이 온천에 오는 것 자체를 근본적으로 차단할 수 있는 이념적 토대를 제공하였다. 여기서 당시의 수치료법 논문들에서 환자를 빈민과 그밖의 두 집단으로 분명히 구분하고 있는 현상은 주목할 만한 일이다. 이는 환자를 구분함에서 사회적 신분이나 직업과 같은 차이가 아닌, 철저히 구매력이 있는 사람과 그렇지 않은 사람으로 나누는 경향이 극단적으로 드러나는 예이기 때문이다. 질병의 대상이 되는 인간을 부자와 빈자로 구분하는 것은 과학을 동원하여 두 집단 사이에 해소할 수 없는 근본적 차이를 공고하게 해나가는 과정이기도 하다.

이와 같은 양극화의 경향은 우선 수치료법에서 주장하는 내과의의 진료와 상담에 대한 강조에서 찾아볼 수 있다. 수치료법에 대한 터너의 첫 논문 이래 "수치료법은 반드시 내과의의 진료와 상담을 통해 이루어져야만 한다"[83]고 의학논문들에서 강조된다. 이것은 내과의와 같은 의료진에게 상담을 구할 수 있는 사람에게는 일반적인 수치료법이 적용되지만, 상담을 구할 수 없는 "빈민을 위한 치료법은 따로 있다"[84]는 주장으로 이어진다. 부유한 환자를 위한 수치료법이 지극히 정교하고 세련되게 발달하는 동안 빈민을 위한 치료법은 미신에 가까운 원시적인 처방만을 고수하는 양상을 보인다.

예를 들어, 온천요법을 받는 부유한 환자가 의사의 보살핌 아래 당시의 첨단 의약품들을 다양하게 취했던 반면 빈민들에게는 다음과 같은 처방이 내려졌다.

만약 빈민이 참지 못할 정도로 목이 타는 통증에 시달린다면/작은 보리를 입에 넣고 한참 있게 하라/그리고 설탕을 조금 먹여라/혹은 오렌지 주스를 마시게 하라/그리고 설탕을 조금 함께 먹게 하라.

만약 빈민이 두통에 시달린다면/얻을 수 있다면 마멀레이드를 조금 먹여라/혹은 고수풀 열매를 먹게 하라/만약 이것들 가운데 어느 하나도 얻을 수 없다면/계란의 흰자를 먹여라/식초와 장미꽃을 물에 개어/혹은 바이올렛이나 가지로 만든 묽은 수프에 타서 먹게 하라/혹은 이것들 어느 하나와 식초를 함께 타서 수건에 적신 후 정수리나 이마에 올려놓도록 하라.[85)]

또한 부유한 환자들은 온천욕 후 감기에 걸리지 않도록 가마에 태워 침대로 옮겨지는 데 반하여 "만약 빈민이 욕탕에서 감기에 걸렸다면 촛불을 코에 가까이 대거나 유리잔을 어깨에 세워두고 움직이지 않도록 시키라"고 처방하고 있다.[86)]

수치료법에서 지나칠 만큼 강조된 '준비과정' 역시 빈민들에게는 필요하지 않다는 것 또한 이들 의학논문에서 반복되고 있다. 긴 준비과정이란 부유한 환자들이 온천에서 오랫동안 체류할 수 있도록 만드는 합법적 구실이기도 하였다. 그런데 "이곳에 오는 부자들은 내과의사와의 상담 아래 준비과정을 준수함으로써 무한한 효과를 볼 수 있지만, 빈민들은 준비기간이 거의 없어도 효과를 볼 수 있다"고 주장하고 있는 것이다.[87)] 왜냐하면 "빈민의 체질은 원래 강하고, 아주 조금만 도움을 주어도 무서운 질병을 이겨낼 수 있는 체질을 갖고 있기 때문"이라는 것이다.[88)]

수치료법의 대가 귀도 역시 "일반 환자들에게 한밤중의 광천욕은 권할 만한 것이 아니지만, 빈민들은 워낙 조금 먹고 조금 마실 만큼 체질이 강인한 터라 밤목욕조차 효과적이다"라고 쓰고 있다.[89)] "사치, 무절제, 게으름, 식도락 등이 유행"하기 때문에 부자환자는 수치료법으로 완쾌시키기가 어렵다고 의사들은 불평하기 시작했다.[90)] 부유한 환자들의 취향에 따라 수치료법 자체도 극도로 호사스러워졌던 반면 "가진 것이 없는 빈민일 경우 가난한 사람의 집일지라도 깨끗한 곳에서 묵을 수 있는 행운만 얻는다면 바로 낫는다"고 말한다.[91)]

따라서 부자와 빈민은 앓고 있는 질병의 종류 역시 크게 다른 것으로 묘사되었다. 온천을 찾는 빈민들이 대부분 "사지와 뼈마디의 통증"을 호소하는 반면 부자들의 처방은 "두통, 결석, 궤양 그리고 멜랑콜리"
등을 대상으로 하는 것이 대다수를 차지했다.[92] 이와 같이 이들 수치료
학 논문들은 부유한 이들과 가난한 이들을 각각 체질 자체가 다른 두
종류의 인간으로 설정했으므로 이 두 계층에 내려지는 처방전이란 다
른 두 종류의 생물에 해당되는 것만큼이나 달랐던 것이다.

  이런 경향은 급기야 온천요법은 빈민들에게는 적절치 않은 것이라는
주장과 더불어, 광천요법을 대치할 만한 처방을 빈민들에게 권함으로
써 빈민이 온천을 찾을 동기마저 말살하는 경향을 보이게 된다. 귀도는
"광천수를 구입할 능력이 없는 자들은 먼 곳까지 올 필요 없이 간단한
치료법을 찾는 것이 낫다. 보통 샘물에 소금을 약간 섞고, 조금 데워서
마시는 편이 낫다고 본다"고 주장한다.[93] 따라서 과거 "신이 공평하게
내리신 선물"이었던 광천수의 혜택을 부자들이 내과의사와의 상담과
치료 아래 "다른 약제들의 도움을 받아" 오랫동안 온천에 머물며 누리
는 동안 빈민들은 온천에 올 필요조차 없이 "만약 얻을 수 있다면 달걀,
식초, 그리고 마멀레이드를 섞은 소금물"로 치료를 꾀하도록 권장되었
던 것이다.[94]

  구제와 치유라는 전통적 자선을 기대하고 몰려드는 빈민과 이들에
대응하는 온천장이라는 지방공동체의 다양한 대처방법은 16·17세기
영국에서 빈민을 보는 의식의 변화를 뚜렷이 반영하는 예이다. 여기서
빈민은 자선의 대상도, 소요를 일으킬 만한 위협도, 쓸데없이 게으름을
부리고 있는 잠재적 노동력도 아닌, 구매력을 갖춘 부자에 상반되는 개
념으로써 전통적 자선을 기대하고 시대착오적으로 찾아든 귀찮은 무임
승차자일 뿐이었다.

  상업화를 추진하던 온천장들이 빈민의 유입에 부담을 느끼게 되어
중앙 정부의 개입을 요청함으로써 빈민법의 몇몇 법령이 제정되었으나
몰려드는 빈민을 규제하는 데는 한계가 있었다. 이에 지역공동체는 그
나름의 다양한 방법을 강구해나갔고, 이 과정에서 기존의 사적 구제기

구들이 시장경제가 파급되는 과정에서 무력해지는 현상도 함께 지켜볼 수 있었다.

그러나 이같은 다각적 노력이 과연 얼마만큼이나 유입되는 빈민들을 줄일 수 있었는지는 알 수 없다. 하지만 상업화 과정은 분명 온천장 내의 사회적 양극화를 촉진하였고, 이를 정당화하는 사회적 분위기가 팽배하였음이 나타난다. 이와 같은 맥락에서 이 책은 비단 온천장뿐만 아니라 당시 영국의 다른 상업화의 장에서도 이들 빈민을 보는 시각이 유사할 수 있었음을 시사하고자 한다.

또한 빈민법과 같은 구제와 처벌이라는 일괄적 법적 제재 이외에 당대인들이 시도한 다각적 대처방법이 있었음을 제시하고자 한다. 아직 무임승차자로서의 빈민이라는 개념이 1834년 신빈민법의 제정에 이르기까지 어떠한 변천을 겪었는가 하는 문제는 풀리지 않고 있는데, 이는 자본주의와 복지라는 두 가지 문제에 봉착한 근대 영국사회의 변동을 조망할 수 있는 하나의 중요한 실마리가 되리라고 본다.

6

쾌락의 탕

벅스턴,
우유처럼 다스한 물로 명성을 얻은 곳
다시는 내가 볼 수 없을 곳, 안녕
• 스코틀랜드의 메리 여왕

노는 날이면 런던의 숙녀들이 놀러 나온다.

혼자 빈둥거리고 싶을 때

창녀들이 보통 때보다 더 좀이 쑤실 때

들로 나와서 암내를 풍기며 어슬렁거린다.

원기왕성한 젊은이들과 어린 아가씨들이

풀밭에서, 건초더미에서, 혹은 산울타리 아래서 얽힐 때

육체와 악마가 몹시 맹위를 떨칠 때

아가씨는 치맛자락을 잘 여며야 하리.

......

우리는 다른 죄인들의 안식처를 향해 산책을 한다.

라임나무들이 줄지어 있고,

서투른 바이올린쟁이가 끔직한 연주를 들려주는 곳,

놈팽이들은 바람기 있는 여자를 꿰어차고

현숙한 아내들은 딸들을 데리고

모여들어 물을 홀짝거린다.

어떤 이는 마시고, 어떤 이는 싸고,

어떤 이는 앉아 있고, 어떤 이는 걷는다.

　·에드워드 워드, 「이즐링턴 가는 길」[1]

　온천장은 비단 건강을 회복하는 요양소만은 아니었다. 그곳은 근세 영국 사람들에게 다양한 오락을 제공하는 곳으로 가장 발달된 레저의 장이기도 하였다. 1660년 위티는 "나는 많은 사람들이 병을 고치기 위해서가 아니라 즐기기 위해서 온천장에 간다는 것을 알고 있다. 그들은 심각한 일들로부터 벗어나고 친구들과 더불어 위안을 얻기 위해서 가는 것이다"라고 말했다.[2]

　영국 역사상 레저를 논함에서 18세기 결정론이 지배적이었다는 것을 부인할 수 없을 것이다. 플럼이 『18세기 영국에서 레저의 상업화』(*The*

Commercialization of Leisure in Eighteenth-Century England, 1972)[3]를 발간한 이래 역사학자들은 영국에서 레저의 조직화나 상업화는 17세기 후반 이후, 특히 18세기의 일이라 치부해왔다. 이런 맥락에서 역사학에서 레저와 온천장을 연결지어 고찰하는 것 역시 왕정복고 후, 특히 중간계층이 제법 형성되고, 그들 사이에 공유하는 문화라는 것이 신문과 같은 대중적 커뮤니케이션의 발달에 힘입은 18세기의 현상으로 파악한다. 보세이도『영국 도시 르네상스』(*The English Urban Renaissance*, 1989)에서 "왕정복고 후, 특히 1690년대 이후에나 광천은 레저를 위해 찾아드는 손님을 맞게 되었고 진정한 휴양지가 되었다"고 말한다.[4]

이에 더하여 온천장을 역사연구의 대상으로 삼았던 학자들은 휴양을 위해 온천을 찾는 관행 자체가 1663년에야 처음으로 도입되었다고 주장하기까지 한다. 이런 주장들은 크게 두 가지 사실을 전제로 하여 성립된 것이다. 첫째, 오랫동안 프랑스에서 망명생활을 하였던 찰스 2세가 프랑스 궁정의 사람들이 여름이면 온천장을 향해 떠나는 것을 보고 영국에 돌아온 후 그 관습을 도입하였다는 것이다. 따라서 왕과 왕비가 배스와 턴브리지웰스를 찾았던 1663년을 온천장의 탄생기로 보는 것이다.[5]

둘째, 왕정복고 이후를 온천의 탄생으로 보는 시각에 따르면 그 이전까지 내란에 휩싸여 있던 영국의 분위기로 보아 레저를 추구하기에는 너무 금욕적이었다는 것이다. "왕정복고 이후에야 영국인들은 아주 오랜 청교도적 통치를 벗어나 진정으로 즐거움을 추구할 준비가 되었다"[6]는 시각이 그것이다.

그러나 이런 주장들은 영국에서 여흥을 추구하는 분위기가 아주 오랫동안 지속되어왔음을 간과하고 있다. 나아가 대륙의 영향과는 별도로 영국에서도 일찌감치 생겨난 하계 휴양──즉 피서──이라는 관습을 전혀 고려하고 있지 않다. 같은 맥락에서 중세 이래 지속되어온 '기분

전환을 위한 여행의 목적지'로서의 온천장의 성격을 파악하지 못한 결과라 볼 수 있다. 즐거움을 추구하는 튜더-스튜어트 시대의 영국인들은 수치료를 받는다는 명분 아래 온천을 찾았고, 그런 이들의 수요에 맞추어 온천장은 이미 탄생기인 16세기 중반부터 레저의 장이 되었던 것이다.

온천장의 두 얼굴

16 · 17세기 영국에서 여름 여행을 떠나는 것은 최소한 귀족들 사이에서는 보편적인 관행으로 자리잡은 듯하다. 1550년대부터 벅스턴은 귀족층의 피서지로 각광받았다. 웬트워스, 슈르즈버리 백작, 레스터 백작, 워릭 백작, 펨브룩 백작 등 당대의 쟁쟁한 귀족들이 그곳을 찾았다. 슈르즈버리 경의 보호와 감시 아래 스코틀랜드의 여왕 메리는 여섯 차례나 벅스턴을 방문하였다. 모여드는 귀족들의 숙박문제 때문에 1560년대에는 4층짜리 홀이 건설되었다. 1572년 한 해에만도 열아홉 명이 넘는 귀족들이 벅스턴의 서늘한 기후를 즐겼다.[7]

배스 역시 16세기 중반부터 상류층에게 애호되던 피서지였다. 펨브룩 백작은 배스 시를 적극 후원하던 후견인으로, 1572년 엘리자베스 여왕의 방문을 주선하기도 한 것으로 알려져 있다. 세실 가문은 레스터와 워릭의 백작들과 마찬가지로 16세기 후반에 셀 수도 없이 이곳을 찾았던 것으로 알려진다. 1570년에서 1600년에 이르는 사이에 열 명이 넘는 백작들과 열세 명이 넘는 귀족들이 배스 시를 방문하여 천혜의 광천수뿐만 아니라 그곳에 모여든 명망 높은 사람들과 교우를 즐겼다. 이들 귀족들의 온천장 방문 때는 정부에서도 후원했던 것으로 알려진다. 예를 들어 체임벌린 훈스던 경(Lord Chamberlain Hunnsdon)이 1600년 배스를 방문할 적에는 추밀원이 가신들과 짐의 운송을 위하여 스무 마리의 말과 다섯 대의 짐마차를 내주었다.[8]

배스 시의 펌프 룸 외관. 1705년에 세워진 이곳은 물을 마시는 공간이자 사교의 장이었다.

왕이나 여왕, 혹은 왕실 사람이 온천장으로 피서를 떠나는 일 또한 빈번하였다. 1613년과 1615년 두 차례에 걸쳐 앤(Anne, 덴마크 출신의 영국 왕비)은 배스를 방문하였는데, 그녀는 공중목욕탕에서 목욕을 한 최초의 왕실 사람이었다.[9] 제임스 1세는 즐겨 찾던 사냥터인 에핑 포리스트(Epping Forest) 근처 원스테트(Wansteat)에 온천을 건설한 장본인이기도 하다.[10]

헨리에타 마리아(Henrietta Maria)는 특히 온천장을 즐겨 찾은 왕비로서 웰링버러, 턴브리지웰스, 배스 등 여름마다 당대 유명한 온천장을 번갈아 방문하였다. 찰스 1세는 대부분의 경우에 궁신들을 데리고 그녀와 동행하였다.[11] 제3대 노스 경인 더들리에 의해 발견된 턴브리지웰스는 1630년대에 이르러 '정신(廷臣)의 온천장'으로 알려지게 되었다.[12]

내란의 혼돈 속에서도 온천장을 찾는 관행은 이어졌다. 배스에는 평상시와 마찬가지로 귀족들이 몰려들었다. 찰스 2세와 옥스퍼드로 피난

하고 있던 여왕은 1644년 배스를 방문하여 체류하였다.[13] 온천으로의 피서행을 프랑스에서 수입했다고 알려진 찰스 2세는 사실 1645년 이미 어머니와 함께 배스를 찾았다. 심지어 크롬웰 치하에서도 국무회의는 1650년과 1654년 사이에 중요한 정치범들을 배스에 보내어 요양시킨 일도 있다.[14] 뿐만 아니라 전쟁의 와중이었던 1650년대에 바넛(Barnet), 캐슬턴(Castleton), 위더슬랙(Witherslack)과 같은 곳에서 온천이 발달하기 시작하였다.

따라서 기존 주장과는 달리 청교도의 엄격한 지배 아래서도 온천을 찾는 관행은 지속되었고, 그 관행은 찰스 2세가 프랑스로부터 수입한 것이 아니라 16세기 중반부터 계속 존재해왔던 것이다. 만약 수입된 것이 아니라면 영국에서 온천장으로 피서를 떠나는 관행이 언제부터, 왜 나타나게 된 것일까?

휴양의 장

제1장에서 살펴보았듯이 기분전환을 위한 여행의 역사는 중세의 순례로부터 그 기원을 찾을 수 있다. 종교개혁으로 인해 여행의 목적지인 순례지가 폐쇄되고 순례 자체가 금지되자 일상으로부터의 탈출은 새로운 목적지와 새로운 형태의 여행의 정당성을 획득해야만 했다. 여기서 나타난 것이 광천이고 온천장이다. 따라서 온천으로의 여행은 중세 순례의 연장선에 있다고 볼 수 있다.

그런데 온천행이라는 것은 치유라는 목적을 강하게 띠고 있어서 원칙상 온천은 피서지나 휴양지보다는 요양원에 가까운 것이었다. 따라서 심각한 질병이 없는 경우에도 사람들이 오락이나 여흥, 즐거움을 위해 온천행을 떠난 이면에는 온천과 레저를 연결짓는 레저의 장으로서의 온천의 부상에 대한 또 다른 설명이 필요하다.

튜더-스튜어트 시대는 시골 휴양지에 대한 유행이 시작되던 시기였다. 이런 움직임은 우선 환경에 대한 새로운 이해에 따라 나타난 변화이다. 근세 영국의 경우 환경을 인식함에서 극단적인 이분법이 나타나기 시작하는데 자연스러운 것과 인공적인 것이라는 대별적인 범주가 그것이다.[15] 이런 구분 아래서 시골이란 자연스럽고도 건강한 곳으로 상정되고, 반대로 도시는 인공적이며 건강에 해로운 곳으로 상정되었다. "시골은 자연스러움의 기준을 만들고, 그곳을 기점으로 도시의 삶은 건강에 위험요소가 많은 곳"으로 인식되었다는 것이다.[16]

이런 이분법적 사고가 등장하게 된 것은 런던의 대도시화와 무관하지 않다. 더불어 르네상스 이후 자연과학에 대한 재발견 가운데 '자연'에 대한 관심이 높아진 경향 또한 새로운 환경론의 배경이 된다. 아이작 월턴(Issac Walton)의 저작 『낚시대전』(*The Compleat Angler*)이 커다란 성공을 거둔 사실이 뒷받침하듯이 런던의 공기와 환경이 지극히 해롭다는 주장들이 여기저기에서 제기되기 시작하였다.[17]

사람들은 도시의 조밀한 인구밀도를 잠재적 위험으로 파악하게 되었고 전염병이 돌 때는 도시를 빠져나가야 한다는 생각이 퍼져나갔다. 슬랙의 『튜더-스튜어트 시대 영국에서의 전염병의 영향』(*The Impact of Plaque in Tudor and Stuart England*)에서 볼 수 있듯이 이 시기의 사람들이 전염병을 미리 예상할 수 있는 질병으로 파악하기 시작했다는 것 자체가 환경과 건강 사이의 연관관계에 대한 지식이 증가하였음을 보여준다.[18] 비록 공중위생이나 개인위생 모두 근대적 기준에서 보아 낙후되어 있었지만 여유가 있는 사람들은 전염병이 돌 때에 도시를 빠져나가 시골에 체류하게 되었다.

특히 17세기가 되자 비단 상류계층뿐만 아니라 사회 전반적으로도 도시의 열악한 환경에 대한 집단적인 불만과 비난이 쏟아져 나오기 시작했다. 특히 템스(Thames) 강 연안과 셰필드(Sheffield), 뉴캐슬(Newcastle)의 유황과 탄소를 함유한 대기에 대한 불만의 목소리가 강하게 터져나왔다.[19] 즉 런던의 공기는 특히 건강에 해로운데, "매연, 악취, 그리고 답답한 공기는 시골에 비해 훨씬 건강에 좋지 않다……. 아픈 사람들은 시골로 옮겨가야만 한다"[20]는 주장이었다. 런던이 얼마나 지저분하였는가 하는 단적인 예로 런던에 대역병이 돌 때 옥스퍼드에 있는 대학으로 피신했던 찰스 2세의 궁성이 "굴뚝에도 서재에도 연료창고며 지하의 포도주 저장고에도 구석구석 배설물이 쌓여 있었다"는 이야기로 대변된다.[21]

이런 상황에서 사회의 중간층에 널리 퍼져나간 건강지침서를 보면 자연적인 환경의 가치를 고양시키며 시골의 공기, 음식과 시골 풍광과 더불어 운동까지 권고하고 있다. 로버트 버턴 역시 시골 환경에서의 다양한 스포츠가 멜랑콜리를 치유하는 좋은 방법이라고 쓰고 있다. 이런 경향은 시골을 비단 건강에만 좋은 환경이라고 설정하고 있는 게 아니라 도덕적 측면에서도 도시에 비해 월등한 가치를 지닌 곳으로 올려놓고 있음을 주목해야 한다.

흔히 산업화와 더불어 나타났다는 도시악의 폐해에 관한 관념, 즉 선한 시골과 퇴폐적인 도시라는 이중적 등식이 16세기부터 나타났던 것이다. 이는 최소한 담론상으로는 토머스(Keith Thomas)가 지적하였듯이 "시골 사람들이 더 건강할 뿐만 아니라 도시 사람들보다 도덕적으로도 훨씬 더 존경할 만하다는 것이 17·18세기 영국 문학에서 의도적인 주제"[22]였다는 주장과 바로 연결지어 생각할 수 있는 문제이다.

이 시기의 작가들은 육체적 건강과 정신상태 사이의 밀접한 관계에 대한 확신을 갖고 있었던 듯하다. 버턴의 저작이 그렇듯이 도시생활은 육체뿐만 아니라 정신적으로도 심각한 폐해를 가져온다는 것이다. 존 그란트(John Graunt)는 "런던에서 사는 사람들의 사고는 공동작업이나 운동에 가까운 일을 하는 시골 사람보다 훨씬 더 일에 매여 있다. 시골에서의 일들이란 생식을 원활하게 하는 반면 도시에서의 걱정근심은 생식을 방해한다"라고 말한다.[23] 심지어 로더릭 랜덤(Roderick Random)은 도시에서는 인식의 기준조차 뒤바뀌어서 사악하고 부정한 것에 대한 변태적인 기호가 승리하고, 고의적인 악취가 퍼져나가는 것을 허용하는데, 그 이유는 그와 같은 옳지 못한 것들이 너무 쉽게 용인되기 때문이라고 주장한다.[24]

따라서 건전한 시골과는 달리 도시란 변태적인 행위의 중심지로, 도덕적 오염의 온상으로 묘사되곤 하였다. 이와 같은 이분법적 인식은 정치적 영역에도 영향을 끼쳐서 궁정과 시골이라는 다분히 인위적인 구분을 만들어냈다. 영국의 내란을 설명함에서 강력한 한 원인으로까지 풀이되는 이 구분은 철저히 문화적인 스테레오타입에 근거한 것으로 도시에 위치한 궁성이 "부패하고, 여성적이고, 로마-가톨릭을 숭배하며, 반역적인" 특성을 지니고 있다면, 반면 시골은 "미덕이 살아 있고, 애국적이고, 프로테스탄트적이며 자유를 사랑하는" 사람들이 사는 곳으로 설정되었던 것이다.[25]

도시와 시골이라는 개념상의 공간적 구별에 더하여 시간적 구별 또한 피서를 부추긴 원인이 될 것이다. 일반적으로 당시 도시 사람들이 도시환경에 가장 불만을 느끼던 기간은 여름이었던 것으로 나타난다. 그 이유로는 무엇보다도 여름이 전염병에 가장 쉽게 노출되는 기간이었기 때문일 것이다.[26] 때문에 여름은 최소한 상류층에게는 "권태롭고 불만에 가득 찬" 계절로, 도시를 벗어나 시골에서 휴양하는 최적의 시기로 선택되었다.[27] 따라서 신년부터 6월로 이어지는 런던 시즌 직후에 시골에서 요양을 하는 여름 시즌이 발달하게 되었고, 18세기가 되면 일년은 런던 시즌과 흔히 배스 시즌이라 불리는, 온천장으로 휴양을 떠나는 시즌으로 분명히 나뉘게 되었다.

피서의 장

온천장은 시골로 피서를 떠나는 이들에게 최적의 장소였다. 우선 명목상 건강회복을 위한 요양소를 대표하는 곳이었기 때문이다. 광천수는 온갖 질병을 고칠 수 있는 만병통치약으로 알려져 있었고, 지금도 마찬가지지만 당시 사람들 가운데 한두 가지 건강상의 문제가 없는 사람은 없었을 것이기 때문이다. 그러나 광천수라는 것이 온천장을 가장 매력적인 휴양지로 만든 유일한 이유는 분명 아니었다. 시골에 위치한 온천장의 맑은 공기와 평온한 풍광 또한 런던과 같은 대도시가 가질 수 없는 또 다른 장점이었다. 매콜리 경은 턴브리지웰스를 일컬어 몸에 좋은 시골 자연의 온갖 장점을 갖추고 있다고 말한다.

> 샘에서 1마일도 안되는 곳에 보통 오두막보다 훨씬 더 깨끗하고 깔끔한 오두막들이 풀밭 위에 흩어져 있다. 이들 가운데 일부는 이동이 가능한데, 목초지의 한쪽에서 다른 쪽으로 썰매처럼 밀고 갈 수 있다. 런던의 매연과 소음에 찌든 멋쟁이들은 여름철에 신선한 공기를 마시고 시골 생활의 한 단면을 맛보기 위해 이곳으로 온다.[28]

때문에 온천장의 의사들은 광천뿐만 아니라 온천장이 위치한 시골이 건강에 좋은 환경을 갖추고 있다는 것을 열심히 홍보하였다. 1572년 존스의 논문 이래 벅스턴과 관련된 수치료학 논문들은 이곳의 빼어난 자연환경과 신선한 공기를 수치료법의 중요한 전제 가운데 하나로 설정하였다. 물론 이 과정에서 다른 온천장의 자연환경을 비하하는 일도 빈번하였다. 존스의 경우 다분히 라이벌 온천장인 배스를 겨냥하여 "영국 남부 대부분 지역의 공기는 연령 고하를 막론하고 몸에 해롭다"면서 벅스턴의 공기가 "가장 몸에 좋다"고 주장했다.[29] 반면 런던과 비교적 가까운 위치에 있다는 장점을 가진 엡섬, 턴브리지웰스는 벅스턴을 의식하여 자신들 온천장 역시 벅스턴 못지 않은 신선한 공기와 청량한 시골 환경을 갖추고 있다고 자랑하였다.

이렇듯 광천수와 좋은 자연환경이라는 전제 이외에도 온천장이 최적의 피서지가 될 수 있었던 또 다른 이유로는 바로 온천장이 제공하던 다양한 오락과 여흥을 들 수 있다. 상류층은 장기간 머물던 온천장에서 무료함을 달랠 수 있는 오락거리와 그것을 함께 즐길 수 있는 같은 계층의 사람을 만날 수 있었다. 그들이 "자신의 시골 영지에 돌아가서 신분도 맞지 않고 매너도 형편없는 족속들에게 싸여 무료함과 고독 속에서 시간을 보내는"30) 것보다 온천장에 모여드는 것을 선호하는 것은 당연한 일이었다.

이러한 연유로 도시를 벗어나 사교의 목적으로 온천장으로 모여들던 이들에게 노는 일, 즉 여흥과 레저를 추구하는 일은 광천수보다 훨씬 더 중요한 일이었다. 1663년 턴브리지웰스를 방문한 그라몽 백작 (Count Grammont)은 "건강을 위해서라기보다 기분전환을 위해 오는 사람들이 훨씬 많기 때문에 이곳의 분위기는 명랑하고 즐거움으로 가득하다"라고 기록하였다.31) 17세기 말 배스를 방문하였던 미송 (Misson)은 "수천 명이 그곳에 가서 몇 주씩이나 지내면서 공공탕이나 광천수는 거들떠보지도 않고 맘에 맞는 친구들과 노는 데 여념이 없다"고 보고한다.32)

의학논문에서도 이같은 기록을 심심치 않게 발견할 수 있다. 그런데 의사들은 그런 그들을 비난하기보다는 오히려 인정하고 심지어 격려하기까지 한다. 휴양이란 "마치 기계에 기름칠을 하는 것처럼 [칼을] 날카롭게 갈아서 더 잘 자를 수 있도록" 하는 것과 마찬가지라는 것이다.33) 이는 중세의 순례처럼 여행이나 낯선 장소에서의 체류가 정신적인 청량함과 위안을 주어 일상으로 복귀했을 때 더 나은 능률을 기대할 수 있다는 논리이다. 따라서 꼭 치유목적이 아니더라도 여흥을 목적으로 온천장을 찾는 일이 사회적 관습 차원에서 용인되는 분위기였다고 볼 수 있겠다.

17세기의 문학작품 역시 온천행의 목적을 레저 활동으로 묘사한 경우가 많은데, 「턴브리지 멋쟁이를 위한 지팡이」(A Rod for Tungridge Beaus)라는 시를 예로 들어보자.

긴 휴가의 무료한 시간,

남자들은 놀거리를 찾아

시골 요양지로 향한다.

비용도 아끼고 스포츠도 할 수 있지.

이제 시내 술장수들은 서랍을 열고 닫을 일이 없네.

……

매춘부들과 변호사들이 한 운명을 나눌 때,

시내는 마치 버려진 듯하이.

템스 강변의 모든 마을이

도시의 멋쟁이들과 아가씨들로 북적거릴 때,

술장수들은 무뚝뚝한 아내를

햄스테드로, 시골 별장으로 보낸다네.

그리고 레저를 즐기는 사람들은

도시와 먼 시골의 즐거움을 추구한다네.[34]

이 시에서 노래하듯이 여행의 표면적인 이유는 "심신의 이상을 치료하기 위해/턴브리지의 물은 나의 내장을 씻어주리라"는 것이지만 실제 여행은 "내 맘에 꼭 드는 놀 거리를/난 꼭 찾으리라고 기대한다/그곳엔 안락함이 있을 것이고/좋은 것들과 좋은 친구들이 있을 것이니"였다는 것이다.[35]

스포츠와 사교의 장

건강에 좋다는 환경 아래서 온천장은 다양한 여흥을 제공하였다. 우선 온천장은 근세 영국에서 런던 다음으로 가장 활발한 스포츠의 장이었다. 스포츠는 특히 온천요법에서 빠질 수 없는 보조기제로 홍보되었기 때문에 온천장에서 스포츠 활동이 활발히 일어난 것은 당연한 일이었다. 수치료법에서 격렬한 운동은 상대적으로 금지되었던 반면 의사들은 산책, 볼링, 승마 등의 비교적 가벼운 운동은 적극 추천하였다. 다양한 게임 또한 일종의 운동의 범주에 들어가 추천되었는데, 그 근거란 게임은 어쨌든 신체의 움직임을 수반하기 때문이라는 것이었다. 특히 1572년 존스의 논문에서 추천하고 있는 게임과 스포츠는 당대의 것을 거의 망라하고 있을 만큼 다양하다. 그는 게임과 스포츠를 권함에서 남성과 여성을 분리하였다.[36] 때론 허약 체질의 남성인 경우에는 여성과 비슷한 운동을 처방하기도 하였다.

온천장에서 가장 인기 있는 스포츠 가운데 하나로 테니스를 꼽을 수 있다. 비단 온천장뿐 아니라 테니스는 일반적으로 근세 영국에서 상당히 각광받던 스포츠였다. 테니스는 16세기의 가장 대중적인 건강지침서인 『건강의 안식처』(*The Haven of Health*)에서도 "최고의 운동"으로 꼽히고 있다.[37] 종종 온천장의 주민과 방문객들이 함께 이 운동을 즐긴 것으로 나타나는데, 특히 배스에서는 테니스 경기 후 모두 뜨거운 공공탕으로 뛰어들기도 하였다.[38] 테니스와 더불어 일반적으로 구기 종류는 16세기에 인기 있는 스포츠였는데 온천장의 경우 윈드 볼(wind ball)과 얀 볼(yarn ball) 등을 즐겼음이 나타난다. 수치료학 논문에서는 종종 최상의 치료효과를 위해 이들 운동을 어떻게 병행하는가 하는 자세한 지침을 발견할 수 있다.

셋 혹은 넷이 함께 하는 윈드 볼 혹은 얀 볼의 경우 너무 격렬하지 않게 하는 것이 중요하다. 편리한 장소에서 각 팀은 자기 자리를 지킨다. 토스는 매우 좋은 운동이 될 수 있는데, 그것은 스트라이크와 같은 정도의 힘을 쓰지 않기 때문이다. 즉 거친 움직임을 피하면서도 한번에 빠른 운동을 하는 것이다.[39]

공놀이. 16세기 영국에는 다양한 구기가 있었다. 현재의 테니스나 배구와 비슷한 공놀이나 잔디 볼링은 종종 수치료법과 병행되곤 하였다.

벅스턴은 매사냥과 활쏘기로 유명하였다. 이 둘은 온천장에서 즐기던 스포츠 가운데 가장 귀족적인 것이었다. 의사들은 이 두 스포츠에 대해서도 역시 자세한 지침을 주곤 하였다. 예를 들어 활쏘기는 "가장 귀족적인 운동이기에 그것이 적합하고 즐길 수 있는 사람이 해야 한다. 손잡이가 있는 석궁보다는 장궁을 쓰는 것이 좋다. 그럼에도 불구하고 어쩔 수 없는 경우, 예를 들어 익숙치 않거나 허약하거나 실수를 할 경우에는 석궁을 쓰는 것도 허용된다."[40]

그러나 온천장의 의사들이 환자에게 가장 높이 추천하던 운동으로는 볼링을 들 수 있다. 그 이유는 당시 의사들이 볼링(잔디 볼링)을 가장 부드러운 운동으로 보았기 때문이다. 그러나 아마도 이는 당시 영국에서 계층을 초월하여 가장 널리 보급된 운동이 볼링이었다는 사실이 그 배경에 있을 것이다. 온천장에서도 마찬가지로 볼링이 가장 인기 있는 스포츠였다. 온천장을 홍보하는 저술들은 앞다투어 아주 쾌적한 볼링 잔디가 깔려 있음을 강조하곤 하였다. 벅스턴의 볼링장은 "무화과나무로 둘러싸여"[41) 있었고, 배스 시에는 세 개 이상의 볼링장이 있었던 것으로 보인다.

1650년대에 턴브리지웰스에는 새로이 두 개의 볼링장이 더 만들어졌고, 1660년대 엡섬에는 최소한 두 개의 볼링장이 있었는데 그 가운데 하나는 워털루 하우스(Waterloo House) 안에 있던 것이었다.[42)

볼링의 장점은 비단 운동 자체가 격렬하지 않다는 것뿐만 아니라 많은 인원이 함께 참여할 수 있는 집단 스포츠라는 점에 있다. 따라서 볼링은 온천장에 모여든 사람들 사이에 자연스러운 만남과 친분이 생길 수 있도록 하는 사회적 행사라는 장점을 갖고 있었다. 편을 갈라서 하는 스포츠라서 방문객들과 주민들 사이에 평등한 교류가 이루어질 수 있었음은 물론이다. 또한 탁 트이고 넓은 야외공간인 볼링장에서는 그 밖의 다양한 스포츠가 펼쳐지기도 하였다. 에드워드 워드의 『배스를 향해 한 걸음』(*A Step to the Bath*)에서는 배스 시의 볼링 잔디 위에서 벌어지던 경기가 얼마나 활기찬 장면이었는지를 다음과 같이 묘사한다.

저녁 다섯시 무렵에 우리는 볼링장에서 펼쳐지는 큰 경기를 보러 나갔다. 높으신 양반들, 의사와 성직자들, 잘 나가는 상인들, 부도난 은행가, 알 만한 소매상들, 변호사 나부랭이들, 도시의 멋쟁이들, 묶여 사는 도제들, 춤선생 등 사람들이 아주 많았다. 맞춰라, 맞춰라, 맞춰라, 한쪽에서 말한다. 빗나가라, 빗나가라, 빗나가라 다른 쪽에서 외친다. 숫자 오에 십 기니를 걸고, 난 잭을 뒤집는다. 또 다른 사람이 말한다. 에이, 내가 모시는 경이 외치기를 나의 이 멋진 손가락들이 볼을 놓쳤다, 그리고 실수로 비뚜로 나갔다. 또 다른 이는 땅바닥의 모양을 샅샅이 알고 있다고 말하며 그의 볼이 들어오면 오 파운드를 쥐게 될 거라고 호언장담한다. 그러나 곧 도시민들이 궁신의 돈을 따고 궁신들은 시민의 아내와 딸들에게 복수를 하겠다고 맹세한다.[43]

영국의 온천장들이 본격적으로 연회장을 갖추기 시작하는 17세기 중반까지 볼링 잔디는 무도회나 공연이 펼쳐지는 장소도 겸하였다. 엡섬에서 톨런드(John Toland)는 "서로 경쟁하던 두 볼링 잔디도 잊을 수 없다. 아침에 각자 하고픈 일을 찾아 논 후에 저녁이면 모두 아름답게 꾸미고 그곳에 나타났다"고 말하였다.[44] 배스의 볼링 잔디 역시 "저녁이면 춤추는 사람들로 뒤덮였다"고 기록되어 있다.[45] 1663년 턴브리지웰스에서 그라몽 백작은 "저녁이 오면 각자 자신의 숙소에서 나와서 볼링 잔디에 모인다. 이 세상 최고의 융단보다 더 부드러운 잔디 위에서 춤을 추고 싶은 사람들은 야외에서의 무도를 즐긴" 한편 "구경꾼들은 무엇이 되었든 걸고 싶은 곳에 내기를 건다"고 기록하고 있다.[46]

볼링 잔디가 아주 중요한 사교의 장이 되자 작은 규모의 신흥 온천장들은 다투어 볼링장을 광천 근처에 만들기도 하였다. 시싱허스트 파크에 있는 뉴 스파의 홍보용 인쇄물에는 "마을 근처에 대규모의 볼링장이 있는데 조만간 광천 근처에 하나 더 개장할 예정입니다"라는 내용이 들어 있다.[47]

사교라는 측면에서 보면 볼링장만큼이나 중요한 곳은 산책로였다. "서로 만나자마자 친숙함이 싹트게 되는 곳"이라는 말에서 볼 수 있듯이 온천장을 찾은 방문객들 사이에 첫 대면이 이루어지는 곳이었다.[48] 산책로가 미처 구비되지 못한 온천장들은 아름다운 산책로를 꾸미려고 노력하였는데, 두 줄로 나무를 심어 산책하는 이들에게 적당한 그늘을 제공하였다. 방문객들은 나무 아래서 "때때로 아침이나 점심식사를 드는가 하면 가벼운 한잔이나 파이프"를 피우기도 하였다.[49]

엡섬의 산책로에서 이루어지던 사교의 모습을 엿볼 수 있는 톨런드의 기록을 인용해보자.

거기서 산책하는 사람들의 대화를 듣노라면 마치 당신이 증권거래
소나 성 제임스 근처의 단골 술집에 서 있는 듯한 느낌이 들 것이다.
누구는 동인도에 있는 공장에 대하여 말하고, 누구는 서인도의 플랜
테이션을 이야기하는 동안, 또 다른 누군가는 플랑드르에 있는 군대
나 대양에 있는 함대에 대한 이야기를 한다. 정보나 재미 모두에서
당신이 놓칠 만한 내용은 하나도 없다.[50]

배스의 산책로에서도 마찬가지여서 위드는 말하기를 "이 아름다운
산책길이야말로 마차로 보자면 제2의 하이드 파크이고, 온갖 멋쟁이와
아가씨들로 보자면 제2의 성 제임스 공원이다."[51]

산책로는 보통 광천을 기점으로 뻗어나간 형태로 형성되곤 하였는
데, 종종 사교의 장뿐만 아니라 공중화장실의 역할을 담당하기도 하였
다. 당시 온천장의 사람들은 유황이나 철분과 같은 다양한 물질이 함
유된 물을 갈아 마실 때 종종 일어나는 급작스런 배출을 당연시했던
것 같다. 심지어 그런 광경들은 일종의 볼거리처럼 유쾌하게 묘사되기
도 한다. 1663년 엡섬의 산책로에서 피프스는 "덤불 속 여기저기에서
엉덩이를 치켜올리는 것을 보는 일은 매우 즐겁다"라고 쓰고 있으니 말
이다.[52]

온천장들은 이 산책로가 노천화장실로 쓰이고 있다는 것을 잘 인지
한 듯하다. 종종 홍보용 책자에서는 방문객들의 '아주 급한 상황'을 잘
해결해줄 산책로에 대하여 언급한다. 랭커셔의 래섬 온천에 관한 문헌
에는 "샘물 곁에는 자연이 부여해준 요구에 대하여 남성과 여성 모두가
서로 예절을 지키면서도 산책과 배설을 동시에 해결할 수 있는 완벽한
편의시설이 갖춰져 있다. 키 작은 관목과 다양한 묘목들이 필요에 따라
쓰일 수 있다"고 적힌 흥미로운 구절이 있다.[53] 턴브리지웰스의 경우

턴브리지웰스를 거니는 상류층의 한가로운 모습으로 18세기 초의 그림이다.

1636년이 되어서야 남녀 별도의 화장실이 설치되었다.

　온천장의 공공방목지 또한 다양한 오락이 펼쳐지던 장소였다. 1663년 피프스가 기록한 바에 따르면 엡섬 온천을 방문한 사람들은 공터의 나무 아래에서 함께 노래를 부르기도 하였다.[54] 시싱허스트에 있는 뉴 스파에는 "드넓은 방목지가 있는데, 그곳에서 경마가 펼쳐졌다."[55] 엡섬의 풀밭에서는 "승마, 사냥, 경마, 활쏘기, 그리고 온갖 게임과 운동이 펼쳐져서 몸과 마음의 청량제 역할을 했다."[56]

　사실 이 당시 영국에서 엡섬의 경마는 널리 알려져 있다. 경마는 헨리 2세 때부터 시작된 것으로, 엘리자베스 여왕은 1585년 크로이던(Croydon)에서 열린 경마를 직접 관전하기도 한 것으로 알려져 있다. 엡섬의 경우 16세기 후반부터 원시적 단계의 경마가 있어왔지만 17세기에 그 규모가 커지면서 온천장을 찾는 방문객들에게 빼놓을 수 없는 여흥이 되었다. 심지어 1648년 왕당파들이 엡섬의 풀밭에서 경마를 관전한다는 핑계로 회합을 가졌을 정도였다.[57] 엡섬의 공터는 "하이드 파크와도 같은 곳으로 매일 정오에는 경마가, 오후에는 도보경주와 레슬링 등이 펼쳐졌다."[58]

　온천장에서는 지방색을 띤 다양한 경기가 펼쳐지기도 하였다. 앞서 언급하였지만 산악지대인 벅스턴은 매사냥으로 유명한 곳이었고, 엡섬은 월요일 밤마다 펼쳐지는 돼지사냥으로 널리 알려져 있었다. 배스에서는 소년들이 공공탕 주변에 모여 있다가 뿌연 물속으로 뛰어들어 손님이 던지는 은화를 물고 나오는 진기한 광경이 연출되었다.[59] 소년들에게 보상이 주어졌음은 당연하다. 피프스가 1668년 배스를 방문하였을 때 "킹스 배스에서 소년에게 다이빙을 시키고 1실링을 주다"라는 기록을 남겼다.[60]

또 다른 사교의 장은 커피하우스를 들 수 있다. 17세기 초반부터 영국에서는 저녁 때 커피하우스에서 만나서 담소를 나누는 것이 새로운 유행이 되어가고 있었다.[61] 기록에 따르면 온천장에는 런던보다 더 빨리 커피하우스가 나타난 것으로 보인다. 1636년 턴브리지웰스에 최초의 커피하우스가 나타난 후 다른 온천장들에서도 앞다투어 생겨났다. 원래 이것은 남성들의 끽연실 옆에 여성들을 위한 휴식 공간으로 세워진 것이었다.[62]

그러나 이후 두 장소 모두 비슷한 서비스를 제공하며 휴식과 사교 두 기능을 충족시키게 되었다. "방문객들이 반 크라운의 입회비를 내면 파이프를 피우고, 신문을 읽을 수 있고, 기타 비슷한 종류의 특혜를 받을 수 있도록 하는 것이 상례였다."[63] 1684년에 『런던 가제트』(*London Gazette*)는 온천 시즌 중에 우편물이 런던과 엡섬을 매일 두 차례 오간다고 공지하였다.[64]

다른 온천장에서도 커피하우스는 '일반적인 회합'이 이루어지는 중심지가 되었다. 엡섬의 몇몇 커피하우스는 "누구나 아는 사람을 만날 수 있는 곳"이었는데 "사교라는 측면에서 본다면 이 나라에서 이에 버금가는 데는 몇 군데가 되지 않을 듯한데, 내 생각에는 다른 곳들도 여기처럼 되었으면 좋겠다"는 평가가 있었다.[65] 한 잔의 커피를 앞에 두고 보내는 한가한 시간에 "온갖 나라의 뉴스를 접할 수 있는" 장소가 바로 그곳이었다는 것이다.[66] 온천장의 방문객들은 아침을 커피하우스에서 시작하면서 "증권거래소의 주식중매인처럼 새까맣게 모여든 바보들, 얼간이들, 시골지주들, 도시의 멋쟁이들과 독설가들"을 만났다.[67]

음악과 춤과 공연의 장

음악 또한 온천장에서 빼놓을 수 없는 중요한 요소였다. 샘물 근처나 공공탕 옆, 때로는 숙소에서까지 음악을 연주하는 음악가들이 상주하였다. 배스에서 피프스는 "숙소에 온 음악가의 연주실력이 런던에서도 들어본 적이 없을 정도로 훌륭해서 5실링을 주었다"[68]고 썼다. 1654년 이블린은 "음악은 그 도시의 여흥 가운데 매우 인상적이었다. 한 음악가는 바꿔친 아이(요정이 앗아간 예쁜 아이 대신 남겨진 작고 못난 아이) 역할을 하는 것으로 유명한데, 정말 그는 신기할 만큼 흉내를 잘 냈다"고 기록했다.[69]

턴브리지웰스와 엡섬에서 음악은 새로운 방문객 집단이 오는 것을 알리는 역할을 하기도 하였다. "도착과 더불어 각 가족은 우선 음악으로 환대받는다. 음악가들은 항시 대기하며 새로 도착하는 가족마다 환영하였는데 그들에게 자신의 재산, 지위와 성격에 따라 반 크라운 이상의 답례를 하는 것이 예의였다."[70] 밤에는 오케스트라를 형성하여 산책로에 흩어진 군중들에게 음악을 선물하였다.[71]

음악은 온천장을 아주 매력적인 휴양지로 만들 뿐만 아니라 수치료법의 한 요소로서도 이용되었다. 의사들은 음악을 듣는 것이 치료에 훨씬 더 효과가 있다고 생각하였다. 1572년 존스는 수치료법을 시행하기 며칠 전부터 환자들에게 음악을 듣게 하였는데 "선율은 정신을 청량하게 하고, 기운을 북돋우며 멜랑콜리를 달아나게" 하기 때문이라는 것이다.[72] 턴브리지웰스의 메이든은 수치료법이 반드시 음악과 병행되어야 한다고 주장했다.

1768년에 건축된 배스 시의 대연회장. 그 이전까지 배스에 모여든 방문객들은 시청이나 개인 주택의 연회장에서 회합을 갖곤 하였다. 17세기 말부터 배스 시는 MC(Master of Ceremony)를 두어 대연회를 비롯하여 시에 형성된 사교계의 관리를 맡겼다.

　　음악은 비장에 해독제이다. 왜냐면 선율은 체질과 성격을 부드럽게 달래주면서 정상적으로 움직이게 하는 동시에 춤추고 싶게 만든다. 여러분도 알다시피 음악은 건전하고 심지어 경건한 사람도 자신의 의지와 상관없이, 혹은 심지어 딴 생각을 하더라도 들리는 음악에 맞추어 몸을 움직이게 하는 힘이 있다.[73]

　　음악이 있는 곳에 춤이 있는 것은 당연한 일이다. 의사들은 춤 또한 음악과 더불어 치료의 일종으로 처방하기도 하였다. 그러나 온천장에서의 춤은 분명 치료제라기보다는 사교와 오락의 성격이 짙었다. 온천장들이 연회장을 건설하기 시작하는 1650년대 이전까지 무도회는 시청, 그 지역 유지의 저택, 심지어 풀밭과 볼링 잔디 등 그야말로 가능한 모든 곳에서 개최되었다.

배스의 무도회 광경은 다음과 같이 묘사되었다.

　무도회는 항상 시청에 있는 매우 큰 방에서 열렸는데, 무도회 때문에 개축한 곳이다. 무도회가 열리는 동안 사람들이 들고나는 것을 통제하기 위해 문을 지키는 사납게 생긴 관리 몇 명은 꼭 길드홀에 있는 기괴한 입상들처럼 난폭하게 생겼다. 아주 멋진 춤잔치였다. 악기와 성악의 다양하고 감미로운 음악이 훌륭한 음악가들에 의해 연주되었고, 달콤한 마른 고기류와 맛이 풍부한 포도주가 하인들에 의해 제공되었다. 오늘밤 무도회를 연 귀족부인은 남들과 구별되는 눈에 띄는 멋진 옷을 입고 나타났는데, 그것은 일종의 관습이다. 무도회가 파하기 전에 다음날의 개최자를 뽑는데 웨일스에서 온 신사에게 돌아갔다.[74]

　턴브리지웰스에서는 개인 숙소에서 무도회가 열리기도 하였는데, 1663년 그라몽 백작의 기록에 따르면 캐서린 왕비의 아파트에서도 열렸다고 한다. 여왕이 무도회를 연 까닭은 "의사가 추천했기 때문인데, 아무도 그것이 잘못된 처방이라고 생각지 않았을 뿐더러 무도회를 별로 좋아하지 않는 사람들조차도 환영하던 처사였다. 왜냐하면 어차피 광천수를 마신 이상 운동은 해야 하는데 걷는 것보다는 춤이 낫지 않겠는가"[75]라는 것이었다.

　배타적인 귀족들의 무도회말고도 공공무도회의 경우 배스나 엡섬과 같은 몇몇 온천에서는 시즌인 여름 동안 거의 매일밤 개최되었다. 배스시의 경우 그 수요에 부응하기 위해 시청을 확대 보수하기까지 하였다. 턴브리지웰스에서 일반 모두 입장할 수 있는 무도회는 일주일에 두 번 열렸으며 신사들은 반 크라운, 숙녀들은 1실링을 내고 입장할 수 있었다. 엡섬에서는 광천의 땅주인인 파크허스트가 근처에 커다란 건물을 짓고 70피트가 넘는 무도장을 만들기도 하였다.[76] 17세기 후반 브리스틀의 온천이 알려지면서 방문객들이 몰리기 시작하자 시 당국은 샘 근처에 서둘러 연회장을 지었다.[77] 1690년대에는 배스, 턴브리지웰스, 엡섬 등도 연회장을 갖추게 되었다.[78]

좀더 조직적인 여흥으로는 연극, 백파이프 연주, 트럼펫 연주, 텀블러(공중제비 넘는 곡예사) 공연, 합창단 공연, 곰 놀리기와 같은 공연이 있었는데, 이는 온천장에서 쉽게 찾아볼 수 있었다. 엘리자베스 여왕 시대에는 이미 영국 전역을 떠돌며 공연하는 극단들이 많이 있었다. 유행을 주도하던 당대 엘리트층 가운데는 직접 극단을 소유하거나 후원하는 경우도 종종 있었다. 16세기 후반부터 온천장은 유랑극단들에게 매우 중요한 공연장이 되었는데, 그 이유는 부유한 관람객들을 상대로 비교적 장기간 공연이 가능하였기 때문이다. 또한 귀족들은 다투어 자신이 소유한 극단을 불러들여 위세를 떨치곤 하였다.

때로는 온천장 공동체 자체에서 당시 유명한 극단을 초청하기도 하였는데, 그러한 경우는 일정한 금액을 미리 제시하고 흥행 여부에 따라서 웃돈을 주는 식으로 계약이 체결되었던 것으로 나타난다. 이 계약에는 공연시 즉석에서 관객들로부터 걷어들이는 '객석으로부터의' 팁이 병기되어 있곤 했다.

배스는 특히 극단들이 선호하던 공연장이었다. 1570년에서 1607년 사이에 애드미럴 경(Lord Admiral)의 극단은 무려 열 차례가 넘게 공연을 하였고, 같은 기간에 엘리자베스 여왕의 극단은 열두 차례의 공연을 펼쳤다. 워릭 백작의 곰 놀리기단은 1576년, 곡예팀은 1588년에 배스를 방문하기도 했다. 여왕의 곰 놀리기단 역시 1593년과 1602년에, 더들리 경의 곰 놀리기단은 1594년에 배스에서 여름을 났는데 이들 모두 배스 시의 후원 아래 이루어진 공연이었다. 16세기 후반부터 배스 시는 시장이었던 채프먼의 주도 아래 곰 놀리기단을 시 차원에서 양성하기도 하였다.[79]

이처럼 온천장이 제공하던 여흥은 아주 다양하였기 때문에 "노는

호가스의 「닭싸움」(1759). 닭싸움, 곰 놀리기, 도박과 같은 여흥은 온천장에서 흔히 볼 수 있는 광경이었다.

프로그램에 관한 한 잠시도 쉴 틈이 없다"는 말이 나오게 되었던 것이다.[80]

쇼핑의 장

빈민을 제외하고 온천장을 찾는 이들은 대부분 경제적으로 여유가 있었다. 이들에게 온천장이 제공할 수 있던 또 다른 레저 활동으로 쇼핑을 들 수 있을 것이다. 쇼핑을 레저 활동의 하나로 파악하는 경향은 최근 사회학자들의 연구에서 활발히 논의되는 사안이다. 물론 그들 연구는 대량생산이 시작된 산업사회를 기본으로 설정하고 있기는 하지만, 근세사회에서 쇼핑 또한 분명히 레저 활동으로서의 성격을 지니고 있다고 볼 수 있을 것이다.

얀센베베크(Mariam Jensen-Vebeke)는 쇼핑을 레저 활동으로 볼 수 있는 이유로 무엇보다도 "개인의 자유로운 선택에 의해 이루어지는 것"이라는 점을 꼽았다. 이 분석은 개인의 자율권이라는 요소를 두고

곰 놀리기. 곰을 사슬에 묶어두고 개로 하여금 물어뜯게 하는 잔인한 놀이이다. 이 유혈 스포츠는 16세기 영국인들 사이에 계층을 초월하여 인기가 높았다. 여왕은 물론 귀족들도 전속 곰 놀리기단을 갖고 있을 정도였다.

볼 때 일이란 다분히 강제적으로 부과되는 행위이고 여가는 개인의 선택이라는, 다소 이분법적으로 일과 여가를 구분하던 사회학의 영향을 반영하는 것이다. 또한 그는 쇼핑이 강한 레저 활동으로서의 성격을 갖고 있다는 근거로 쇼핑이 이루어지는 장소가 상당히 도시화된 곳이고, 그 도시적인 다양성이 환경적 측면에서 매력으로 작용할 수 있다는 점을 든다.[81]

　이런 분석을 근세 온천장에 적용해보자면, 우선 쇼핑 자체가 개인의 자유영역에 속하며, 온천장이라는 장소 자체가 가정이나 일터를 벗어난 새로운 경험을 하는 곳임을 감안해볼 때 근세 온천장에서의 쇼핑 역시 레저 활동이라 볼 수 있다. 특히 온천장을 찾는 방문객들의 입장에서 생활필수품이 아닌, 그 지역만의 독특한 물건들을 살 수 있는 쇼핑은 아주 즐거운 오락거리가 아닐 수 없었다. 더구나 상당히 오랜 기간 체류를 해야 했던 사람들로서 쇼핑은 무료함을 달랠 수 있는 즐거운 경험 가운데 하나였을 것이다.

앞서 살펴보았듯이 온천장의 경제활동은 대부분 외부에서 들어오는 방문객들에 의존하고 있었던 만큼 그들의 기호에 부응해야 할 필요도 있었다. 상설시장을 가진 배스 시의 경우 1580년대에 새로운 시장건물을 건설하였고 1626년에는 개축을 위해 200파운드나 되는 비용을 지출하였다.[82] 이러한 노력들은 배스를 찾는 관광객들에게 상당히 깊은 인상을 심어주어서 "온갖 육류와 생선들이 갖추어져 있는데, 특히 온천 시즌에는 많은 물량에다 가격도 저렴하다"라고 기록되어 있다.[83] 매일 여는 시장 이외에도 배스에는 당시 첨단 유행에 뒤지지 않는 재단사, 구두장이, 모자장수, 장갑장수를 비롯, 귀금속 상점, 가발가게, 주류만을 특화해서 취급하는 상점들과 오르간 상점 및 프랑스식 빵을 파는 가게도 있었다.[84]

배스보다 상대적으로 규모가 작거나 상설 건물이 없는 온천장에서는 시즌 중에 특별시와 같은 형태로 시장이 열렸다. 턴브리지웰스에서는 1636년 여름에 산책로가 확장된 후 노변시장이 들어섰다. 노변시장은 매일 방문객들이 물을 마시는 몇 시간 동안 열렸는데 "숙박시설이 상당히 멀기 때문에 방문객들이 오는 시간에 맞춰 장사를 하기 위해서"[85]였다. 이는 이 시장이 전적으로 온천을 찾는 방문객을 위한 곳이었음을 의미한다. 1662년부터는 노변시장 건너편으로 "온갖 종류의 우아한 액세서리를 파는 가게들, 레이스, 스타킹과 장갑 등을 파는 가게들이 길게 늘어섰다."[86] 또한 1680년에는 상설시를 개설할 허가를 따냈는데,[87] 이는 전적으로 온천의 발달에서 비롯된 것이다. 1687년에는 노변에 세워진 가건물들이 화재로 탄 후 상설시를 위한 새 건물이 들어서기도 하였다.[88]

여름 한철 열리는 시장은 먼 곳에서 장사꾼들이 찾아들 만큼 장사가 잘 되었던 듯하다. 매콜리는 "여성용 모자를 파는 사람들, 장난감장수들, 보석상인들이 런던에서 내려와서 가판을 열었다"고 기록한다.[89]

17세기 중반부터 턴브리지웰스에서는 심지어 지방특산품을 개발하여 상품화하기도 하였다. '턴브리지 특산품'이라고 불리는 나무로 만든 그릇으로, 이후 전국적으로 유명해진 제품이다. 이 그릇들은 "여름철이면 방문객들에게 날개돋친 듯 팔려나갔는데, 특히 집으로 돌아갈 때 친구들에게 선물하는 것이 관례가 된 덕분"[90]이었다. 턴브리지웰스에서 얼마나 쇼핑거리가 다양했는가는 다음 시에 잘 나타나 있다.

　　도시와 시골의 즐거움이 만나는 그곳
　　그 유명한 생 제르망 시장에 있는 것과 같은 가게들
　　접시, 달콤한 육포, 상상을 초월해
　　그릇의 종류가 다양한 것도 빼놓을 수 없지
　　여기에도 상인들, 저기에도 상인들이 보인다네[91]

엡섬 역시 "여성용 모자장수, 보석상, 장난감장수와 책장수, 그림장수, 모자장수, 구두장수, 생선장수와 푸줏간을 비롯한 아주 많은 가게들"이 들어섰다.[92] 그런데 엡섬은 또한 히글러(higlers)라 불리는 일종의 보따리장수들로 유명하였다. 그들은 사치품에서 음식에 이르기까지 다양한 상품을 가지고 숙박업소를 돌았다. 전적으로 게으른 휴양객들을 위한 이 '움직이는 시장'은 엡섬의 자랑거리였다. "너무나도 게으르거나 혹은 위엄 있는 귀부인들, 특히 카드놀이로 밤을 샌 사람들은 침대 곁으로 필요한 것들을 가져오게 한다. 히글러와 흥정이 끝나면 초콜릿 한 접시를 다 비우고 저녁거리를 사려고 다시 부르기 전까지는 낮잠을 잔다."[93]

상류층 모방의 장

화폐경제가 발달하고 상업화가 진행됨에 따라 상품이나 서비스의 소

17세기 말 턴브리지웰스의 전경

비가 많아지는 사회에서는 과거와는 다른 형태의 '구별짓기'가 탄생하게 마련이다. 특히 신분이동이 활발해질수록 신분간의 구별짓기는 새롭고도 다양한 형태를 낳기도 한다. 앞서 살펴본 대로 16 · 17세기 영국에서 서비스라는 것이 상품의 일종으로 상업화가 이루어지면서 서비스를 살 수 있는 구매력 자체는 일정한 신분의 표지가 될 수 있었다. 이제 온천행 자체가 근세 영국에서 일종의 사회적 엘리트라는 구별짓기의 기제가 될 수 있다는 것이다.

온천장은 신분상승을 꿈꾸는 자들에게 매우 중요한 장소였다. 궁정과 같이 출입이 제한되어 있지 않고 누구나 드나들 수 있는 곳이었고 다양한 계층 간의 교류 또한 비교적 개방되어 있는 분위기였다. 온천은 '비시즌 때의 궁성'이라고 불릴 정도로 종종 왕과 왕비 및 왕실의 사람들을 비롯하여 귀족들이 머물던 곳이었다. 따라서 그들을 근거리에서 직접 보거나 한정된 공간에서 함께 있을 수 있다는 것만으로도 사회 최상류층에 대한 동경을 품고 있는 사람들이나, 특히 높으신 양반들에게 잘 보여서 출세해보겠다는 야망을 가진 기회주의자들에게 온천은 매우 특별한 공간이었을 것이다.

온천장은 정치색이 강한 풍자문학에서 단골무대로 등장하며 "나랏일을 관장하는 곳"이라는 별명을 얻기도 했다.[94] 특히 궁정의 엘리트들에 대한 정치적 비판은 종종 그들이 여름철이면 장기간 수도를 비우고 놀기에만 바쁘다는 비난으로 이어지기도 하였다. "배스의 물이 턴브리지만큼 좋지 않은가? 아니면 엡섬의 물은 그 두 곳만큼 좋지 않은가? 나는 광천수가 얼마나 좋은지는 잘 모른다. 하지만 그것이 재커바이트(Jacobits : 망명한 영국왕 제임스 2세의 지지자)의 대가리들을 씻어내 줄 만큼 좋지는 않다는 것은 잘 안다."[95] 따라서 이런 글들은 "의회는 턴브리지나 배스에서 열린다고 볼 수 있다"[96]고 비꼬기도 한다.

그러나 온천장에 모여든 상류계층들은 수치료법과 레저 두 분야 모두에서 최고의 에티켓과 매너라는 것을 수립하게 마련이었고 그들의 행동은 유행을 창출하기도 하였다. 따라서 비록 소수였지만 첨단 유행의 중심에 있는 사람 주위로 그들을 모방하고자 하는 사람들이 모여들었다. 이들 상류계층을 가장 열심히 따라하고자 한 사람들은 중간계층이었다. 시골 신사로부터 잘 나가는 상인에 이르기까지 온천장에 모여드는 사람들은 '품위 있는 계층'의 '넘쳐나는 매너'를 열심히 학습하였다. 턴브리지웰스에서는 흥청망청 놀고 즐기는 상류계층 주위로 "건실한 젠트리들이 매년 모여들어" 상류사회의 광채를 열심히 넘겨다보는 광경이 목격되었다.[97] 넘어야 할 신분의 벽이 아직은 높았던 이 시절에 온천장은 최고의 엘리트들을 보고 배울 수 있을 뿐 아니라 게임과 여흥을 통해 심지어 가벼운 접촉이나 대면이 이루어질 수 있던 곳이었다.

그러나 단순히 같은 공간에 있다는 것이 그들 사이에 놓여 있던 신분의 장벽을 허물거나 심지어 일종의 평등과 같은 느낌을 가질 수 있었을 것이라고 보아서는 안될 것이다. 스포츠와 같은 경기에 함께 참가하는 경우에서 신분적 구별이라는 것이 오히려 더욱 두드러지게 나타나는 결과를 가져오곤 했기 때문이다. 즉 계층 간의 구별은 물리적으로 같은 공간에 놓였을 때 더욱 가시적으로 나타난다는 것이다.

16 · 17세기 영국은 아직도 위계질서가 강한 사회였고, 그러한 질서는 보이지 않게 존재할 뿐만 아니라 의상, 말씨, 매너와 같은 것으로 표현되며 강화된다. 따라서 상류계층에게 온천장은 자신들의 신분적 우월성을 가시적으로 드러내고, 다양한 방법으로 그 우월성을 강화해나갈 수 있는 장소가 될 수 있었다는 것이다. 따라서 신분상승을 꿈꾸며 상류층을 모방코자 하는 이들 바로 눈앞에서 상류층은 자신들만의 우아함을 뽐낼 수 있었고, 어쩔 수 없이 드러나는, 혹은 고의로 드러내는 차별적인 계층 간의 장벽은 긴장과 동경, 그리고 좌절을 낳을 수도 있었다.

그럼에도 분명히 중간계층이 온천에 간다는 것은 그 자체로 자신들의 지위를 확인시키는 일종의 사회적 특권이 되었다. 따라서 분명 이들에게 온천행은 베블런(Thorstein Veblen)이 제기한 대로 '과시적 소비'의 성격을 띠고 있었다.[98] 온천장 주변을 맴도는 것 자체가 자신들이 마치 상류계층에 속한 것처럼 느끼게 하는 자기최면이자 전시효과를 노린 성격이 강했다는 것이다. 피프스는 온천장에 모여든 이들이 "물론 조금 나은 지위의 사람들이 있기는 하지만 대부분이 평범한 시민들"이라는 점에 끊임없이 놀란다.[99] 엡섬에서는 "세상에, 내가 얼마나 많은 시민들을 만났는지……. 난 그들이 여기 올 만큼 돈이나 머리가 있다고 생각해본 적이 없는데!"라고 외치기도 한다.[100]

특히 중간계층의 여성들에게 온천장은 상류층의 패션을 모방할 수 있는 최적의 장소였다. 따라서 중간계층, 특히 부유한 런던 상인들 사이에서 아내를 근처 온천장에 보내는 것은 일종의 관습이 되었다. 교외의 맑은 공기와 더불어 상류사회 숙녀들을 보고 배우며 교양을 쌓아오라는 취지였다. 엡섬과 같이 런던 가까이 위치한 온천은 특히 런던 상인들에게 인기가 있어서 오후 일과를 끝낸 후 남편들은 아내와 조우하

20세기 초 프랑스의 에비앙레뱅 온천. 17세기 이후 오랫동안 온천행은 사회적 지위를 나타내는 일종의 표지이기도 하였다.

기 위해 그곳으로 달려가곤 하였다. 그러나 아내들이 배운 것은 우아한 예절뿐만은 아니었던 듯하다. 역시 런던 근교의 이즐링턴 온천에서 만난 상인의 아내들에 대해 워드는 이렇게 노래한다.

상인의 아내들, 바로 그 시내의 보석들,
추파와 눈짓으로 유혹하네.
그들의 삶을 이끄는 본보기는 궁정에서 나온 것이니,
사랑스런 남편을 이용하라, 마치 정신(廷臣)들이 자기 아내를 이용
하듯이.
그러나 그건 눈속임일 뿐 진짜 보물은 숨겨두었지

정부를 두어라, 남자들이 창녀를 두듯이, 즐거움을 위해서…….[101]

　온천에 가는 것으로 신분적 표지를 삼으려는 경향은 사회 저변부로 확대되는 경향이 있었다. 이즐링턴 온천에서는 런던 시내의 도제들을 자주 볼 수 있었다. "도제들은 용감한 모험을 하네/계약서를 조금 더 침범하네/여주인의 하녀들을 대접하는데/주인이 잠들었을 때 들어갈 수 있도록 하기 위해."[102] 작업장에서 일하던 이들은 긴 여행이 현실적으로 어려웠다. 따라서 당일로 다녀올 수 있는 이즐링턴, 햄스테드, 새들러 웰과 같은 런던 근교의 온천들이 매우 인기 있는 장소였다. 이들은 힘든 일상에서 벗어나 휴식의 시간을 가졌을 뿐 아니라 질적으로는 차이가 있겠지만 '온천'에 갔다는 것 자체만으로 신분적으로 우월한 이들 사이의 관행을 공유한다는 일종의 충만감을 느꼈을 것이라고 볼 수 있다.

　온천행이 일종의 신분적 표지가 되어간다는 사실은 17세기 말부터 시작되어 18세기에 본격적으로 형성된 전국적 규모의 결혼시장이 온천장에 형성되었다는 사실과 관계가 깊다. 특히 배스는 혼기를 앞둔 자녀를 결혼시장에 내놓는 중심지가 되어갔다. 스톤(Stone)은 "18세기 중반에 이르면 군 단위의 지역 결혼시장과 런던과 배스를 중심으로 하는 전국적인 결혼시장 두 개가 형성된다"[103]고 말한 바 있는데, 전국을 범위로 놓았을 때 런던보다 지방출신들이 더 용이하게 접근할 수 있었던 곳이 온천장에 형성된 결혼시장이었을 것이라는 추측이 가능하리라 본다.

무질서와 방종의 장

　레저의 장으로서의 온천장에서는 즐거움에 대한 추구가 종종 지나쳐 무질서와 방종을 낳기도 하였다. 중세 순례자들 가운데 성스러운 목적보다 세속적인 즐거움을 추구하는 이들도 있었던 것처럼 그 연장선상에 있는 온천행 역시 비도덕적인 요소를 내포하고 있었던 것이다. 여행을 정당화하는 표면상의 이유가 성천을 찾는 것이든 혹은 광천을 찾는 것이든 여행에 수반되는 일상으로부터의 탈출, 새로운 곳이라는 공간은 종종 일반적인 기준에서의 도덕적 억제가 쉽게 무너질 수 있는 배경을 제공하는 것이라 볼 수 있겠다. 온천에서의 방종은 다양한 형태로 나타나지만, 특히 과음, 도박과 성적 문란이 비난의 대상이 되었다.

방문객들의 과음과 그에 따른 무질서한 행동은 모든 온천장에서 만연하였다. 이미 1550년대부터 벅스턴 온천은 인근 주민들이 모여들어 방종을 일삼는 곳으로 유명해졌다. 우물가에서는 "젊은이들이 몸을 씻거나 목욕을 하는데, 술을 홀짝거리거나 마구 마실 뿐만 아니라 담배를 피우고 춤을 추기도 한다."[104] 켄트에 위치한 루이셤 온천에서 한 의사는 "일요일마다 런던과 그밖의 지역에서 온 사람들이 피우는 엄청난 소란을 간과할 수 없다. 그들은 물을 마신다는 핑계로 와서는 성스러운 주일에 신성모독을 일삼고 있다"고 말한다.[105]

16세기 후반부터 17세기 중반까지 영국에서는 일요일을 안식일로 설정, 아무것도 하지 않고 하루를 온전히 신에게 바쳐 기도를 하며 보내야 한다는 청교도들의 주장이 팽배한 상황이었다. 따라서 일요일엔 교회에 걸어갔다 오는 일을 제외하고 노동과 군사훈련은 물론 스포츠 등 모든 신체활동과 성생활마저 금기시하였다. 이런 상황에서 과식과 음주, 가무 같은 행위는 극단적인 방종으로 신성모독감이었던 것이다. 따라서 절제하지 않는 방문객들의 행동을 보고 그들로 인해 먹고 사는 의사들도 우려하였다. 존 피터는 이렇게 말한다.

광천수를 게걸스럽게 마셔댄 후 [영국에서는 금지된] 브랜디나 기타 독한 술을 엄청나게 마셔대 건강을 해친다……. 그래놓고 [자신들

의 무지와 죄악은 젖혀두고 건강이 나빠진 것이 물 탓이라고 말하는 뻔뻔스러움을 연출한다.[106]

배스의 의사 귀도 역시 "사실은 놀러온 신사들" 때문에 제대로 된 수치료법을 시행할 수 없다고 불평한다. "그들은 밤늦게 먹고 마시고 해서 몸을 정화할 수가 없다"는 것이다.[107] 방문객들뿐만 아니라 온천장의 주민들까지도 과음으로 문제를 일으키곤 하였다. 배스에서 일하는 과부 브로드는 공공탕에서 상습적으로 술을 마시고 소란을 피워서 안내원 자리에서 해고되기도 하였다.[108] 1667년 엡섬에서는 무허가로 술집을 운영한 두 가구에 대한 처벌이 내려지기도 하였다.[109]

도박 또한 심각한 문제였다. 느슨한 온천장의 일상에서 도박은 빼놓을 수 없는 오락의 하나였기 때문에 그로 인한 폐해도 만만치 않았다. 방문객들은 숙소, 선술집, 복권가게, 심지어 공공탕에 몸을 담그고 있을 때까지도 도박을 하였다. 휴양지이자 일종의 오락공원이었던 온천장에 경품가게며 복권가게 등이 성업을 하는 것도 당연한 일이었고, 내기는 일상화되어 있었다. 배스의 공원에는 "복권가게며 경품가게들이 있었고, 맞은편으로 구주희(Nine-Pins) 게임기가 여러 대 있었다. 핀 아홉 개 모두에 1기니를 거는 것은 흔한 일이었다."[110]

엡섬, 턴브리지웰스를 비롯, 아주 작은 규모의 온천장에도 복권가게들이 들어서는 것은 흔한 풍광의 하나였다. 이즐링턴 온천의 복권가게 앞의 광경이다.

잠시 서서 복권가게를 보자니
도박사들은 완전히 깨져버리고, 가게 주인은 웃는다.
어떤 이들은 귀를 긁적이고, 다른 사람들은 손톱을 물어뜯고 있다.
엉덩이에 불이 나게 벌어들인 것들을 손이 날려버렸기 때문이지
누구는 운을 저주하며 술을 시킨다,

그들은 주식도 다 잃고 밥 먹을 곳도 없다,
참담한 심정으로 잠자리를 구걸한다,
마차에나 어울릴 법한 족속들인데 소파에서 재워달란다.[111]

이들은 시대의 총아들로 "한쪽 주머니에는 카드"를 "다른 쪽 주머니에는 가짜 주사위"를 넣고 다녔다.[112] 도박은 때로 사람들의 감춰진 내면을 그대로 드러내는 계기였다는 이야기도 있다. 엡섬의 복권가게에서는 "잘 자라고 겸손하며 공정한 사람의 눈으로 보자면 무례한 놈, 음울한 놈, 떠벌이, 젠체하는 재수 없는 놈, 성마른 자식, 탐욕스런 놈, 시비를 좋아하는 녀석, 날카로운 놈, 자만심에 가득한 놈, 낭비벽이 있는 녀석, 참을성 없는 자와 건방진 녀석들이 한눈에 보인다."[113]

이들 복권가게에서는 "돈보다도 정신을 잃어버리는 일이 더 흔하여"[114] 다른 어떤 방종보다도 더욱 폭력적인 소란의 원인이 되었던 것으로 나타났다. 온천장의 선술집은 바로 도박소굴이기도 하였다. 배스의 한 선술집의 모습은 다음 문헌에 잘 드러나 있다.

오크, 서양 쌍륙, 틱 택, 아이리시, 바셋, 그리고 주사위를 던지는 테이블에서 많은 사람들이 마치 부두노동자처럼 바쁘게 움직이고 있었다. 카드를 감추고, 돈을 맡기고, 주사위를 쌓고, 내깃돈을 안 내고 도망가고, 주사위 숫자를 부르는 이 모든 일들이 상상치 못할 만큼 빠른 속도로 진행되고 있었다. 지폐와 수표가 마치 초콜릿 가게의 멋쟁이들마냥 널려 있었다. 마치 시월에 청과시장에서 호두나 사과를 파는 여자처럼 바쁘게 손목을 움직이는 그들을 뒤로하고 우리는 호기심을 충족한 채 그곳을 나왔다.[115]

단적으로, 17세기 말 엡섬의 주민은 "이곳에 머무는 사람들은 병약하여 물을 마시러 오는 사람들이 아니라 튼튼하기 그지없는 도박사들과

쾌락이나 스포츠를 좇아오는 무리뿐이다"라고 말하기까지 한다.[116]

그러나 온천장에 불명예를 가져오는 가장 주요한 방종은 성적 문란이었을 것이다. 유일하게 공공의 장소에서 남녀 혼욕이 가능했던 온천장은 그 특성상 성에 관련한 당시의 도덕적 기준에서 볼 때 가장 예외적인 곳일 수밖에 없었다. 억압이 심한 사회일수록 더욱 그렇겠지만 이 독특한 장소에서 성을 둘러싼 일반적인 기준이나 사회적인 관례는 일순간에 무너질 수 있었다. 제대로 된 수영복이 없던 당시 거의 나체에 가까운 상태로의 혼욕이란 그 자체만으로도 파격이었을 뿐만 아니라 어떤 형태로든 성적 문란을 초래할 수 있는 상황이었다. 실제로 "수치를 모르는 사람들이 마구 섞여 있는" 배스의 공공탕에는 "아주 불미스런 일들이 벌어지고 있다"는 지적이 계속 제기되었다.[117]

배스의 온천이 본격적으로 개발되기 이전인 중세 말부터 혼욕의 관습이 있었던 듯하다. 중세 말 배스의 공공탕이란 수도원 내의 작은 탕으로, 도시민들이 테니스를 친 후 뛰어들어가 땀을 씻는 정도의 용도로 사용되고 있었다. 그런데 1449년 배스와 웰스를 관할하던 베킨턴 (Bekeynton) 주교는 신이 주신 배스의 신성한 물이 "시내의 뻔뻔스럽고도 불결한 자들에 의해 더럽혀지고 있다"고 지적하였다.[118] 도덕적 폐해를 줄이기 위해 주교는 "여성과 남성 누구라도 그 물에 들어가고자 할 때는 정숙함과 수치를 알고 비밀스런 부분을 가려라. 남성의 경우 바지를 여성은 겉옷을 입고 들어가야 한다"고 명령하였다.[119]

명령에도 불구하고 오히려 배스의 시민들이 "야만스럽고 뻔뻔스럽게도 탕에 들어간 사람들의 욕의를 찢어버려서 벌거벗은 몸을 구경꾼들이 지켜보도록 하는" 심각한 사태가 발생하였다.[120] 주민들은 나체목욕이 원래 배스 시의 관습이라 주장하였다. 이는 아마도 이가 퍼지는 것을 막기 위한 조치가 아니었나 하는 추측이 가능하다. 그러나 성직자들은 이를 박멸하는 것보다 최소한의 예의를 지키는 것이 더 중요하다고 맞섰다. 결과적으로 목욕하는 사람의 옷을 찢는 주민들에게는 손상된

옷을 보상할 뿐만 아니라 금전적 배상까지 해야 한다는 교회재판소의 판결이 내려졌다.[121]

이후 종교계 인사들은 지속적으로 "성인 남녀는 바지나 겉옷, 혹은 린넨으로 만들어진 욕의를 입지 않고서 탕에 들어갈 수 없다"는 명령을 내리곤 하였다.[122] 이런 명령이 반복해서 내려졌다는 것은 나체로 목욕하는 관행이 사라지지 않았음을 의미한다. 특히 욕의를 준비할 여유가 없는 가난한 사람들은 17세기 말까지도 벌거벗은 채 탕에 들어가곤 하였다.

나체목욕보다 사람들의 관심을 더 끌었던 문제는 혼욕이었다. 성별을 구별하여 공공탕에 들어가도록 하는 조치는 대륙에 비해 영국에서 아주 늦게 나타난 편이었다. 1562년 터너는 논문을 통해 외국의 온천장에 가본 사람이라면 누구라도 "영국사람들을 혐오스럽고 무지하다고 비난할 것이다"[123]라고 말한다.

> 우리나라는 목욕을 할 때 남성과 여성을 분리하지 않는다. 오히려 신의 법칙을 위배하는 처사로 마치 이성이 없는 짐승들처럼 함께 목욕하게 하는데, 이는 몸과 마음 모두를 아주 망치는 처사다.[124]

마찬가지로 1572년 존스의 논문에서도 남자와 여자를 분리시켜 탕에 들어가게 해야 한다는 주장이 나오는데, 이 역시 "서로 볼 수 없게 해야 하고, 껴안을 수 없게 해야 한다. 그렇지 않으면 점잖지 못할뿐더러 외국에서 본다면 아주 야만스럽다고 생각할 것이다"[125]라는 이유에서였다.

이런 문제점을 해결하기 위하여 배스 시는 16세기 말에 여성전용탕으로 퀸스 배스를 세웠다. 또한 문제를 일으키는 사람들에게 벌금을 물리는 제도를 수립하였다. 그러나 이런 노력에도 불구하고 사악한 관행은 좀체 사라지지 않았다. 17세기 초 조던은 "무지와 사기가 전횡하는

배스 시의 킹스 배스. 18세기의 그림으로, 17세기의 모습과 크게 다르지 않다.

가운데 엄청난 무질서가 계속되고 있다"고 한탄한다. 심지어 배스의 혼
욕은 국가적으로 문제가 되어 1625년 추밀원은 다음과 같은 내용으로
배스 시를 질책하였다.

> 우선 남녀가 매일 같은 시간에 욕탕을 이용한다는 것은 비상식적이
> 고 무절제하기 그지없는 일이다. 더구나 전국 각지에서 몰려든 간교
> 한 인간들이 사악한 목적으로 한데 엉켜 있다는 점을 생각하면 더욱
> 묵과할 수 없다. 때문에 귀족과 젠트리, 그리고 점잖은 사람들과 경
> 건한 사람들마저 이런 이유 때문에 그곳을 이용하기가 어려워지는
> 것이다.[126]

이후 배스 시는 지속적으로 혼욕을 막으려는 노력을 한 것으로 보인
다. 같은 공공탕을 사용할지라도 남성과 여성은 전용 구역으로 분리되
었다. 실제로 1687년 파인스가 배스를 방문하였을 때 크로스 배스에서
는 남성들은 십자가상이 세워진 탕의 중심부에 있었고 여성들은 벽 쪽
으로 몰려 있었음을 목격하였다.[127]

하지만 이 공공탕들이란 상당히 규모가 작았고, 사람들은 엄청나게 몰려들어 북적거렸음을 감안해볼 때 어느 정도까지의 접촉은 언제나 가능한 일이었다. 18세기 초 다니엘 디포(Daniel Defoe)가 이곳을 찾았을 때 "탕이 상당히 좁기 때문에 그들은 자유롭게 이야기하고 모이는가 하면 인사를 나누고 심지어 사랑을 나누기도 하였다"고 기록하였다.[128]

다른 온천장에서도 나체목욕이나 혼욕은 아주 흔한 현상이었다. 요크셔 지방에서 수치료법을 시행하던 스태너프는 대륙의 다른 나라들에서는 최소한 여성들에게 사생활을 보호할 수 있는 구역을 할당한다고 말하면서 "영국은 야만스럽다. 그런 만큼 외국의 사례는 우리에게는 아주 먼 이야기다. 남자와 여자들이 함께 어우러져 있는 욕탕에는 색욕의 불길을 댕기는 일들이 너무 빈번히 일어난다. 이는 많은 사람들의 영혼을 의심스럽기 그지없는 위험으로 몰고 가는 일이다"라고 개탄하였다.[129]

한편 나체욕이나 혼욕은 당시 온천장에 아주 특별한 여흥이 펼쳐지는 장소로서의 매력을 더해주는 것으로, 쾌락을 추구하는 사람들에게는 놓칠 수 없는 오락거리였을 것이다. 해리슨은 "공공탕이나 온탕은 색정가들의 휴양지다"라고 말한다.[130] 사실 남녀가 벌거벗은 채 물속에 함께 앉아 있는 이 특별한 공간에 당시 사회에서 일반적으로 통용되던 도덕적 기준을 적용한다는 것은 무리였을 것이다.

배스의 공공탕에서 "우리는 온갖 군상들을 만났다……. 서로 서로 모자를 들추고 흘끔거린다. 그리고 너무나도 벌거벗고, 너무나도 무시무시하게 벌떡 일어난 알몸들이 보이는 것은 별로 놀랄 만한 일도 아니다. 그야말로 부활을 떠올리게 하니까."[131] 심지어 해링턴 경조차도 친구를 배스에 초청하는 정중한 편지에 "당신을 배스에서 만났으면 합니다. 그리고 당신이 그 뜨거운 물속에서 아주 재빨리 펼치는 도박을 보고 싶소이다"라고 썼다.[132]

따라서 공공탕 주변에는 언제나 구경꾼들이 몰려들어 이 광경을 훔쳐보는 진풍경이 펼쳐졌다.

여기는 상상할 수 있는 모든 음란한 희롱이 펼쳐지는 곳이다. 칭송받는 미인들, 헐떡이는 가슴과 기묘한 몸매가 모든 사람의 눈앞에 거의 다 드러난다. 부드러운 음악에 둘러싸여 뇌쇄적인 눈짓, 유혹하듯 사랑스런 자세는 성인을 현혹하고 주피터를 유혹할 만큼 금지된 쾌락을 향한 변덕을 불러일으키기에 충분하다……. 물에 뜬 일본산 그릇에 담긴 설탕 절인 과자들이며 농축액, 향수를 담아 운반하는 여성들은 넵튠의 시종들처럼 부지런히 팔다리를 움직여가며 헤엄쳐 다닌다. 열정적인 불꽃, 고갯짓에 항해는 시작된다. 갖가지 고전적 자세들을 보여주면서, 그러고는 본성을 부여안는다. 환희에 찬 채 가라앉는다. 그러고는 고의로 낸 사고, 팔을 뻗어 내민다. 그러나 물은 이 모든 것을 감추고 있으니 내 펜도 그래야만 하겠지.[133]

공공탕에는 "밤이고 낮이고 벌거벗은 남녀들이 모여들어 목욕하고 있고, 심지어 개, 고양이, 돼지들이"[134] 함께 헤엄쳐 다녀서 사람들은 당시 온천장을 심지어 무질서하기 그지없는 '곰 우리'라고 부르기까지 하였다.

온천장은 성적 방종과 동시에 간음의 중심지로 알려지게 되었다. "이성간에 자유로운 관계를 가질 수 있는 중심지"라는 명성은 "절제는 사라지고 환희와 쾌락이 그곳에 남은 유일한 가치"가 되었기 때문이라는 것이다.[135] 경건한 사람들은 "더 이상 온천장이 환자를 위한 요양소의 역할을 하지 않고 음탕한 사람들의 밀회장소가 되고 종종 미친 쾌락주의자들의 집합소가 되어간다는 것은 인간의 본성에도, 이성적인 사고에도 수치스런 일이다"라면서 한탄하였다.[136]

온천장이 불륜의 온상이고 간음의 중심지라는 사실은 17세기 많은 문학작품에서 여실히 드러난다. 특히 광천수로 불임을 치료한다는 수 치료법에 관한 주장은 이들 문학작품에서는 풍자의 단골주제였다. 불임의 치료는 광천수로부터 나온 것이 아니라 온천에서 맛보는 쾌락 덕이라는 것이다. 「턴브리지웰스 : 연애하는 나날」(Tunbridge-Wells : A Day of Courtship)이라는 당시 인기 있던 코미디에서는 노골적으로 반문한다. "물은 물일 뿐이다. 후손을 만드는 것은 미네랄이 아닌 다른 뭔가가 더 있어야 한다……. 이 광천수들이 불임이나 혐오스런 결혼생활을 고칠 수 있을까? 오래된 과부, 혹은 고색창연한 처녀들은 강한 턱과 일급 허리를 가진 신사가 도와줄 텐데." [137]

심지어 불임치료로 명성을 얻고 있던 온천장의 의료인들은 악명 높은 포주로 묘사되기도 한다. 턴브리지웰스의 명망 있는 산파는 숙박업소를 돌며 젊은 신사들을 모집한다는 것이다. "내게는 당신이 원하는 모든 요구를 들어줄 시 참사회 의원 부인이 하나 있어요. 만약 당신이 늙어빠진 남편과 함께 사는 그녀의 세월을 불쌍히 여겨 그의 돈을 맘대로 쓸 의향이 있다면 말이죠. 그도 편하게 해줄 겸 그녀에게도 만족을 줄 겸." [138] 마찬가지로 토머스 섀드월(Thomas Shadwell)의 유명한 희곡 「엡솜 웰」에서도 다음과 같은 대사가 튀어나온다.

킥(Kick) : 런던의 매춘부 여럿이 갑자기 사라져서 창피당하지 않으려고 여기 와서 애를 지운다던데. 그런데 더한 것은 처벌을 막아보려는 것이겠지.

커프(Cuff) : 다른 여자들은 애를 갖기 위해 이곳에 온다던데.

킥(Kick) : 염병할, 그건 물 때문이 아니라 차마 말할 수 없는 다른 것 때문에 생기는 거지. [139]

매매춘 또한 온천에서는 너무나 팽배한 현상이었다. 중세 매매춘이 이루어지던 대표적 공공장소 두 곳이 순례지와 증기탕이었다면, 그 둘을 합쳐놓은 것쯤되는 온천장이야 말할 나위가 없을 것이다. 따라서 온천행에 수반되는 여흥 가운데 하나는 매매춘이었다고까지 볼 수 있겠다. 온천 시즌에 궁성이 이동하면 도시의 매춘부들 역시 함께 이동하게 마련이었다. 1614년 배스를 일컬어 "내가 아는 궁성의 모든 창녀들이 우리 도시로 내려왔다"라는 시가 나오기도 하였다.[140]

온천장의 주민들 역시 매춘에 동조하였던 것으로 나타난다. 턴브리지웰스에는 "쳐다봐주기를 갈망하는 여성들이 많이 있었다"[141]는 기록이 있는데, 1660년대 초 그곳에 머물렀던 그라몽 역시 "넘쳐나는 연애를 할 수 있는 많은 시골 여성들"[142]을 보았다. 나아가 1668년에 턴브리지웰스에는 피시폰스(Fishponds)라고 불리는 본격적인 유원지가 들어섰다. "거기서 목격되었다는 말은 정숙한 사람에게는 정말로 불명예스러운 곳"으로 알려지게 되는데 그 이유는 "사악한 부정들이 부추겨지기 때문"이었다.[143] 배스에서는 심지어 시장 가족이 포주영업을 한 죄로 기소되기도 하였다.[144] 따라서 온천장은 "불필요한 오락과 아름답지 못한 만남"[145]을 제공하는 장소라는 불명예도 갖게 되었고 "온천 간다"는 말은 곧 부정한 성행위를 하러 간다는 뜻을 내포하는 은어가 되었다.[146]

이처럼 영국의 온천장은 18세기 이전에 이미 확고한 레저의 중심지로 자리잡았다. 영국에서 온천이 탄생한 배경에는 중세 순례라는 관습을 통해 사람들이 오랫동안 지속해온 여흥에 대한 흔들리지 않는 수요가 자리잡고 있었다. 1790년 호레이스 월폴(Horace Walpole)은 너나 없이 온천행을 하던 18세기 말의 관습을 비꼬아 "사람들은 우리 영국인들이 오리와 같다고 생각할 것이다. 우리는 언제나 뒤뚱거리며 온천장으로 향하기 때문이다"라고 말한 바 있다.[147] 사실 뒤뚱거리며 물을 향해 가는 관습은 수백 년 동안 지속되어온 것이었다. 동시에 그 관행은 중세에서 근세로 넘어가는 영국의 중요한 사회, 경제 그리고 문화적 변화의 역사를 품고 있는 것이었다.

후기

이 책은 『레저의 상업화 : 16 · 17세기 영국 온천장』(*The Commerciali-zation of Leisure : English Spa Towns in the Sixteenth and the Seventeenth Centuries England*, University of California, Irvine, 1995)이란 제목 아래 박사학위 논문으로 제출했던 것을 책의 형식에 맞추기 위해 약간 수정한 것이다. 학위를 받고 꼭 6년이 지난 지금, 영어로 쓴 초고를 한국어로 번역을 하고 책으로 엮는 과정에서 그 의의를 생각하지 않을 수 없었다. 좀더 솔직하게 고백하자면 이 책이 한국 역사학계에 어떤 의미가 있느냐라는 고민이 끊이지 않았다.

모든 인문학 저술은 나름대로 의미가 있다지만 도대체 16 · 17세기 영국 온천장이 현재 우리나라에서 역사학을 하는 사람들에게 무슨 상관이 있단 말인가? 나아가 근원적으로 동시대 한국인으로서 서양사를 한다는 것은 어떤 의미를 가지는가? 그래서 다소 억지스럽게 들릴지 몰라도 여기서 내가 생각한 이 작업의 성격을 나름대로 정리해보는 기회를 갖고자 한다. 다음은 나의 졸저에 대한 변명이자 애정이고, 이 책이 만들어지기까지의 고민의 유적이다.

처음 내가 온천장에 대하여 관심을 갖게 된 것은 석사학위 논문을 준비하기 위해 도시사 쪽을 뒤지면서부터였다. 난 사실 그때까지 도시사 (Urban History)라고 불리는 주제가 역사학의 한 분야라는 것조차 알지 못했다. 게다가 그 분야가 나름대로 풍부한 논쟁과 성과들을 갖고 있다는 것을 알게 되었을 때 놀랍고도 매우 강한 흥미를 느꼈던 터였다. 그런데 1970년대부터 본격적으로 형성되기 시작한 영국의 도시사 분야에서 온천도시를 도시의 한 유형으로 분류하고 있는 것을 알게 되면서 그때까지 흔히 지나쳐 온 온천장이 늘 있어온 것이 아니고 어느 한순간 나타났다는 사실에 주목하게 되었다.

배스라는 영국의 소도시에 대한 도시사적 접근이 되었던 석사학위 논문을 연장하여, 박사 논문을 위해 영국 온천도시 전체를 조망해보기로 하였다. 내가 주목한 시기는 영국사에서 흔히 근세(Early Modern Period)라고 불리는 16 · 17세기로, 절대왕정의 태동과 르네상스, 그리고 내란과 같은 굵직굵직한 역사적 사건이 목도되는 때였다. 하지만 온천도시와 관련하여 이 시기는 거의 관련이 없는 듯 여겨졌고, 따라서 역사가들의 연구도 전무하다시피 하였다. 하지만 나는 이 시기야말로 영국에서 온천이 발흥한 때이고, 이후 18세기에 최고조에 달하는 온천도시의 거의 모든 틀이 이미 완성된 시대라고 생각하였다. 18세기를 온천의 태동기로 보는 학자들의 전반적인 인식과 나의 시각의 근본적인 차이점은 다음과 같은 것에 있었다.

영국사학계 내에서도 근대의 시작이라고 불리는 18세기에 대한 절대적인 지지가 있어온 것이 사실이다. 따라서 현대 우리 삶의 근간을 이루는 이른바 '근대성'의 모든 것, 즉 개인주의, 민주주의 정신의 태동, 자본주의와 산업화, 나아가 상업화나 레저에 이르기까지 그 출발을 18세기로 잡는 경향이 있다. 그러나 어떤 현상이 하루아침에 갑작스럽게 나타날 수는 없다. 따라서 모든 출발을 18세기로 잡는 것은 지나친 절대론에 의한 왜곡과 편견일 수도 있다는 생각을 하게 되었다. 따라서 그 이전에 온천이 과연 전무하였는가 하는 진지한 의문을 가지고 이 주제에 접근하면서, 온천에 대한 탐구는 단지 도시사의 기록이 아니라 모더니즘과 역사를 바라보는 시각으로까지 확장되었다.

그 과정에서 감추어진 기록과 간과된 사실들을 살려낼 수 있었다.

1993년 말부터 1995년 초까지 영국에 머물면서 여러 온천도시에 가보기도 하고, 도서관들을 돌며 자료를 찾아 헤매기도 하였다. 힘든 작업이었지만 돌이켜보면 매우 값진 경험으로, 그 과정에서 나는 실제 영국에서의 온천의 출발이란 16세기 중반까지 거슬러 올라갈 수 있다는 것을 알게 되었다. 여기서 나는 1550년대 이후 갑자기 온천이 나타난 이유를 규명해야 하는 문제를 안게 되었다.

일차적으로 온천의 발흥을 가능케 한 것은 헨리 8세의 종교개혁에 따른 변화였다. 여기서 변화란 토니가 이야기한 사회 전반의 세속화를 말한다. 의술인이나 온천 지역의 주민들이 적극적으로 상업화를 추진할 수 있게 된 것은 개인의 영리추구를 정당화시키는 사회적 분위기가 뒷받침되었기 때문이다. 또한 온천수가 효과적인 의약품으로 대접받게 된 것 역시 '물'에서의 신성성을 걷어내고 과학적으로 접근할 수 있는, 사물과 현상을 대하는 방식에서의 세속화 덕분이었다.

그러나 이 역시 무엇이 온천장을 탄생시킨 것인가 하는 뿌리 깊은 원인을 제공하기에는 부족하였다. 변화를 일으키는 동인이란 사실 역사학적 관점에서 볼 때 아주 오랜, 서서히 진행된, 끈질긴 생명력에 기반한 무엇이라 믿기 때문이었다. 따라서 사람들로 하여금 온천장이라는 것을 필요로 하게 한 좀더 궁극적인 원인을 찾아야 했다. 여기서 나에게 돌파구를 찾을 수 있는 도움을 준 것이 '소비혁명'이라는 개념이다. 1980년대에 들어 매켄드릭(Neil McKendrick)이나 매크래켄(Grant McCracken)을 비롯한 학자들은 서구 역사학계가 산업혁명과 산업화를 대량생산이라는 측면에서만 고찰한다고 비난하였다.[1] 그들은 소비혁명이라는 개념을 도입하면서 대량생산을 가능케 한 배경에 생산보다 소비라는 수요에서의 팽창이 있었다고 주장하였다. 그들의 시각은 나에게 온천장의 수요라는 측면을 고려할 수 있는 실마리를 제공하였다.

그리하여 나는 온천장의 발흥이 아주 오랫동안 지속된 '순례'라는 관행의 연장선에 있다고 확신하게 되었다. 온천장이 제공하던 기능 가운데 상당부분이 중세에는 순례에 의해 채워지고 있었기 때문이었다. 질병의 치료와 여흥, 이 두 가지는 시공을 초월하여 인간이 필요로 하는 것이다. 사회의 변화에 따라 달라지는 것은 단지 그것을 구하는 방식이다. 더욱이 여흥이란 예나 지금이나 좀더 그럴듯한 구실과 포장 속에서 추구되곤 하는 속성을 갖고 있다. 따라서 아주 오랫동안 계속해온 순례가 종교개혁에 의해 금지되었을 때 사람들은 다른 대안을 찾아야 했을 것이다. 그 강력한 요구에 부응하여 나타난 것이 합법적인 온천장이고, 때문에 그렇게 급속히 발전할 수 있었던 것이다.

사실 여흥의 추구를 인간의 본성으로 가정하는 내 시각은 보이지 않는 인간의 욕구에 대하여 '보이도록' 기술해야 한다는 압력 속에 놓이는 것이다. 하지만 나는 역사에서 변화하는 것 못지않게 변화하지 않는 것이 분명히 있다는 신념을 갖고 있다. 이른바 '본성'이라는 부분은 종종 후자를 지칭한다. 보이지 않는 인간의 욕구는 보이는 수많은 변화 속에서 숨쉬고, 외형을 바꾸어가며 끈질긴 생명력을 유지한다. 그 지속적인 요소들을 사료를 통해 끄집어내는 것은 역사가의 몫이다. 그리고 그 작업은 때때로 과거를 살았던 사람들을 자신과 '동일시'하는 따스한 시각을 필요로 하는 것이라고 나는 생각한다. 실제로 내가 논문을 마친 몇 년 후 한국에서는 의약분업의 진통을 겪었다. 3장에서 살펴본 온천에서의 의술인들 사이의 경쟁양상은 시공을 초월하여 사람들의 삶이 얼마나 흡사한가를 다시금 생각케 하는 부분이다. 결국 역사학의 초점은 인간이 살아가는 방식이라는 문제에서 벗어나지 않는 것이다.

귀국한 후 나는 나의 논문 주제에 대해 묻는 사람들에게 '온천'에 대해 썼다고 대답하였다. 사람들의 반응은 대체로 '그거 참 재미있겠다'라는 것이었다. 아주 가끔은 '재미있겠다'는 이야기 뒤에는 흔히 '가벼운 주제'와 같은 암시가 들어 있기도 하다. 물론 정치사가 절대적 주류를 형성하고 있는 학계에서 사람들의 일상이나 그 동안 별로 다루어지지 않았던 주제는 생소하고, 거부감도 일으킬 수 있다. 하지만 최근 문화라는 개념이나 문화사에 대한 진지한 접근이 일어나고, 그에 관한 새로운 인식의 틀이 형성되어가는 맥락에서 그 동안 간과되어온 사소해 보이는 주제들은 때로는 과거를 아주 입체적으로, 그리고 아주 생생하게 조망하는 창이 될 수 있다. 그런 의미에서 나는 '물', '냄새,' 그리고 '매춘부'와 같이 사소해 보이는 주제를 가지고 아주 풍부한 역사를 풀어낸 알랭 코르뱅의 작업에 큰 의미를 부여한다. 그의 작업은 인간의 업적을 보는 것이 아니라 인간을 탐구하는 것이기 때문이다.

가끔 나는 역사가의 저술에 문화사나 사회사 혹은 정치사와 같은 딱지를 붙이는 것이 바람직하지 않다고 느끼곤 한다. 그런 딱지가 붙는 순간 역사가의 저술은 일정한 틀 안에서만 고찰되고, 역사학자 스스로도 다른 방법론적 접근을 밀어내기 쉽기 때문이다. 인류학이나 심리학, 그리고 근본적으로 역사학에서 파생한 사회학과 같은 학문적 분파들은 크게 보아 역사학에서 언제나 품어낼 수 있는 것이다.

사료 역시 마찬가지이다. 전혀 사료가 없을 것 같던 이 책의 많은 부분은 뜻밖에도 의학논집에 기반을 둔 것이다. 한 시대를 풍부하게 재구성함에서 모든 것이 다 사료가 될 수 있다. 물론 철저한 검증과 정확한 해석은 필수적이다. 하지만 역사가는 때때로 당시를 살았던 사람들의 상상력까지도 고려할 필요가 있다.

이 책에 아쉬운 점이 많은 것도 사실이다. 하지만 새로운 주제를 공부하고 싶은 마음에 이제는 그만 영국 온천장을 떠나보내고 싶은 마음이 더 간절하였다. 온천의 상업화 과정을 통해 자본주의 초기 단계에서 서비스업이 제조업 못지않은 중요한 분야였음을 밝히고자 했던 의도는 있었으나, 방만한 사례를 힘있는 줄기로 엮어내지 못한 점이 가장 아쉽다. 또한 종교개혁의 영향을 온천의 탄생으로 연결시키는 부분은, 순례와 온천을 빨리 연결시키고 싶은 조급함 때문에 따로 한 장을 할애하지 못한 것이 마음에 걸린다. 또한 빈민에 대한 담론상의 차별을 다룸에서

푸코의 개념을 차용하였는데, 좀더 깊이 발전시키지 않았던 미흡함도 스스로 인정한다. 그밖에도 아주 많을 것이다. 그 부족한 부분들은 전적으로 나의 식견이 짧은 탓이다.

이 주제를 공부하면서 앞으로 구체적으로 연구해보고 싶은 주제도 많았다. 배스 시에 건설된 '말을 위한 온천'을 보면서 당시 사람들의 동물이나 자연에 대한 인식이 어떠하였는가 하는 호기심이 그 한 가지이다. 물론 토머스(Keith Thomas)가 『인간과 자연』(*Man and the Natural World*)에서 자세히 다루었던 주제이다.[2] 하지만 토머스는 동물에 대한 인간의 애정이 나타난 것을 18세기 이후로 보고 있다.

그러나 동물에 대한 인간의 연민이나 애정, 심지어 같은 생물이라는 개념은 애완견이 그려진 중세의 그림들을 떠올려본다면 반드시 근대적인 것만은 아닐 수도 있을 것이라는 생각이 든다. 인간의 동물에 대한 이해의 폭은 인간이 세계를 보는 인식의 틀과도 관계가 있다. '어린이의 탄생'과 '애완동물의 탄생'을 '개인의 탄생'과 같은 맥락에서만 관찰하는 것은 근대성이라는 것에 대한 필요 이상의 집착일 수도 있다.

또 다른 호기심은 온천의 탄생을 좀더 공시적인 시각으로 보면 어떨까 하는 것이었다. 특히 봉건제, 자본주의의 발달과 제국주의로 이어지는 틀에서 영국과 흡사한 부분이 많다고 볼 수도 있는 일본 역시 온천문화가 아주 발달한 곳이었다. 일본에 유달리 광천수가 많이 솟아오르기 때문이라는 설명은 별로 설득력이 없다.

학부시절 일본사 수업을 들으면서 '산킨코타이'(參勤交代)에 대해 배운 기억이 있다. 에도 시기(1603~1867) 각 번의 수장들이 정기적으로 가신을 이끌고 막부가 있던 에도에 가서 일정 기간 상주하는 것이었다. 이 관행은 여행이라는 측면에서 볼 때 매우 규모가 크고 중요한 것으로, 당연히 에도로 향하는 도로망이나 숙박시설의 발달을 촉진시켰을 것이다. 이 과정에서 일본 곳곳의 온천과 그에 수반하는 서비스업, 여흥과 같은 것이 크게 발달한 것이 아닐까? 인간에게 지속적으로 나타나는 문화적 전통과 자본주의를 엮어보고 싶은 욕심에서 나오는 순진한 상상력일 수도 있겠다. 하지만 나는 역사학이라는 공부를 계속하는 한 그런 상상력을 계속 가질 수 있었으면 하고 바란다.

다시 처음의 질문으로 돌아가보자. 한국에서 서양사를 한다는 것은 단지 가교의 역할만을 의미할 뿐인가? 때문에 서양의 이론을 수입하고 번역을 통해 서양의 것을 받아들이는 데 일조하는 것을 천직으로 삼아야 할까? 서양사를 한다는 의미는 단지 텍스트를 이른바 서양의 역사로 삼는다는 것을 의미할 뿐이다. 그리고 모든 문화와 역사의 정체성이 대화적 관계를 토대로 이루어져 있음을 전제할 때 이 텍스트를 변별하는 것은, 더욱이 세계화의 물결에 휩싸인 현재의 시점에서 그렇게 큰 의미를 갖는 것은 아닐 것이다.

이 책은 서양사가가 아닌 역사를 보는 사람을 위해 만들어졌다. 역사학은 오직 엄정한 사료의 구성 위에 존재해야 한다. 동시에 그 사료라는 것은 인간이 만든 것임을 잊어서도 안된다. 인간은 거짓말을 하고, 욕심을 가지고, 꿈꾸는 존재이다.

끝으로, 욕심이지만 이 책이 서양에 의해 수동적으로 받아들였던 근대와 근대성이란 주제가 충분히 재해석될 수 있다는 가능성을 제시하는 데 일조하길 바란다. 또, 영국의 근세인이 아닌 한국의 동시대인들에게 시대를 읽는 도구를 제시할 수 있기를 바란다. 이제 이 책의 의의는 더 이상 필자에게 놓여 있지 않다.

주(註)

머리말

1) Norbert Elias, *Quest for Excitement : Sport and Leisure in the Civilizing Process*, Oxford, 1986, p.21, pp.35~42.

2) Barrie Newman, "Holiday and Social Class," in Michael A. Smith, Stanley Parker, and Cyril Smith, eds., *Leisure and Society in Britain*, London, 1973, p.231.

3) Ibid., p.1, p.44.

4) T. Kando, *Leisure and Popular Culture in Transition*, Saint Louis, 1975 ; C. Bucher, *Recreation for Today's Society*, New York, 1974 ; S. Hall and T. Jefferson, *Resistance through Rituals*, London, 1975 ; Chris Rojek, "Did Marx Have a Theory of Leisure?" in *Leisure Studies* 3, London, 1984, pp.163~174 참조.

5) Smith, *Leisure and Society* : J.T. Haworth and M.A. Smith, eds., *Work and Leisure*, London, 1975 : Harry Van Moorst, "Leisure and Social Theory," in *Leisure Studies* 1, London, 1982, pp.157~169.

6) Dennis Brailsford, *A Taste for Diversion : Sport in Georgian England*, Cambridge, 1999, p.1.

7) J.H. Plumb, *The Commercialization of Leisure in Eighteenth-Century England*, Berkshire, 1972.

8) J.A.R. Pilmott, *The Englishman's Holiday : A Social History*, London, 1947.

9) William Addison, *English Spas*, London, 1951, pp.2~3.

10) Sylvia McIntyre, "Bath : The Rise of a Resort Town, 1660~1800," in Peter Clark, ed., *Country Towns in Pre-Industrial England*, New York, 1981, pp.198~249.

11) Peter Borsay, *The English Urban Renaissance : Culture and Society in the Provincial Town, 1660~1770*, Oxford, 1989, p.31.

12) Alain Corbin, *The Lure of the Sea : The Discovery of the Seaside in the Western World, 1750~1840*, London, 1994.

13) Peter Burke, *Popular Culture in Early Modern Europe*, New York, 1978, chap.7 ; Barry Reay, ed., *Popular Culture in Seventeenth-Century England*, London, 1985, chaps.1, 2 and 5 ; A.L. Rowse, *The Elizabethan Renaissance : The Life of the Society*, London, 1971, p.166 ; Brailsford, *Sport and Society : Elizabeth to Anne*, London, 1969 ; Derek Birley, *Sport and the Making of Britain*, Manchester, 1993, chaps.2~4 등을 참조. 특히 1990년대에는 본격적으로 근대 이전의 레저의 양상을 다룬 Thomas S. Henricks, *Disputed Pleasure : Sport and Society in Preindustrial England*, New York, 1991 ; Compton Reeves, *Pleasure and Pastimes in Medieval England*, Oxford, 1998 ; Alison Sim, *Pleasure and Pastimes in Tudor England*, Pheonix Mill, 1999 등이 출간되었다.

14) Richard Mandell, *Sport : A Cultural History*, New York, 1984, p.4, p.7 참조.

15) R.H. Tawney, *Religion and the Rise of Capitalism : A Historical Study*, Gloucester, Mass., 1962.

16) Ibid., p.197.

제1장 순례와 영국의 종교개혁

1) Brian Stone, trans., *Medieval English Verse*, Baltimore, 1975, p.104.

2) G. Hartwell Jones, *Celtic Britain and the Pilgrim Movement*, New York, 1980, p.xi.

3) Ibid., p.4.

4) R.W. Southern, *The Making of the Middle Ages*, New Haven, 1953,

p.222.

5) Whitley Stokes, ed., *Lives of Saints*, Oxford, 1890, p.168.

6) C.H. Talbot, *The Anglo-Saxon Missionaries in Germany*, London, 1954, p.94.

7) Horton Davies, *Holy Days and Holidays*, Lewisburg, 1982, p.22.

8) J.J. Jusserand, *English Wayfaring Life in the Middle Ages*, London, 1925, p.354.

9) Clair C. Olson and Martin M. Crow, eds., *Chaucer's World*, London, 1948, p.260.

10) Victor Turner, *Image and Pilgrimage in Christian Culture*, New York, 1978, p.181을 참조할 것.

11) Exchequer, King's Remembrancer Accounts, 396/11 fols. 13v. 19r. [Controlment Roll of John de Ipre, Controller of the King's House-hold, 13 Feb. to 27 June, 43 Edw III].

12) 십자군운동을 순례라는 범주에 포함시킬 수 있다는 것이 나의 입장이다. 왜냐하면 전쟁을 수반하였다는 점을 제외하고 십자군운동은 일반 순례와 그 성격상 맥을 같이하기 때문이다.

하지만 일반적인 순례에서도 소규모의 폭력이 존재하였고, 이교도와의 마찰은 끊이지 않았다. 따라서 일반적 순례와 십자군운동의 가장 큰 성격상의 차이는 오히려 일반 순례가 자발적으로 실시되었던 점에 비하여 십자군운동이 교황에 의해 주창되었던 공적인 행사였다는 점에서 찾아야 할 것이다.

13) Statute 12 Ric. II Cap 7.

14) Jonathan Sumption, *Pilgrimage*, London, 1975, pp.168~170 참조.

15) "Quantum Praedecessores," Ibid., pp.171~183 참조.

16) Ibid.

17) Olson, p.268.

18) 일반 여행자를 위한 축복미사와 차별적인 순례자만을 위한 특별미사는 제 1차 십자군전쟁을 위해 떠나는 기사들을 위해 베풀어진 미사로부터 비롯된 전통이다. 순례자에 대한 이러한 배려는 떠나는 사람뿐만 아니라 남은 평신도들에게도 신앙심을 고취하고자 하는 의도로 시행되었으며 순례자에게 영적인, 더 나아가 세속적 권위를 높여준다는 반대급부를 통해 이루어졌다. 이런 현상은 순례자를 위한 의식과 기사작위식의 형식이 거의 동일

화되어가는 과정에서 뚜렷이 나타난다. Sumption, pp.171~174 참조.

19) Toulmin Smith, *English Gilds*, Oxford, 1924, p.157, 177, 180, 182, 231.

20) 이 내용의 자세한 예들에 대하여는 Francis A. Gasquest, *The Eve of the Reformation*, Port Washington, 1971, p.416을 참조할 것. 가스켓은 중세 영국에서 로마, 콤포스텔라 및 예루살렘으로 순례를 떠나는 가난한 이들에게 기부를 명시하는 내용을 담은 유언들을 고찰하였다.

21) 한 예로 페젠삭의 백작이었던 에머릭은 1088년에 성지로 떠나기 전 아르세의 성당에 풍차 몇 대를 기부하면서 "내가 살아서 돌아올 경우에는 죽을 때까지 그것들을 소유하겠다"고 주장하였음이 기록되어 있다. Sumption, p.175 재인용.

22) 11세기부터 교회는 순례자의 의복에 대한 축복과 함께 순례자의 의복이 교단의 유니폼임을 천명하였다. 순례자의 복장의 기원과 의미에 관하여는 Ibid., pp.175~183을 참조할 것.

23) 순례자의 복장에 관한 기독교적 상징성을 논한 대표적 설교문으로는 작자 미상의 Vereranda Dies(c. 1125), Franco Sacchetti, Sermon(연대 미상, c. 13세기), Thomas of London, Instructorium Peregrinorum(c. 1430) 등을 들 수 있다.

24) 영어의 파머(palmer)라는 명칭은 예루살렘에서 돌아오던 순례자들이 예리코(Jericho)의 종려나무(palm) 가지를 가지고 돌아오던 관행으로부터 비롯된 말이다. 예리코와 요르단 강 사이의 평원에서 수집하던 이 종려나무 가지는 죄와 싸워 승리하는 믿음, 혹은 부활을 상징하였다.

25) Prerogative Court of Canterbury, 3.

26) Compton Reeves, *Pleasure and Pastimes in Medieval England*, Oxford, 1998, p.174.

27) Jusserand, pp.346~347.

28) Wright, Reliquiae Antiquae, I, 2~3[from Trinity College, Cambridge MS R. 3. 19].

29) 자세한 내용은 J.G. Davies, "Pilgrimage and Crusade Literature," in Babara Sargent-Baur, ed., *Journeys toward God*, Kalamazoo, 1992, pp.8~9를 참조할 것.

30) Horton Davies, pp.84~85.

31) Sumption, pp.168~170을 참조할 것.

32) 여기서 작은 병(ampul)이란 성인의 피, 성인의 유품으로 휘저은 물, 성천

의 물 등 포괄적 개념의 성수가 담긴 것을 말한다. 이러한 성수는 순례지에서 기념품으로 판매되었으며, 사람들은 이것이 특별한 신성을 지닌다고 믿었다.

33) Roger S. Loomis, *Medieval Verse and Prose*, New York, 1948, pp.307~308.

34) Ivor Dowse, *The Pilgrim Shrines of England*, London, 1963, p.107 참조.

35) Erasmus, *The Colloquies*, 1514, N. Baily, trans., London, 1733, p.241.

36) 시장의 형성과 순례지와의 관계에 대한 고찰은 Turner, pp.36~37, p.183 을 참조.

37) "Evesham Chronicler," Ronald C. Finucane, *Miracles and Pilgrims*, London, 1977, p.43에서 재인용.

38) H.M. Gillett, *Walsingham and Its Shrine*, London, 1934, p.30.

39) Gervase Rosser, *Medieval Westminster, 1200~1540*, Oxford, 1989, pp.149~150 참조. 로서는 웨스트민스터의 경제구조가 순례자들에 의해 크게 영향을 받았음을 고찰하였다. 특히 웨스트민스터의 금속세공업 발달 동기를 기념품산업에서 찾고 있다. 그는 순례 기념품산업을 금속의 가치상 양극단인 금과 납이 발달하게 된 주원인으로 보는데, 그 이유로 "금으로는 부유한 순례자들이 성 에드워드 사원에 갖다바칠 반지를 제작하고, 가난한 이들을 위해서는 성상이 새겨진 납으로 만든 배지를 만들어 팔았다"고 기술하고 있다.

40) Erasmus, "The Colloquies," George G. Coulton, *Social Life in Britain*, Cambridge, 1918, p.252에서 재인용.

41) Gillett, p.31 참조.

42) Victor Turner, *Image and Pilgrimage in Christian Culture : Anthropological Perspectives*, New York, 1978.

43) 이러한 통과의례의 첫 단계는 개인이나 그룹이 기존의 사회구조나 문화적 상태로부터 자신을 분리하는 것을 의미하고, 두번째 단계인 주변화 과정에서는 인간이 과거나 미래의 요소들과 연관성이 희박한 모호한 상태를 거치는데, 이 경우 대상자는 기존의 신분, 사회 내의 분류체계로부터 어정쩡한 위치를 경험한다. 마지막 단계인 총화에서는 전이가 완성되어 세속적인 사회구조로 돌아가게 되는데, 이로써 사회가 요구하는 역할행동을 수행하게 된다. Arnold van Gennep, *The Rites of Passage*, New

York, 1908 참조.

44) Turner, p.4.

45) Ibid., p.4, 10, pp.110~112.

46) Ibid., p.8.

47) Coulton, p.252에서 인용.

48) James J. Preston, "Spiritual Magnetism," in Alan Morinis, ed., *Sacred Journeys*, New York, 1992, p.36 참조.

49) 회개와 면죄를 위한 순례에 대한 고찰로는 P.A. 시걸의 *Marcheurs de Dieu*, Paris, 1974가 대표적이다. 시걸은 가톨릭에서의 면죄의 기원을 추적하였는데, 부분적 사면(partial indulgence)과 절대적 사면(plenary indulgence)을 구분하였다. 원래 교회는 범죄에 대하여 부분적 사면을 실시해왔지만, 1095년 교황 우르반 2세가 십자군에게 절대적 사면을 허가한 이래 보편화되는 추세를 보였다.

50) Jusserand, p.384.

51) Turner, p.195.

52) 순례가 세속적 권위에 의해 처벌의 일종으로 부과되는 경우는 특히 북부 유럽의 네덜란드 등지에서 많이 나타난다. 시걸은 이 지역의 20개가 넘는 도시에서 범죄자들에게 북부 유럽의 여러 지역으로 순례를 명하였음을 보여주고 있다. Sigal, p.21 ; H. Davis, p.30 참조.

53) Memoir of St. Edmund's Abbey, 3 : 319. J.C. Dickinson, *The Shrine of Our Lady of Walsingham*, Cambridge, 1956, p.26에서 재인용.

54) Ibid., p.125.

55) Coulton, p.252.

56) Finucane, p.46.

57) 그러나 이 분석은 사람들이 무엇을 목적으로 순례를 떠났는가 하는 문제를 설명하는 데 완벽히 부합될 수는 없다고 본다. 즉, 기적의 90퍼센트가 질병의 치유였다는 사실이 순례자의 90퍼센트가 병을 고치러 순례를 떠난 것을 반증한다고 볼 수는 없다는 것이다. 피누케인의 분석은 순례지에서 발생하였던 기적을 검증한 것일 뿐 그곳에서 가시적으로 나타날 수 없는 많은 기복적 내용은 다룰 수 없다는 한계를 지니고 있기 때문이다.

58) R. Scot, *The Discoveries of Witchcraft : A Discourse of Devils*, London, 1584, chap.24 참조.

59) Southern, p.248 참조.

60) "The Pynson Ballad," in Dickinson, p.128.

61) Lacey Baldwin Smith, *Henry VIII*, Frogmore, 1973, p.121.

62) 14세기 영국의 경우 여행은 여행허가서나 여권 같은 허가가 필요한, 쉽지 않은 관행이었다. 여행의 구실이 거의 부재하던 시기에 순례는 대중이 경험할 수 있는 거의 유일한 여행이었는데, 영국의 경우 순례자라 할지라도 해외로 나가려면 여권이 필요하였다. 여권은 런던, 샌드위치, 도버, 사우샘프턴, 플리머스, 다트머스, 브리스틀, 야머스, 보스턴, 킹스턴어폰헐, 뉴캐슬어폰타인 등의 항구에서만 발행되었다. 중세 영국인의 여행허가에 관한 상세한 내용은 Jusserand, p.31, 269, 362 등을 참조하라.

63) Ibid., p.4.

64) 그 시대의 다른 여행자들에 비하여 순례자가 비교적 안전한 위치에 있었음에도 불구하고, 부유한 순례자를 감금, 납치하여 배상금(ransom)을 받아낸 사례는 종종 발견된다. 프랑스 귀족이었던 토마 드 마를(Thomas de Marle) 같은 이는 프랑스 북부의 주요 도로를 점거하고 순례자를 잡아 몸값을 받아내기로 악명 높았다. 결국 이런 행위는 1128년의 루이 6세의 군사정벌을 초래하기도 하였던 것이다. 순례자를 위협한 사례들이 교회에 꾸준히 접수된 것으로 보아 마를 같은 이가 많았던 것으로 추정되며 1303년부터는 교황에 의해 순례자를 해친 행위에 근거하여 파문되는 긴 명단이 연간 교서에 포함되기 시작했다.

65) Coulton, p.426.

66) Erasmus, "Colloquy on Rash Vows."

67) Gasquet, pp.147~148.

68) Talbot, p.129.

69) Heinz-Günter Vester, "Adventure as a form of Leisure," in *Leisure Studies* 6, 1987, p.242.

70) Finucane, p.9.

71) Loomis, pp.307~308.

72) Geoffrey Chaucer, *The Canterbury Tales*, A.C. Cawley, ed., London, 1951, p.19.

73) William Langland, *Piers Plowman*, Derek Pearsall, ed., Exter, 1978, p.1.

74) Trevor Whittock, *A Reading of the Canterbury Tales*, Cambridge, 1968, pp.44~45.

75) Loomis, p.376.

76) Turner, pp.184~185에서 인용.

77) Septimus Sunderland, *Old London's Spas, Baths and Wells*, London, 1915, pp.17~18.

78) Alfred Stanley Foord, *Springs, Streams and Spas of London*, London, 1910, pp.60~61.

79) 이 번역은 초서 지음, 김진만 옮김, 『캔터베리 이야기 I』, 서울 : 동서문화사, 1978, 7쪽을 참조한 것이다.

80) J. Huizinga, *The Waning of the Middle Ages*, New York, 1949, p.124.

81) Rosser, p.215.

82) William Harrison, *The Description of England*, George Edelen, ed., Ithaca, 1968, p.272.

83) Brian Stone, trans., *Medieval English Verse*, Baltimore, 1964, p.106.

84) Erasmus, "The Luther Affair," in Erika Rummel, ed., *The Erasmus Reader*, Toronto, 1990, p.212.

85) H. Davies, pp.12~13에서 재인용.

86) Ibid.

87) Ibid., pp.37~38.

88) J. Foxe, *The Acts and Monuments of John Foxe*, 4th edn., J. Pratt, n. d.[1877].

89) N.H. Graburn, "Tourism : The Sacred Journey," in Valene L. Smith, ed., *Hosts and Guests*, Philadelphia, 1977, p.22.

90) William Robertson, *A Handbook of the Peak of Derbyshire*, Buxton, 1886, pp.14~15.

91) Ibid.

92) J.J. Scarisbrick, *The Reformation and the English People*, Oxford, 1984, p.56.

93) A.L. Rowse, *The Elizabethan Renaissance*, London, 1971, p.169.

94) Coulton, p.252.

95) Erasmus, "Shipwreck," in Rummel, p.242.

96) Erasmus, "The Handbook of the Christian Soildier," in Ibid., p.144.

97) Turner, p.142에서 재인용.

98) Jusserand, p.348.

99) D.J. Hall, *English Medieval Pilgrimage*, London, 1965, pp.34~35.

100) William G. Black, *Folk-Medicine*, London, 1883, p.193.

101) Celia Fiennes, *The Illustrated Journeys of Celia Fiennes, 1685~ 1712*, C. Morris, ed., London, 1995, p.158.

102) Paul Driver, ed., *Seventeenth-Century Poetry*, London, 1996, p.49.

제2장 성스러운 물

1) John Floyer, *An Enquiry into the Right Use and Abuse of the Hot, Cold, and Temperate Baths in England*, London, 1697, sig. A.

2) 샘치장이란 갖가지 꽃과 장식으로 샘에 옷을 입히는 풍습을 말한다. 이러한 이교적 관습은 더비셔의 티싱턴에서 1740년까지 목격되었다. 또한 더비셔의 브래드웰에서는 지금도 8월의 첫째 일요일에 샘치장을 하는 전통이 있다. Alfred S. Foord, *Springs, Streams and Spas of London*, London, 1910, p.56 ; Luis. G. McMeeken, *A Companion to the Peak Villeges and Beyond*, n. p., 1991, p.15.

3) Foord, pp.54~57.

4) Keith Thomas, *Religion and the Decline of Magic*, New York, 1971, p.47.

5) Ibid., p.55.

6) Ibid., p.48.

7) Faye Marie Getz ed., *Healing and Society in Medieval England*, Wisconsin, 1991, p.xviii.

8) Whitley Stokes, ed., *Lives of Saints*, Oxford, 1890, p.165.

9) Ibid., p.173.

10) Ibid., pp.212~218.

11) Rustom P. Masani, *Folklore of Wells*, Bombay, 1918, p.61.

12) Ibid., p.228.

13) William G. Black, *Folk Medicine*, London, 1883, p.193.

14) Brigitte Mitchell, "English Spa," in *Bath History* 1, 1986, p.189.

15) Dorothy Hartley, *Irish Holiday*, Dublin, 1938, p.147.

16) John Stow, *A Survey of London : Written in the Year of 1598*,

Dover, 1994, p.46.

17) Ibid., p.47.

18) Septimus Sunderland, *Old London's Spas, Baths and Wells*, London, 1915, pp.21~23.

19) Ibid.

20) J.J. Jusserand, *English Wayfaring Life in the Middle Ages*, London, 1925, p.338.

21) Reliquiae Antiquae, vol.I, 51[from a fragment of MS. of 14th century, in possession of J.O. Halliwell, No.335]. G.G. Coulton, *Social Life in Britain*, Cambridge, 1938, p.506에서 재인용.

22) Stokes, p.196.

23) Sunderland, p.12.

24) Ibid., p.20

25) Robert Whiting, *The Blind Devotion of the People*, Cambridge, 1968, p.61.

26) A.L. Rowse, *Elizabethan Renaissance*, London, 1971, p.216.

27) Black, p.73.

28) Thomas, p.29.

29) Brain S. Smith, *A History of Malvern*, Leicester, 1964, p.171.

30) Robert Wittie, *Scarbrough Spa*, London, 1660, pp.142~143.

31) Black, p.73.

32) Hartley, *Water in England*, London, 1964, p.74.

33) Black, p.104.

34) Coulton, p.254.

35) Alain Corbin, *The Lure of the Sea : The Discovery of the Seaside in the Western World, 1750~1840*, Jocelyn Phelps, trans., London, 1994, p.1.

36) Trevisa's Bartholomew. Lib. Ix. C. 6. F. 140a. ; Coulton, p.508.

37) Stokes, p.228.

38) Ibid.

39) Anne Wilson, *Food and Drink in Britain*, London, 1973, p.383.

40) Fikret Yegul, *Baths and Bathing in Classical Antiquity*, New York, 1992, p.30.

41) Sunderland, p.38.

42) Coulton, p.430.

43) Stokes, p.150.

44) "The Coming into England of the Lord Graunthuyse," in William B. Rye, *England as Seen by Foreigners in the Days of Elizabeth and James the First*, New York, 1967, p.xli.

45) Stow, p.371.

46) Georges Vigarello, *Concept of Cleanliness*, Cambridge, 1988, p.226.

47) Stow, pp.370~371.

48) H.T. Riley, trans., *Memorials of London and London Life in the XIIIth, XIVth, and XVth Centuries*, London, 1868, p.647.

49) Getz, p.xxviii.

50) Johannes Fabricius, *Syphilis in Shakespeare's England*, London, 1994, p.130.

51) 더 자세한 내용은 F.N.L. Poynter, ed., *The Evolution of Hospital in Britain*, London, 1964, p.19를 참조하라.

52) Vigarello, p.3.

53) Thomas Paynell, *Regimen Sanitatis Salerni*, London, 1528, n. p.

54) Roy Porter, ed., *The Medical History of Waters and Spas*, London, 1990, pp.14~22.

55) J. Foxe, *The Acts and Monuments of John Foxe*, 4th edn., J. Pratt(n. d. [1877]), iii, pp.179~180, p.590, 596 ; iv, p.230. 또한 J.A. Thomson, *The Later Lollards 1414~1520*, Oxford, 1965, p.248을 참조.

56) W.G., *News out of Cheshire of the New Found Well*, London, 1600.

57) Rowse, p.216.

58) Thomas Fuller, *Worthies of England*, John Freeman, ed., London, 1952, p.954.

59) Celia Fiennes, *The Illustrated Journeys of Celia Fiennes 1685~1712*, Christopher Morris, ed., Pheonix Mill, 1995, pp.158~159.

60) Thomas, p.30 참조.

61) Rowse, pp.215~216.

62) Robert Burton, *The Anatomy of Melancholy*, Holbrook Jackson,

ed., London, 1972, vol.2, p.11.

63) Myron P. Gilmore, *The World of Humanism 1453~1517*, New York, 1952, pp.252~256을 참조.

64) John French, *The York-Shire Spaw*, London, 1652, p.50.

65) Walter Bailey, *A Brief Discourse of Certain Bathes of Medicinall Waters in the Counties of Warwicke neere unto Village Called Newman Regis*, London, 1587, sig. A3.

66) Ibid.

67) Edmund Deane, *Spadacrene Anglica*, London, [1626], reprinted edn., 1922, pp.73~74.

68) William Harrison, *The Description of England*, George Edelen, ed., Ithaca, 1968, p.274.

69) French, p.123.

70) P.R.O., Patent Rolls 21. Eliz. Part 7.

71) Bailey, sig. A3.

72) Fuller, pp.3~4.

73) Ibid., p.505.

74) Anthony Walker, *Fire out of Water*, London, 1684, sig. A.

75) William Turner, *A Booke of the Natures and Properties, as well of the Bathes in England as of other Bathes in Germanne and Italye*, Cologne, 1562.

76) Patrick Madan, *A Phylosophical and Medicinal Essay of the Waters of Tunbridge*, London, 1687, p.2.

77) Sunderland, p.23.

78) H.L. Lehmann, "The History of Epsom Spa," in *Surrey Archaeological Collections, Surrey Archaeological Society* 49, 1973, p.90.

79) Robert Wittie, *Scarborough Spaw*, London, 1660, p.5.

80) Ibid.

81) Henry Knipe, ed., *Tunbridge-Wells and Neighbourhood*, Tunbridge-Wells, 1916, p.5.

82) Thomas Short, *History of the Mineral Waters*, London, 1734, vol.1, pp.80~81.

83) John Floyer, p.16.

84) Lodwick Rozee, *The Queens Well*, London, 1671, sig. A2.

85) Benjamin Allen, *The Natural History of the Chalybeat and Purging Waters of England*, London, 1699, p.17.

86) Ibid., pp.26~177.

87) Robert Pierce, *The History and Memoirs of the Bath*, London, 1697, p.250.

88) Thomas Short, *The History of Mineral Waters*, 2 vols., London, 1734.

89) John Jones, *The Bathes of Bathes Ayde*, London, 1572, 8r.

90) Thomas Guidott, *An Answer to a Late Enquiry into the Right Use and Abuse of Bathing*, London, 1691, p.305.

91) Walker, sig. A.

92) Pierce, p.250.

93) Harrison, p.272.

94) Thomas Elyot, *The Castle of Health*, London, before 1580, pp.49~50.

95) Ibid.

96) Ibid., p.108.

97) Wittie, p.23.

98) Ibid., pp.24~25.

99) Harrison, p.272.

100) Elyot, p.49.

101) Ibid., pp.49~50 ; Thomas Coghan, *The Heaven of Health*, London, 1584, p.206.

102) Lewis Rouse, *A Physico-Mechanical Dissertation Concerning Water*, London, 1725, p.2.

103) Ibid., p.32

104) John Stow, *A Survey of London*, Henry Morley, ed., Phoenix Mill, 1994, p.43.

105) Rouse, p.46.

106) Andrea Bacci, *De Thermis*, Venis, 1571, pp.77~78.

107) Ibid.

108) Edward Jorden, *Of Natural Bathes and Mineral Waters*, London,

1632, 2r.

109) Ibid., 3v~4r.

110) Ibid., 2r.

111) Burton, vol.1, p.288.

112) Floyer, pp.60~62.

113) Ibid.

114) Ibid., p.58.

115) *A True Account of the Royal Bagnio,* London, 1680, sig. A2.

116) Samuel Haworth, *A Description of the Duke's Bagnio,* London, 1683, 2r.

117) Ibid., 2v~8v.

118) Floyer, p.67.

119) Paynell, pp.138~139.

120) Ibid., sig. B.

121) Vigarello, p.1.

122) Erasmus, "La Civilite," in *The Erasmus Reader,* Erika Rummel, ed., Toronto, 1990, p.106.

123) Ibid., p.102.

제3장 온천의 탄생

1) 아폴로와 뮤즈가 살았다는 그리스 남부의 산. 시상의 원천.

2) 의사 위티에게 바쳐진 시. Robert Wittie, *Scarbrough Spagyrical Anatomizer Dissected,* London, 1672, sig. A.

3) Harold J. Cook, *The Decline of the Old Medical Regime in Stuart London,* Ithaca, 1986, pp.22~53 ; J.G. Burnby, "A Study of the English Apothecary from 1660 to 1760," in *Medical History Supplement,* 3, 1983 ; Roy Porter, *Disease, Medicine and Society in England 1550~1860,* Basingtoke, 1987, pp.1~28.

4) 과거 자선활동의 일부이던 의료행위가 점차 금품수수를 전제로 한 상업적 의료활동이 되어가는 과정은 Cook, pp.22~53에 상세히 나타나 있다.

5) 튜더-스튜어트 시대의 의술인의 신분적 구조에 관한 저술들로는 Charles Webster, ed., *Health, Medicine and Mortality in the Sixteenth*

Century, Cambridge, 1979 ; Cook, *Decline* ; Z. Cope, *The Royal College of Surgeons of England, A History*, London, 1959 ; Burnby, "English Apothecary," 3 ; W.F. Bynum and R. Porter, *Medical Fringe and Medical Orthodoxy*, London, 1986 ; Porter, *Disease* 등을 참조할 것.

6) Lucinda M. Beier, *Sufferers and Healers*, London, 1987을 참조할 것.

7) Ibid., p.7.

8) Faye Marie Getz, ed., *Healing and Society in Medieval England*, Wisconsin, 1991, p.xxiv.

9) B. Hamilton, "The Medical Professions in the 18th Century," in *Economic History Review* 4, 1951, p.141, 158.

10) Robert Burton, *The Anatomy of Melancholy*, Holbrook Jackson, ed., London, 1972, vol.2, p.15.

11) Webster, ed., *Caring for Health*, Buckingham, Phil., 1993, p.26.

12) Burnby, p.114.

13) 준비기간의 설정은 의사들의 논문에 공통적으로 나타나는 가장 중요한 주제이다. 히포크라테스와 갈레노스에 의해 완성된 고전적 4체액설의 원칙에 따라 체액의 균형을 꾀하는 것이 수치료법에서도 절대적으로 적용되었던 치료의 첫걸음이었다.

14) A.L. Rowse, *The Elizabethan Renaissance*, London, 1971, p.133.

15) John French, *The York-Shire Spaw*, London, 1652, p.88.

16) John Jones, *The Benefit of the Auncient Bathes of Buckstones*, London, 1572, p.15. 또한 정화를 위한 약품에 대한 자세한 항목은 프렌치의 저서를 참조할 것.

17) Lewis Rouse, *Tunbridge-Wells*, London, 1725, p.17.

18) Dr. Scipio des Moulins, *A Short Account of the Mineral Waters lately found out in the City of Canterbury*, London, 1668, p.8.

19) Edward Wilson, *Spadacrene Dunelmensis : Or, A Short Treatise of an Ancient Medicinal Fountain or Vitrioline Spaw near Durham*, London, 1675, p.78.

20) William Turner, *A Booke of the Natures and Properties, as well of the Bathes in England as of other Bathes in Germanne and Italye*, Cologne, 1562, p.15.

21) John Jones, *The Bathes of Bathes Ayde*, London, 1572 ; _____, *Benefit of the Auncient Bathes* ; Edmund Deane, *Spadacrene Anglica*, London, 1626 ; Edward Jorden, *A Discourse of Natural Bathes, and Mineral Waters Wherein*, London, 1632 ; Patrick Madan, *A Phylosophical and Medicinal Essay of the Waters of Tunbridge*, London, 1687 ; John Peter, *A Treatise of Lewisham Wells in Kent*, London, 1680 ; Tobias Venner, *The Baths of Bathe*, London, 1628 ; Wilson, *Spadacrene*, London, 1675 ; Thomas Guidott, *A Discourse of the Bath and the Hot Waters There*, London, 1676 ; _____, *A Letter Concerning Some Observations Lately Made at Bathe*, London, 1674 ; _____, *An Answer to a Late Enquiry into the Right Use and Abuse of the Baths of England*, London, 1691 등을 참조할 것.

22) French, p.88.

23) Jorden, p.153.

24) William Schellinks, *The Journey of William Schellinks' Travels in England, 1661~1663*, M. Exwood and H.L. Lehnmann, trans., Royal Historical Society, London, 1993, pp.105~106.

25) 배스에서 마시는 광천수를 공급하기 위한 도관은 1578년에 최초로 설치되었으나, 이는 단지 물을 마시거나 몸에 붓기에 편리하도록 몸을 담그고 있는 탕의 물을 관을 통해 끌어내는 장치에 불과하였다. 별도의 식음용으로 지하로부터 신선한 광천수를 추출하는 장치는 왕립의사였던 프레이저 경에 의해 1673년 고안되었으며 배스 시에 최초로 설치되었다. 당시로는 첨단의 설비라 여겨졌던 이 장치는 '펌프' 라 불렸으며, 의사와 과학자들에게 찬미와 연구의 대상이 되는 한편 배스 시의 시민들에게는 자신들의 온천장의 위상을 높이는 자랑거리가 되었다. Guidott, *An Answer to a Late Enquiry into the Right Use*, London, 1691, p.305를 참조할 것.

26) Robert Pierce, *The History and Memoirs of the Bath*, London, 1697, pp.254~257, p.387 ; Austin J. King and B.H. Watts, *The Municipal Records of Bath : 1189 to 1604*, London, 1885, p.35를 참조할 것.

27) Jorden, p.153.

28) Schellinks, pp.105~106.

29) *A Brief Account of the Virtues of the Famous Wells of Astrop*,

London, 1668, pp.3~4 ; Peter, p.82 ; Rouse, p.10 ; Deane, p.108.

30) Rouse, p.11.

31) 흡연실은 턴브리지웰스에서 개발사업의 일환으로 설립되었다. Henry Knipe, *Tunbridge-Wells and Neighbourhoods*, Tunbridge-Wells, 1916, p.95.

32) Rouse, p.12.

33) French, p.96.

34) P.R. James, *The Baths of Bath in the Sixteenth and Early Seventeenth Centuries*, Bristol, 1938, p.141.

35) Bruce Osborne and Cora Weaver, *Aquae Britannia : Rediscovering 17th Century Springs and Spas*, Malvern, 1996, p.140.

36) French, p.99.

37) Turner, 2r.

38) Jones, Benefit, 17r.

39) Deane, pp.110~111.

40) Jones, 6r.

41) Ibid.

42) Rouse, p.17.

43) Ibid., pp.20~21.

44) H.S. Bennett, *English Books and Readers 1603~1640*, Cambridge, 1989 참조.

45) Ibid., p.140.

46) Ibid., p.84.

47) 이러한 현상들을 직접적으로 거론하는 당대의 논문들로는 Madan, *A Phylosophical and Medicinal Essay*, p.5 ; Peter, *A Treatise of Lewisham Wells*, A ; Wilson, *Spadacrene Dunelmensis*, B3 ; French, *Yorkshire Spaw*, p.8 ; Eugenius Philander, *A Quaere Concerning Drinking Bath-Water*, London, 1673, p.14 등을 들 수 있다.

48) Madan, p.5.

49) Peter, p.1.

50) Wilson, B3.

51) Ibid., B4.

52) Ibid.

53) Ibid. B3.

54) Ibid.

55) Ibid., B4.

56) Ibid.

57) Peter, A.

58) Pierce, p.383.

59) Ibid.

60) Philander, p.14.

61) Pierce, p.383.

62) Dudley North, *A Forest Promiscuous of Several Seasons Productions*, London, 1659, p.129.

63) Ibid.

64) Turner, p.1.

65) Deane, A.

66) Michael Stanhope, *News out of Yorkshire*, London, 1627, p.2.

67) Turner, 1r.

68) 이런 논쟁을 강력하게 제시한 대표적 예로는 Turner, *Booke of Nature*, p.1 ; Deane, *Spadacrene*, A ; Stanhope, *News*, p.2 ; North, *Forest Promiscuous*, p.129 ; Jones, *Benefit*, p.4 등이 있다.

69) Jones, *Benefit*, p.4.

70) Roy Porter, *The Making of Geology : Earth Science in Britain 1660~1815*, Cambridge, 1977, p.30 참조.

71) Pierce, pp.250~251.

72) Stanhope, p.19.

73) French, p.83.

74) Ibid.

75) Tobias Venner, *The Baths of Bathe*, London, 1628, pp.4~5.

76) Madan, p.20.

77) Wilson, p.50.

78) Pierce, p.388.

79) French, p.64.

80) Venner, p.22.

81) Wilson, p.81.

82) Rowzee, p.53.

83) Venner, p.22.

84) Philander, pp.12~13.

85) Wittie, *Scarbrough Spaw*, London, 1660, p.11.

86) F.L. Poynter, "A Seventeenth-Century Medical Controversy," in E.A. Underwood, ed., *Science, Medicine and History* 2, Oxford, 1953, pp.74~75에서 재인용.

87) Ibid., pp.72~80.

88) 이 유명한 논쟁의 진행과정은 50여 년이 지난 이후에도 의학논집에 계속 거론되고 있다. 대표적으로는 Thomas Short, *History of the Mineral Waters*, London, 1734, vol.1, pp.114~159를 보라.

89) Arthur Rowntree, ed., *The History of Scarborough*, London, 1931, p.249.

90) Short, vol.1, p.137.

91) George Tonstall, *Scarbrough Spaw Spgyrically Anatomized*, London, 1670과 *A New-Year Gift for Doctor Witty*, London, 1672가 대표적 예이다.

92) Short, vol.1, p.144.

93) Tonstall, *New-Year Gift*, A.

94) Short, vol.1, p.159.

95) Ibid., vol.1, pp.114~115.

96) Turner, p.ii.

97) Jones, *Bathes Ayde*, London, 1572, 2v.

98) 로열 배니오(The Royal Bagnio)는 1679년 배니오 코트(Bagnio Court)에, 공작 배니오(The Duke's Bagnio)는 1683년 롱에이커(Long-Acre)에 세워졌으며 1686년 공작 배니오의 후원자였던 제임스가 왕위에 오른 후에는 킹스 배니오(The King's Bagnio)라는 이름으로 확장 개업하였다.

99) Timothy Byfield, *A Short and Plain Account of the Late-Found Balsamick Wells at Hoxdon*, London, 1687, A.

100) Ibid.

101) Ibid.

102) Byfield, *The Artificial Spaw*, London, 1684, p.1.

103) Ibid., pp.33~34.

104) Ibid., p.5.

105) Ibid., p.44.

106) Samuel Haworth, *A Description of the Duke's Bagnio and of the Mineral Bath and New Spaw thereunto belonging*, London, 1683, p.20.

107) Ibid., p.15.

108) 일주일에 이틀은 여성전용일이었고 그 중 하루는 아동의 날로 지정되어 어머니가 자녀들과 함께 이용할 수 있었다. 여성의 날에는 인공온천장의 고용인들도 여성들로 구성되어 "프라이버시"를 존중해주었다고 기록되어 있다. Ibid., p.22를 볼 것.

109) Byfield, *Short and Plain Account* ; Idem., *The Artificial Spaw, or Mineral-Waters to Drink*, London, 1684 ; Haworth, *Description*.

110) Byfield, *Artificial Spaw*, p.64.

111) Ibid., pp.65~66.

112) 대표적 예로는 Stanhope, *A Catalogue of Such Persons as Have Received Benefit or Cure by Mineral Waters of Knaresborough*, London, 1631 ; Pierce, *A Catalogue of Eminent Cures Every Year*, London, 1697 ; Guidott, *Register of Bath, or Two Hundred Observations : Concerning an Account of Cures Performed, and Benefit Received*, London, 1694 등을 들 수 있다.

113) Jones, *Bathes Ayde*, p.33.

114) Bath Record Office, The Chamberlain's Account[1600~1640], no. pag.

115) Guidott, *Register of Bath*, no. pag.

116) 귀도의 *Two Hundred Observation*에 나타난 내용이 전형적인 예이다.

117) Ibid.

118) Stanhope, *Cures without Care*, London, 1631, p.11.

119) Pierce, sig. A.

제4장 지역공동체의 상업화 경쟁

1) Tobias Venner, *The Baths of Bathe*, London, 1628, p.1.

2) Lawrence Stone, *The Family, Sex and Marriage*, New York, 1979,

pp.172~173.

3) 14세기 말 무렵 직물업의 중심지로는 서머싯과 윌셔 지방 및 켄트, 하트퍼
셔, 에식스로 이어지는 햄프셔 동쪽 지역을 꼽을 수 있다. 15세기에는 서픽
과 데번에서도 직물업이 활성화되었다. Alan Dyer, *Decline and Growth
in English Towns 1400~1640*, Cambridge, 1995, p.13 참조.

4) 1524년 배스의 인구는 1200명 정도로 파악된다. 그 당시 배스 시에서 납세
가능한 시민은 213명의 평신도와 16세 이상의 여성(40실링 이상의 재산을
가진 자이거나 주급이 20실링 이상인 경우)들로 책정되어 있었다. 여기에
보통 가족수를 산출하는 방법인 5를 곱한다면 1065명이라는 숫자가 나오는
데, 여기에 교회관계자, 가난한 이들이 덧붙여진다면 1200~1300명 정도의
인구가 있었다고 생각할 수 있다. G. Bradford. ed., *Proceedings in the
Court of Star Chamber in the Reign of Henry VII and Henry VIII*,
Somerset Record Society 27, 1911, pp.140~145 참조. 그러나 이 인구는
1540년 초에 이르러서는 오히려 그 수가 감소하였던 것으로 보이는데, 특
별세(subsidy)를 낼 수 있는 시민의 수가 1525년 206명으로부터 1540년
31명으로 줄어들었기 때문이다. E. Green, "Bath Lay Subsidies, Henry
IV to Henry VIII," in *Bath Field Club 6*, 1889, p.409 참조. 만약 이것
이 인구의 수적 감소가 원인이 아니라면 배스 시의 재산상태가 급속히 감소
하였음을 보여주는 것이라 할 수 있다.

5) 그러나 이 당시 영국의 직물업이 전반적으로 쇠퇴하고 있었던 것은 아니었
다. 단지 구도시, 특히 전통 길드들이 까다로운 규칙을 고수하던 구도시들
이 쇠퇴를 겪은 것으로 보아야 한다. 1540년대 영국의 직물업은 아직 호황
을 누리고 있었고, 배스가 위치한 영국의 남남서 지역은 전체적으로 보아서
는 풍요롭다고 볼 수 있었다. 그러나 구도시들은 값싼 노동력을 보유한 농
촌과의 경쟁에서 밀리고 있는 상황이었다. 도시의 울타리 안에서 이루어지
던 직조가 농촌지역으로 확산되어갔기 때문에 도시들이 가지고 있던 산업
상의 기능이 약화된 것이다. 또한 수출과 관련된 직물들이나 새로운 스타일
의 직물의 유행은 구 길드 도시가 아닌 런던이나 새로운 자원이나 공급원이
있는 농촌지역으로 그 생산지를 옮겨가게 되었다.

6) 이는 배스 시에서 종교적 중심지로서의 역할을 해체시킨 것으로, 이제 단순
히 주변지의 시장역할만을 남겨두는 것이었다. 그러나 궁극적으로 종교개
혁에 따른 수도원 해체는 배스 시의 경우 반드시 부정적으로만 작용한 것은
아니었다. 왜냐하면 1552년 국왕은 과거 수도원 소유의 땅과 건물을 배스

시에 넘겨주었고 1580년이 되면 배스 시 대부분의 땅과 건물이 시 자치체의 소유가 되었기 때문이다. 이는 과거 교회가 관할하던 도시의 상당부분이 배스 시 자치체(the Corporation of Bath)에 귀속되는 것으로, 이제 시 자치체가 도시의 변화를 주도할 수 있는 원동력을 갖추게 되는 것을 의미했다.

7) 수도원 안에 있었던 두 온천탕(대수도원장 배스, 소수도원장 배스)은 수도원 해체 당시 파괴되었으나, 이후 두 개의 온천탕이 새로 세워져서 16세기 후반부터 다시 5개의 온천탕이 존재하였다.

8) Austin J. King and B.H. Watts, *The Municipal Records of Bath, 1189 to 1604*, London, 1885, p.31.

9) Ibid., pp.30~31.

10) Calendar of State Papers, Domestic[Letters Patent 4th Ed. VI, pt, v, m, 30 ; Mar. 7th, 1550], vol.iii, p.309.

11) William Turner, *A Booke of the Natures and Properties, as well of the Bathes in England as of other Bathes in Germanne and Italye*, Cologne, 1562 ; John Jones, *The Benefit of the Auncient Bathes of Buckstones*, London, 1572 ; _____, *The Bathes of Bathes Ayde*, London, 1572.

12) P.R. James, *The Baths of Bath in the Sixteenth and Early Seventeenth Centuries*, Bristol, 1938, p.34.

13) 코튼이 주장하던 권리는 비단 온천탕만은 아니었다. 기존 수도원의 재산이었던 목초지와 배스에서 가장 유서 깊은 여관의 하나인 하트 인(Hart Inn)의 21년간의 사용권 또한 포함되어 있었다. Ibid., p.34 참조.

14) Mike Langham and Colin Wells, *Buxton Waters*, Derby, 1986, p.36.

15) Ibid.

16) Thomas Short, *History of Mineral Waters*, London, 1734, vol.1, pp.80~81.

17) M. Exwood, *A New History of the Epsom Wells and Epsom Salts*, Epsom and Eweel Borough Council, 1979, p.17.

18) A.S. Foord, *Springs, Streams and Spas of London*, London, 1910, p.204.

19) Harleian Charter[cir. 1572~1577], British Library, 83. H. 4.

20) Ibid.

21) *The New Bath Guide, Improved and Much Enlarged*, Bath, 1795,

p.20.

22) Jones, *Benefit*, 21v.

23) John Peter, *A Treatise of Lewisham Wells in Kent*, London, 1680, pp.75~77.

24) Michael Stanhope, *News out of Yorkshire*, London, 1627, p.20.

25) House of Lords MSS[16th, May, 1660].

26) Historical Manuscripts Commission, MSS of the Duke of Portland, 1893, vol.2, p.314.

27) Phyllis Hembry, *The English Spa, 1560~1815*, London, 1990, p.34 참조.

28) private doors, 혹은 slip이라 불림.

29) James, p.74 참조.

30) Minutes of the Council[Oct. 2nd, 1616], Bath Record Office, no. pag.

31) Celia Fiennes, *The Illustrated Journeys of Celia Fiennes*, C. Morris, ed., London, 1995, p.44.

32) Minutes, [Apr. 7th, 1634], [Mar. 23rd, 1663], [Apr. 11st, 1664], [Apr. 21st, 1674] 등 참조.

33) Ibid., [Mar. 23rd, 1663].

34) Ibid., [Apr. 7th, 1634], [Apr. 21st, 1674].

35) 정확하게 언제부터 이 직책이 생겼는지 알 수 없으나 1684년 이전에 있었던 것으로 나타난다. Ibid., [Mar. 3rd, 1684].

36) Ibid., [Apr. 1st, 1672], [Mar. 27th, 1676] 등의 경우를 보라.

37) Trevor Fewcett, "Chair Transportation in Bath," in *Bath History* 2, 1988, p.114.

38) Samuel Pepys, *The Diary of Samuel Pepys*, Henry B. Wheatley, ed., New York, 1946, vol.2, p.890.

39) Fiennes, *The Journey of Celia Fiennes*, C. Morris, ed., London, 1947, p.21.

40) Roger Rolls, "Asylum Chronicorum Morborum : Medical Practice in Stuart Bath," Unpublished Typescript, Bath Record Office, 1992 ; Elizabeth Holland, "Citizens of Bath," Unpublished Typescript, Bath Record Office, 1988 참조.

41) 허가 없이 의료행위를 하다가 적발된 사례들도 있다. 1623년 한 남자는

허가 없이 외과처치를 하다가 고발되었다. Somerset Record Office, Act Books of the Diocese of Bath and Wells, vol.232, f.104.

42) William Schellinks, *The Journal of William Schellinks' Travels in England 1661~1663*, M. Exwood and H.L. Lehmann, trans., London, 1993, pp.87~88.

43) Hembry, p.64.

44) Pepys, vol.1, p.955 ; John Evelyn, *The Diary of John Evelyn*, W. Bray, ed., Washington, 1991, vol.5, p.251, 255.

45) Stanhope, *Cure without Care*, London, 1631, p.19.

46) Brian S. Smith, *History of Malvern*, Leicester, 1964, pp.171~172.

47) D. Monro, *A Treatise on Mineral Waters*, London, 1770, vol.1, p.132.

48) Mike Langham and Colin Wells, *Buxton Waters*, Derby, 1986, p.37.

49) S. McIntyre, "The Mineral Water Trade in the Eighteenth Century," in *The Journal of Transport History*, New Series, vol.2, no.1, p.2.

50) Robert Wittie, *Scarborough Spagyrical Anatomizer Dissected*, London, 1672, p.62.

51) Smith, p.173.

52) "Holt Mineral Water," in Tracks on Waters[A Collection of Pamphlets, British Library], no. pag.

53) Bruce Osborne and Cora Weaver, *Aquae Britannia, Rediscovering 17th Century Springs and Spas*, Malvern, 1996, p.70

54) 주류의 단위가 되는 앵커는 1앵커당 10갈론(gallon)을 이야기하는 것으로 보통 1앵커들이 큰 술통을 이야기하기도 한다. M. Whittaker, *The Book of Scarborough Spaw*, Barracuda, 1984, pp.46~48. Osborne, p.127 재인용.

55) Peter Shaw, *An Enquiry into the Contents, Virtues, and Uses of the Scarborough Spaw-Waters*, London, 1734, no. pag.

56) Short, p.292.

57) Osborne, pp.189~195.

58) H.L. Lehmann, "The History of Epsom Spa," *Surrey Archaeological Cottections, Surrey Archaeological Society* 49, 1973, p.90.

59) William Turner, *A Booke of the Natures and Properties, as well of*

the Bathes in England, Cologne, 1562, 2r.

60) James, pp.68~70.

61) William Harrison, *Harrison's Description of England*, F.J. Furnivall, ed., London, 1877, vol.1, p.355.

62) Minutes of the Council[Oct. 13th, 1645], Bath Record Office, no. pag.

63) *The New Bath Guide*, pp.19~20.

64) Pepys, vol.2, p.891.

65) Short, pp.42~43.

66) Thomas Burr, *The History of Tunbridge-Wells*, London, 1766, pp.40~42.

67) *The New Bristol Guide*, Bristol, 1799, p.155.

68) Osborne, p.222.

69) John French, *The York-Shire Spaw*, London, 1652, p.116.

70) Short, p.53 ; Walter Bailey, *A Brief Discourse of Certain Bathes Called Newnam Regis*, London, 1587, sig. A4.

71) G.W., *News out of Cheshire of the New Found Well*, London, 1600, sig. C.

72) George Neale, *Spadecrene Eboracensis*, London, cir. 1690, no. pag.

73) Jones, *Benefit*, 3r.

74) The Chamberlain's Account[1600~1601], Bath Record Office, no. pag.

75) James, p.62.

76) Jean Manco, "Bath and the Great Rebuilding," in *Bath History* 4, 1992 참조.

77) 그러나 필자의 견해로 이는 지나치게 큰 액수로 보인다. 이 당시 보통 웬만한 집 한 채를 짓는 데 50파운드 정도가 들었던 것으로 보이기 때문이고, 또 다른 이유로는 배스 시가 이만큼의 자금 동원력이 있었는가 하는 것도 문제삼아봄직하다고 생각된다. 당시 부유한 후견인들이 배스를 방문하고 가난한 이들이나 병자를 위해 대부(loan)의 형태로 주는 돈의 규모는 100파운드 정도였던 것으로 알려진다. 또한 배스 시의 경우 Chamberlain's Account가 1568년도의 것부터 남아 있기 때문에(그리고 그후에도 소실된

것들이 있기 때문에) 이 액수의 정확성에 대해서는 더욱 고찰되어야 할 것이다. *The Accounts of the Chamberlains of the City of Bath 1568~1602*, F.D. Wardle, ed., *Somerset Record Society* 38, 1923, pp.6~13 ; R. Warner, *The History of Bath*, Bath, 1801, p.241.

78) Acts of the Privy Council of England[1571~1575], p.28.

79) 나환자탕은 나환자들을 격리할 목적으로 핫 배스에서 물을 끌어다 만든 것이다.

80) 스피드(John Speed)의 지도(Theatre of the Empire of Great Britain, 1611~1612)에 나타난 것이다. 이 지도는 1596년에서 1610년 사이에 제작된 것이다.

81) Edward Jordan, *A Discourse of Natural Bathes, and Mineral Waters*, London, 1632, sig. A2.

82) *Hembry*, p.34 참조.

83) James, pp.49~50 참조.

84) 1584년의 Chamberlain's Account는 이 파이프 제거작업의 사용목적과 내역을 보여주고 있다. The Chamberlain's Accounts[1584], Bath Record Office, no. pag.

85) John Harington, *The Metamorphosis of Ajax*, London, 1595, p.70.

86) Ibid., pp.75~76.

87) James, pp.66~67.

88) Acts of the Privy Council of England[1597~1598], pp.373~375 ; James, p.71 참조.

89) Hembry, pp.34~38 참조.

90) T. Dingley, *History from Marble*[comp. in the Reign of Charles II], Vol.1, *Camden Society Old Series* 94, 1867, p.95.

91) Minutes of the Council[Apr. 22th, 1633], Bath Record Office, no. pag.

92) Ibid., [Apr. 29, 1633].

93) Ibid., [Mar. 27th, 1682].

94) Ibid., [Apr. 2nd, 1694]의 경우를 보라.

95) *New Bath Guide*, pp.19~20.

96) Ibid.

97) G.W., sig. C.

98) Ibid.

99) 1641년의 Survey of Bath에는 1585년부터 1639년까지 최소 21건의 주 요 신축건물 관련사항이 기록되어 있다.

100) Harington, pp.70~71.

101) 길모어의 지도는 1692년에 제작되어 1694년에 발간되었다.

102) Dingley, p.95.

103) Tobias Venner, *The Baths of Bathe*, London, 1628, p.9.

104) Thomas Hobbes, *De Mirabilibus Pecci*. W. Allan Milton, *Historic Places around Buxton*, Buxton, 1926, p.15에서 재인용.

105) William Henry Robertson, *A Hand-book of the Peak of Derbyshire*, Buxton, 1886, pp.16~19.

106) Graham Macaulay, *History of England from the Accession of James I to the Elevation of the House of Hanover*, London, 1769~1772, vol.2, p.345.

107) Henry Pownall, *The History of Epsom*, London, 1825, p.55.

108) John Toland, *The Description of Epsom*, London, 1711, p.18.

109) Anthony Walker, *Fire out of Water*, London, 1684, p.118.

110) "Old Admired Well is revived for the Publick Good," in *Tracks on Waters*, no. pag.

111) Ibid.

112) E. Borlase, *Latham Spaw in Lancashire*, London, 1670, pp.5~6.

113) Stanhope, *Cure*, p.26.

114) Ibid.

115) George Neale, *Spadacrene Eboracensis*. Short, vol.1, pp.242~245 에서 재인용.

116) G.W., sig. C.

117) Ibid.

118) Pepys, 2 : 595.

119) Fiennes, p.108.

120) John Lewkenor, *Metellus His Dialogue*, London, 1693, p.31.

121) Burr, p.34.

122) Bodelian Library MS RAWL D945, f. 32b.

123) 핸머(William Hanmer) 같은 이는 1650년 1000파운드의 보증금을 내고

자신의 약사를 대동하고 배스에 와서 3개월간 묵을 수 있었다. 배스 시의 입장에서는 수입을 올릴 수 없는 가난한 환자나 병사들이 들어오는 것은 전혀 반갑지 않은 일이었다. 그리하여 1651년 배스 시는 의회의 명령에 따라 보내진 불구 병사들을 지원하기를 거부하였다. 1652년 4월 결국 국무회의는 186명의 병사를 배스에서 치료하기 위해 1000파운드를 허가하였다. 1653년에는 병원위원회에서 역시 1000파운드를 들여 공식적으로 220명을 배스로 후송하였고, 그 이외에도 병사, 귀족들의 치료와 휴양은 지속되었다. Calendar of State Papers, Domestic[1651~1652], 600, [1652~1653], 320, 322, 338, 341, 349, 350, [1653~1654], 40, 292, 430 등을 참조.

124) 당시 배스 시에서 영업을 하던 상인군을 알아볼 수 있는 한 방법으로는 지역상인들이 발행한 동전을 들 수 있다. 17세기 중반, 전국적인 동전의 부족으로 인해 지방의 상인들은 스스로 고유의 동전을 발행하게 되었는데, 배스 시의 경우 1650년에서 1670년 사이에 발행되었다. 특히 1670년 배스 시 자치체에서 발행한 동전은 5만 개가 넘었으며, 이 사적인 동전의 한쪽 면에는 각 직업군의 상징이 새겨져 있었다.

125) 여기서 잡화상이란 머서(mercer)를 일컫는 말이다. 원래 머서는 실크류를 전문적으로 취급하는 장사꾼으로 알려져 있으나, 18세기 이전까지 다양한 종류의 직물과 야채, 청과, 잡화 등의 소매를 함께 하던 소매상으로 보는 것이 옳다. 특히 이 당시 배스라는 지역에서는 그로서(grocer)라는 말보다 머서가 더 흔히 쓰였던 것 같다. 예를 들어, 치프 가(Cheap Street)에서 가게를 갖고 있던 머서 피어스(John Pearce)가 취급하던 품목으로는 옷장식, 베일, 담배, 파이프, 설탕으로부터 화약에 이르기까지 다양하였다. Chamberlain's Accounts, Bath Record Office, no. pag.

126) Fewcett, "Late 17th-Century Shops in Bath," Unpublished Paper, Bath Record Office, 1990 참조.

127) 이 당시 배스에서 발달한 조직적 여흥은 이 책의 6장을 참조하라.

제5장 빈자의 탕

1) Edward Ward, *The Miracles Perform'd by Money*, London, 1692, p.19.

2) William Harrison, *The Description of England*, George Edelen, ed.,

Ithaca, 1968, p.291.

3) 전통적으로 역사학에서 빈민은 임금과 기본생계비(의식주에 필요한 최소한의 경비) 사이의 비교를 통해 규정되는 것이 범례였다. B.S. Rowntree, *Poverty, A Study of Town Life*, London, 1901, p.86 ; E.H. Phelps Brown and S.V. Hopkins, "Seven Centuries of the Prices of Consumables compared with Builders' Wage-Rates," in E.M. Carus-Wilson, ed., *Essays in Economic History*, London, 1962 등의 연구가 대표적이다.

4) Paul Slack, *Poverty and Policy in Tudor and Stuart England*, London, 1988, p.2 ; A.B. Atkinson, *The Economics of Inequality*, Oxford, 1975, p.186 ; W. Beckerman, "The Measurement of Poverty," in T. Riis, ed., *Aspects of Poverty in Early Modern Europe*, Florence, 1981, pp.47~63 참조.

5) 조던(W. K. Jordan)의 *Philanthropy in England 1480~1660*, London, 1959를 보면 16세기와 17세기 초반 빈민구제와 정착을 위한 개인적 차원의 기부가 엄청나게 증가하였다는 것을 알 수 있다. 이 당시의 사적 구제기구로는 고아원, 양로원, 병원 및 극빈자를 위한 모금, 빈민자녀를 위한 교육, 가난한 상인을 위한 대부, 그리고 이웃 간에 빈번히 행해지던 자선 등을 들 수 있다.

6) 영국에서 유랑민이 발생된 근본적인 경제적 원인을 고찰한 연구로는 A.L. Beier, *Masterless Men, The Vagrancy Problem in England, 1560~1640*, London, 1985를 대표적으로 꼽을 수 있다.

7) Alan Macfarlane, *The Origins of English Individualism*, Oxford, 1978, pp.195~202 ; V. Pearl, "Social Policy in Early Modern London," in H. Lloyd-Jones, V. Pearl and B. Worden, eds., *History and Imagination*, London, 1981, pp.115~131 참조.

8) Slack, chap.2 참조.

9) Ronald Finucane, *Miracles and Pilgrims*, London, 1977, p.43.

10) H.M. Gillett, *Walsingham and Its Shrine*, London, 1934, p.30.

11) 이 당시 빈민이 신에게 더욱 가까운 백성이고, 자선의 절대적 대상이라는 개념은 설교문과 종교서의 한 주제였다. 다음과 같은 문헌들은 그런 측면을 잘 보여주는 것이다. T. Lupset, *A Treatise of Charite*, London, 1539, ff.4, p.20 ; W. Conway, *An Exortacion to Charite*, n. p., 1552,

sig. Aii ; C. Fitz-Geffrey, *The Curse of Corneborders*, London, 1631, p.21 ; H. Smith, *The Poore Mans Teares*, London, 1592.

12) Anthony Walker, *Fire out of Water*, London, 1684, p.1.

13) E. Borlase, *Latham Spaw in Lancashire*, London, 1670, sig. A.

14) Michael Stanhope, *News out of Yorkshire*, London, 1627, p.20.

15) Stanhope, *Cures without Care*, London, 1631, p.16.

16) Samuel Pepys, *The Diary of Samuel Pepys*, Henry B. Whearley, ed., New York, 1946, vol.2, pp.894~895.

17) John Peter, *A Treatise of Lewsham Wells in Kent*, London, 1680, p.96.

18) Bernard Jennings, ed., *A History of Harrogate and Knaresborough*, Huddersfield, 1970, p.221.

19) Thomas Short, *History of the Mineral Waters*, London, 1734, sig. A.

20) Thomas Fuller, *The Worthies of England*, John Freeman, ed., London, 1952, p.3. 풀러는 17세기 영국의 대표적 지리서인 이 책에서 '광천수'를 영국의 보물 가운데 하나라고 일컬었다. 또 이 보물에 대한 혜택은 신의 백성 모두가 누릴 권리가 있다고 기술하고 있다.

21) Walker, p.118.

22) Fuller, p.490.

23) "Mackay's Journey through England," in R.W. Falconer, *History of the Royal Mineral Water Hospital*, Bath, 1888, p.3.

24) Edward Jordan, *A Discourse of Natural Baths and Mineral Waters*, London, 1632, sig. A2.

25) Thomas Guidott, *An Answer to a Late Enquiry into the Right Use and Abuse of Bathing*, London, 1691, p.307.

26) Stanhope, *Cures*, London, 1632, p.27.

27) House of Lords MSS 84[16th May, 1660].

28) Walker, p.118.

29) Ibid.

30) Ibid.

31) William Robertson, *A Hand-Book of the Peak of Derbyshire*, Buxton, 1886, pp.12~13.

32) 빈민법의 정확한 기원이 언제였고 그 내용이 구체적으로 무엇이었는지는

불확실하다. 그러나 15세기 말에 이미 빈민구제 차원의 복지책으로 각 교
구마다 빈민에게 물품 등을 나누어주거나 구빈원을 설립, 혹은 가축이나
토지, 집 등의 재산(보통 church-stock, town-stock이라 불림)을 보유하
고 있다가 빈민에게 대여, 혹은 증여하는 제도 등이 발달해 있었다. J.J.
Scarisbrick, *The Reformation and the English People*, Oxford,
1984 ; S. and B. Webb, *The Old Poor Law*, London, 1927, pp.8~
12 ; Jordan, *Philanthropy*, pp.253~274 ; B.R. Masters and E. Ralph,
eds., *The Church Book of St. Ewen's Bristol 1454~1584*, Bristol,
1967, p.137 등을 참조.

33) 1495년 헨리 7세에 의해 제정된 부랑자 조례를 가리킨다. 이 법령의 요지
는 수상한 자와 떠돌이를 색출하여 3일 동안 칼을 씌운 뒤 출신지역으로 돌
려보내는 것이다. 이 법률은 이후 Act of Settlement(1662)에 의해 확대
적용되기까지 부랑인을 다룸에서 거의 변함이 없는 원칙을 수립하였다.

34) The Statues of the Realm[1572], 14. Eliz. c. 5. 36.

35) Ibid. [1597], 39. Eliz. c. 4. 900.

36) Letters Patent [Mar. 7th, 1550], 4th Ed. VI, pt. V. m., 30.

37) J.H. Thomas, *Town Government in the Sixteenth Century*, New
York, 1969, pp.119~120.

38) Ibid.

39) Historical Manuscripts Commission, Report : Various Collections, 1,
1608, p.286.

40) Beier, p.76. 베이어의 연구는 영국 남부의 대부분 지역에서 가난한 병자
들을 온천으로 보내던 사례를 언급하고 있다. 또한 Westminster City
Library, E 146, 36a ; Diary of a Corporation, Reading Record
Office, 1892~1896, II. 44 등 참조.

41) Robert Wittie, *Scarbroughs Spagyrical Anatomizer Dissected*,
London, 1672, sig. A4.

42) Historical Manuscripts Commission, Report, X, App. iv. [1612], 15.

43) Borlase, *Latham Spaw*, sig. A2, 34.

44) Ibid., 58.

45) John Floyer, *The History of Cold Bathing*, London, 1722, p.213.

46) H. Cornwallis, *Set on the Great Pot*, London, 1708, pp.7~10.

47) P.R. James, *Baths of Bath in the Sixteenth and the Early*

Seventeenth Centuries, Bristol, 1938, pp.32~33.

48) Henry Chapman, *Thermae Redivivae*, London, 1673, p.2.

49) John Wood, *An Essay towards a Description of Bath*, London, 1749, p.304.

50) Robert Pierce, *The History and Memoirs of Bath*, London, 1697, p.388.

51) Roger Rolls, "Asylum Chronicorum Morborum," Typescript, Bath : Bath Record Office, 1992, n. p. 1616년부터 1626년까지 벨럿 병원에 수용된 빈민들의 출신지를 살펴보면, 런던 9.8퍼센트, 서머싯셔 13.2퍼센트, 글로스터셔 7.4퍼센트, 데번셔 5.9퍼센트, 윌셔 9.8퍼센트, 워릭셔 3.9퍼센트, 에식스 5.4퍼센트이다. 그리고 그밖의 지역들은 비교적 균등한 비율을 보이고 있다. Robert Pierce, *The History and Memoirs of Bath*, London, 1967, p.388 참조.

52) Minutes of the Council[1617], Bath Record Office, n. p.

53) John Jones, *The Benefit of Auncient Bathes of Buckstones*, London, 1572, 20v.

54) Ibid.

55) Thomas Guidott, *A Discourse of Bath and the Hot Waters There*, London, 1676, sig. A2~3.

56) Ibid.

57) Ibid.

58) Fuller, p.490.

59) Ibid.

60) Ibid.

61) G.W., *News out of Cheshire of the New Found Well*, London, 1600, sig. C.

62) "Philosophical Transaction," no. 51, Short, sig. A에서 인용.

63) Fuller, p.3.

64) Peter, p.75, 77.

65) Guidott, sig. A3.

66) Guidott, *The Register of Bath*, London, 1694, no. pag.

67) Minutes of the Council[Nov. 24th, 1652].

68) Guidott, *The Lives and Characters of the Physicians of Bath*,

London, 1691, no. pag.

69) G.H. Sabine, ed., *The Works of Gerrad Winstanley*, Ithaca, 1941, p.598 ; Sir William Petty, *The Advice of W. P. to Mr. Samuel Hartlib*, London, 1648 ; J. Cook, U*num Necessarium*, London, 1648.

70) Guidott, *Discourse*, A3.

71) Austin J. King and B.H. Watts, *The Municipal Records of Bath*, London, 1885, p.34.

72) Fuller, *The Church History of Britain*, London, 1655, vol.5, p.97.

73) Wood, p.309.

74) King and Watts, p.33.

75) John Leland, *John Leland's Itinerary*, John Chandler, ed., London, 1993, p.407.

76) William Turner, *A Booke of Natures and Properties, as well of the Bathes in England*, Cologne, 1562, 17r.

77) Fuller, *Worthies*, p.490.

78) Stanhope, *Cure*, p.27.

79) John Floyer, *An Enquity into the Right Use and Abuse of the Hot, Cold and Temperate Baths in England*, London, 1697, p.143.

80) Guidott, *Answer*, p.307.

81) Minutes, [June, 31st, 1651], n. p.

82) Chapman, p.3.

83) Turner, 16v.

84) Ibid.

85) Ibid., 17v.

86) Ibid.

87) Borlase, sig. A.

88) Ibid.

89) Guidott, p.295.

90) Short, p.246.

91) Ibid.

92) 벨럿 병원에 수용된 빈민의 질병은 주로 사지의 통증을 호소하는 것이었다.

93) Guidott, *Discourse*, p.54.

94) Turner, p.17.

제6장 쾌락의 탕

1) Edward Ward, *A Walk to Islington : With a Description of New Tunbridge-Wells and Sadler's Music-House*, London, 1699, p.3.

2) Robert Wittie, *Scarborough Spaw*, London, 1660, p.199.

3) J.H. Plumb, *The Commercialization of Leisure in Eighteenth-Century England*, Birkshire, 1972.

4) Peter Borsay, *The English Urban Renaissance, Culture and Society in the Provincial Town, 1660~1770*, Oxford, 1989, p.31.

5) Brigitte Mitchell, "English Spas," *Bath History* 1, 1986, pp.191~192 ; Borsay, pp.31~32 ; Jean Manco, "The Cross Bath," *Bath History* 2, 1988, p.57 ; William Addison, *English Spas*, London, 1951, pp.4~5.

6) Addison, p.4.

7) Phillis Hembry, *The English Spa, 1560~1815*, London, 1989, pp.22~29.

8) Act of the Privy Council of England[1577~1578], p.310.

9) Historical Manuscripts Commission, 8th Report, App., II, 29 ; P.R. James, *The Baths of Bath in the Sixteenth and Early Seventeenth Centuries*, Bristol, 1938, pp.48~49, p.117.

10) Calendar of State Papers, Domestic[1611~1618], 135, 145, 381, 504, 568, [1619~1623], 54, 62, 72, 75 ; *The Victoria History of the Counties of England, Essex*, 5, Oxford, 1977, p.324.

11) Peter Whalley, *The History and Antiquities of Northamptonshire* 2, London, 1791, p.149 ; Calendar of State Papers, Domestic[1627~1628], 276 ; Historical Manuscripts Commission, 11th Report, App., I, p.122.

12) Dudley North, *A Forest of Promiscuous of Several Seasons Productions*, London, 1659, p.134.

13) The Chamberlain's Account[Apr. 21, 1644], Bath Record Office, no. pag.

14) Hembry, p.31 참조.

15) Andrew Wear, "Health and the Environment in Early Modern England," in Andrew Wear, ed., *Medicine in Society*, Cambridge, 1992, pp.119~145.

16) Ibid., p.131.

17) 이 책은 1653년 처음 발간된 이래 400쇄가 넘게 인쇄되었다.

18) Paul Slack, *The Impact of Plaque in Tudor and Stuart England*, London, 1985.

19) Alain Corbin, *The Lure of the Sea*, London, 1995, p.59.

20) John Graunt, *Natural and Political Observations*, London, 1676, p.63.

21) Lawrence Stone, *The Family, Sex and Marriage*, p.62.

22) Keith Thomas, *Man and the Natural World*, London, 1984, p.246.

23) Graunt, pp.63~64.

24) Corbin, p.59.

25) David Underdown, *Revel, Riot, and Rebellion : Popular Politics and Culture in England 1603~1660*, Oxford, 1987, p.127.

26) Slack, pp.81~83.

27) Thomas Burr, *The History of Tunbridge-Wells*, London, 1766, pp.20~21.

28) Radford Thompson, *Pleton's Illustrated Guide to Tunbridge-Wells*, Tunbridge-Wells, 1970, p.9에서 인용.

29) John Jones, *The Benefit of Auncient Bathes of Buckstones*, London, 1572, 10v.

30) Burr, p.14.

31) Count Grammont, *Memoirs of Count Grammont*, A. Hamilton, trans., London, 1794, p.295.

32) M. Misson, *Memoirs and Observations in his Travels over England*, Ozell, trans., London, 1718, p.14.

33) Robert Wittie, *Scarborough Spaw*, London, 1660, p.199.

34) *A Rod for Tunbridge Beaus*, London, 1701, no. pag.

35) Ibid.

36) Jones, 12r.

37) Thomas Coghan, *The Haven of Health*, London, 1584, p.3.

38) Austin J. King and B.W. Watts, *Municipal Records of Bath*, London, 1885, p.31.

39) Jones, 12r.

40) Ibid.

41) Ibid.

42) William Schellinks, *The Journal of William Schellinks' Travels in England 1661~1663*, M. Exwood and H.L. Lehmann, trans., London, 1993, p.15 ; Bruce Osborne and Cora Weaver, *Aquae Britannia : Rediscovering 17th Century Springs and Spas*, Malvern, 1996, p.34.

43) Ward, *A Step to the Bath*, London, 1689, p.14.

44) John Toland, *The Description of Epsom*, London, 1711, p.25.

45) Ward, *Step to Bath*, p.15.

46) Grammont, p.295.

47) Tracks on Waters[A Collection of Pamphlet, British Library], no. pag.

48) Grammont, p.295.

49) Toland, pp.26~27.

50) Ibid., pp.16~17.

51) Ward, *Step to Bath*, p.16.

52) Samuel Pepys, *The Diary of Samuel Pepys*, Henry B. Wheatley, ed., New York, 1946, vol.1, p.691.

53) E. Borlase, *Latham Spaw in Lancashire*, London, 1670, pp.6~7.

54) Pepys, vol.1, p.693.

55) Tracks on Waters, no. pag.

56) Toland, p.26.

57) The Earl of Onslow, "Racing in Surrey," in *Surrey Archaeological Collection* 44, 1936, p.2.

58) Toland, p.27.

59) P.R. James, *The Baths of Bath in the Sixteenth and Early Seventeenth Centuries*, Bristol, 1938, p.28.

60) Pepys, vol.2, p.894.

61) Thomas Burke, *English Night-Life*, London, 1941, p.20.

62) Toland, pp.30~31.

63) Ibid., p.31.

64) Osborne, p.34.

65) Toland, p.31.

66) Ibid.

67) Ward, *Step to Bath*, p.15.

68) Pepys, vol.2, p.892.

69) John Evelyn, *The Diary of John Evelyn*, E.S. Beer, ed., Oxford, 1955, vol.3, p.102.

70) Burr, p.112.

71) Ibid., p.116.

72) Jones, 13r.

73) Patrick Madan, *A Philosophical and Medicinal Essay of the Waters of Tunbridge*, London, 1687, p.19.

74) Ward, *Step to Bath*, p.15.

75) Grammont, p.299.

76) Toland, p.25.

77) *The New Bath Guide, Improved and Much Enlarged*, Bath, 1795, p.53.

78) King and Watts, p.56.

79) Ibid. ; James, p.99 참조.

80) Grammont, p.298.

81) Myriam Jansen-Verbeke, "Women, Shopping and Leisure," in *Leisure Studies* 6, 1987, p.71.

82) Elizabeth Holland, "The Earliest Bath Guildhall," in *Bath History* 2, 1988, pp.163~169.

83) Celia Fiennes, *The Journey of Celia Fiennes*, C. Morris, ed., London, 1947, p.23.

84) Trevor Fawcett, "Late 17th Century Shops in Bath," Unpublished Typescript, Bath : Bath Record Office, 1985, no. pag. ; Holland, "Citizens of Bath," Unpublished Typescript, Bath Record Office, 1988, no. pag.

85) Burr, p.114.

86) Grammont, p.299.

87) Osborne, p.18.

88) Ibid.

89) Graham Macaulay, *History of England from the Accession of James I to the Elevation of the House of Hanober*, London, 1769~1772, vol.II, Chap. 3. J.C.M. Given, *Royal Tunbridge Wells*, Tunbridge-Wells, 1946, p.42에서 재인용.

90) Burr, p.31.

91) John Lewknor, *Metellus His Dialogue*, London, 1693, p.47.

92) Toland, p.30.

93) Ibid.

94) *Aesop in Select Fables*, London, 1698, no. pag.

95) Ibid.

96) Ibid.

97) *Rod for Tunbridge Beaus*, no. pag.

98) Thorestein Veblen, *The Theory of Leisure Class*, New York, 1934, p.iii.

99) Pepys, vol.1, pp.690~691.

100) Ibid., p.192.

101) Ward, *Walk to Islington*, p.5.

102) Ibid. p.13.

103) Stone, p.213.

104) "A Petition against Roger Cottrell(1553)," in Mike Langham and Colin Wells, *Buxton Waters*, Derby, 1986, p.36에서 재인용.

105) John Peter, *A Treatise of Lewsham Wells in Kent*, London, 1680, sig. A.

106) Ibid.

107) Thomas Guidott, *An Answer to a Late Enquiry into the Right Use and Abuse of Bathing*, London, 1691, p.295.

108) Minutes of the Council[Apr. 7th, 1634], Bath Record Office, no. pag.

109) Hembry, p.105.

110) Ward, *Step to Bath*, p.13.

111) Ward, *Walk to Islington*, p.12.

112) Ibid.

113) Toland, p.27.

114) Ibid.

115) Ward, *Step to Bath*, p.14.

116) H.E. Malden, "An 18th Century Journey through Surrey and Sussex," in *Surrey Archaeological Collections* 29, 1916, p.39.

117) Guidott, p.307.

118) *Register of Thomas Bekynton, Bishop of Bath and Wells, 1443~1465, Somerset Record Society* 49, 1934, p.116.

119) Ibid.

120) Ibid.

121) Ibid.

122) Ibid.

123) William Turner, *A Booke of Natures and Properties, as well of the Bathes in England*, Cologne, 1562, 1v~2r.

124) Ibid.

125) Jones, *The Bathes of Bathes Ayde*, London, 1572, 33r.

126) Calendar of State Papers, Domestic[1625], xiv, 74.

127) Fiennes, *Journey*, 1947, p.18.

128) Daniel Defoe, *A Tour thro' the Whole Island of Great Britain*, London, 1724, vol.2, p.70.

129) Michael Stanhope, *News out of Yorkshire*, London, 1627, p.21.

130) William Harrison, *The Description of England*, George Edelen, ed., Ithaca, 1968, p.290.

131) Landsdowne Manuscripts[1643], British Library, 214, f. 339b.

132) John Harington, *Nagae Antiquae*, Henry Harington, ed., London, 1779, no. pag.

133) Ward, *Step to Bath*, p.13.

134) John Wood, *The Description of Bath*, London, 1749, p.332.

135) Grammont, p.295.

136) Thomas Short, *The Natural, Experimental, and Medicinal History of the Mineral Waters*, London, 1734, p.242.

137) Thomas Rawlins, *Tunbridge-Wells, or A Days of Courtship*,

London, 1678, pp.4~5.

138) Ibid.

139) Thomas Shadell, *Epsom Wells*, London, 1673, no. pag.

140) PRO, STAC 8/237/26, Perman v. Bromley, 1614.

141) John Lewkenor, *Metellus his Dialogues : A Relation of a Journey to Tunbridge-Wells*, London, 1693, p.52.

142) Grammont, p.299.

143) Burr, p.46.

144) The Charter Act Books of the Diocese of Bath and Wells, Sommerset Record Office, D/D/ca, vol.185, f.279.

145) Timothy Byfield, *A Short and Plain Account of the Late-Found Balsamick Wells at Hoxdon*, London, 1687, sig. A.

146) *Merry News from Epsom-Wells*, London, 1663, no. pag.

147) J.A.R. Pilmott, *The Englishman's Holiday*, Hassocks, 1976, p.36에서 재인용.

후기

1) Neil McKendrick, *The Birth of a Consumer Society*, London, 1982 : Grant McCracken, *Culture and Consumption*, Bloomington, 1988.

2) Keith Thomas, *Man and the Natural World*, London, 1983, p.40.

참고문헌

1차 사료

(1) Manuscripts and State Papers

Act of the Privy Council of England, 1571~1575, 28.

Act of the Privy Council of England, 1577~1578, 310.

Act of the Privy Council of England, 1597~1598, 373~375.

Calendar of State Papers, Domestic, 1550, 309.

Calendar of State Papers, Domestic, 1611~1618, 135, 145, 381, 504, 568.

Calendar of State Papers, Domestic, 1619~1623, 54, 62, 72, 75.

Calendar of State Papers, Domestic, 1625, 74.

Calendar of State Papers, Domestic, 1627~1628, 276.

Calendar of State Papers, Domestic, 1651~1652, 600.

Calendar of State Papers, Domestic, 1652~1653, 320, 322, 338, 341, 349, 350.

Calendar of State Papers, Domestic, 1653~1654, 40, 292, 430.

Exchequer, King's Remembrancer Accounts, 396/11 fols. 13v. 19r.[Edw III].

Historical Manuscripts Commission, 8th Report, App., II, 29.

Historical Manuscripts Commission, 10th Report, App., IV, 15.

Historical Manuscripts Commission, 11th Report, App., I, 122.

Historical Manuscripts Commission, MSS of the Duke of Portland, 2.

Historical Manuscripts Commission, MSS of the Duke of Portland, 5.

Historical Manuscripts Commission, Report : Various Collections, 1, 1608, 286.

House of Lords MSS, 84, 16th May, 1660.

P. R. O., Patent Rolls 21. Eliz. Part 7.

P. R. O., STAC 8/237/26, Perman v. Bromley, 1614.

The Statues of the Realm, 1572, 14, Eliz. c. 5. 36.

Bath Archive Office, Bath Record Office

— Bellott's Account Book.

— Chamberlain's Account, 1568~1699.

— Minutes of the Council, 1613~1700.

— Survey of Corporate Property, 1641.

Bath Reference Library

— Notes on Bath : Residents and Visitors, 3 vols.

Bodelian Library

— MS RAWL D945, f.32b.

British Library

— Harlein Charter, cir. 1572~1577, 83 H. 4.

— Landsdowne Manuscripts, 1643, 213 , 214, f.339b.

— Tracks on Waters[A Collection of Pamphlet].

Reading Record Office

— Diary of a Corporation, 1892~1896, II. 44.

Somerset Record Office

322

—The Charter Act Books of the Diocese of Bath and Wells : D/D/ca, vol.185, f.279 ; vol.232.

Trinity College, Cambridge University
—Wright, Reliquiae Antiquae, I, 2~3, Cambridge MS R. 3. 19.

(2) Printed

A Brief Account of the Virtues of the Famous Well of Astrop, London, 1668.

A Rod for Tunbridge Beaus, London, 1701.

A True Account of the Royal Bagnio, London, 1680.

Aesop in Select Fables, London, 1698.

Allen, Benjamin, *The Natural History of the Chalybeat and Purging Waters of England*, London, 1699.

Bacci, Andrea, *De Thermis*, Venis, 1571.

Bailey, Walter, *A Brief Discourse of Certain Bathes of Medicinall Waters in the Counties of Warwicke neere unto Village Called Newman Regis*, London, 1587.

Borlase, E., *Latham Spaw in Lancashire*, London, 1670.

Burr, Thomas, *The History of Tunbridge-Wells*, London, 1766.

Burton, Robert, *The Anatomy of Melancholy*, Edited by Holbrook Jackson, London : J.M. Dent, 1972.

Byfield, Timothy, *A Short and Plain Account of the Late-Found Balsamick Wells at Hoxdon*, London, 1687.

_____, *The Artificial Spaw, or Mineral-Waters to Drink*, London, 1684.

Chapman, Henry, *Thermae Redivivae*, London, 1673.

Chaucer, Geoffrey, *The Canterbury Tales*, Edited by A.C. Cawley, London : J.M. Dent, 1951.

Coghan, Thomas, *The Haven of Health*, London, 1584.

Conway, W., *An Exortacion to Charite*, London, 1552.

Cook, J., *Unum Necessarium*, n. p., 1648.

Cornwallis, H., *Set on the Great Pot*, London, 1708.

Deane, Edmund, *Spadacrene Anglica*, London, 1626.

Defoe, Daniel, A Tour thro' *the Whole Island of Great Britain*, London, 1724.

Dingley, T., *History from Marble(Comp. in the reign of Charles II)*, *Camden Society Old Series* 94, 1867.

Elyot, Thomas, *The Castle of Health*, London, before 1580.

Erasmus, *The Erasmus Reader*, Edited by Erika Rummel, Toronto : Toronto Univ. Press, 1990.

Evelyn, John, *The Diary of John Evelyn*, Edited by E.S. Beer, Oxford : Clarendon Press, 1955.

_____, *The Diary of John Evelyn*, Edited by W. Bray, Washington : M. W. Dunne, 1991.

Falconer, R.W., *History of the Royal Mineral Water Hospital*, Bath, 1888.

Fiennes, Celia, *The Illustrated Journeys of Celia Fiennes 1685-c.1712*, Edited by Christopher Morris, Pheonix Mill : Alan Sutton, 1995.

_____, *The Journey of Celia Fiennes*, Edited by C. Morris, London, 1947.

Fitz-Geffrey, C., *The Curse of Corneborders*, London, 1631.

Floyer, John, *An Enquiry into the Right Use and Abuse of the Hot, Cold, and Temperate Baths in England*, London, 1697.

_____, *The History of Cold Bathing*, London, 1722.

Foxe, J., *The Acts and Monuments of John Foxe*, Edited by J. Pratt. n. p., 1877.

French, John, *The York-Shire Spaw*, London, 1652.

Fuller, Thomas, *The Church History of Britain*, London, 1655.

_____, *The Worthies of England*, Edited by John Freeman, London : George Allen and Unwin, 1952.

Grammont, the Count of, *Memoirs of Count Grammont*, Translated by A. Hamilton, London, 1794.

Graunt, John, *Natural and Political Observations*, London, 1676.

Guidott, Thomas, *A Discourse of the Bath and the Hot Waters There*, London, 1676.

_____, *A Letter Concerning Some Observations Lately Made at Bathe*, London, 1674.

_____, *An Answer to a Late Enquiry into the Right Use and Abuse of the Baths of England*, London, 1691.

_____, *Register of Bath, or Two Hundred Observations : Concerning an Account of Cures Performed, and Benefit Received*, London, 1694.

_____, *The Lives and Characters of the Physicians of Bath*, London, 1691.

Harington, John, *Nagae Antiquae*, Edited by Henry Harington, London, 1779.

_____, *The Metamorphosis of Ajax*, London, 1595.

Harrison, William, *Harrison's Description of England*, Edited by F.J. Furnivall, London, 1877.

_____, *The Description of England*, Edited by George Edelen, Ithaca : Cornell Univ. Press, 1968.

Haworth, Samuel, *A Description of the Duke's Bagnio, and of the Mineral Bath and New Spaw thereunto belonging*, London, 1683.

Jones, John, *The Bathes of Bathes Ayde*, London, 1572.

_____, *The Benefit of the Auncient Bathes of Buckstones*, London, 1572.

Jorden, Edward, *A Discourse of Natural Bathes, and Mineral Waters Wherein*, London, 1632.

King, Austin J. and B.H. Watts, *The Municipal Records of Bath : 1189 to 1604*, London, 1885.

Langland, William, *Piers Plowman*, Edited by Derek Pearsall, Exter : Univ. of Exeter Press, 1978.

Leland, John, *John Leland's Itinerary*, Edited by John Chandler, London : Alan Sutton, 1993.

Lewkenor, John, *Metellus his Dialogues : A Relation of a Journey to Tunbridge-Wells*, London, 1693.

Liber Albus : The White Book of the City of London, Edited by H.T. Riley, London, 1861.

Lives of Saints, Edited by Whitley Stokes, Oxford, 1890.

Loomis, Roger S., *Medieval English Verse and Prose*, New York : Appleton-Century-Crofts Inc., 1948.

Lupset, T.A., *Treatise of Charite*, London, 1539.

Macaulay, Graham, *History of England from the Accession of James I to the Elevation of the House of Hanover*, London, 1769~1772.

Madan, Patrick, *A Phylosophical and Medicinal Essay of the Waters of Tunbridge*, London, 1687.

Medieval English Verse, Translated by Brian Stone, Baltimore : Penguin Books, 1975.

Memorials of London and London Life in the XIIIth, XIVth, and XVth Centuries, Translated by H.T. Riley, London : Longmans, 1868.

Merry News from Epsom - Wells, London, 1663.

Misson, M., *Memoirs and Observations in his Travels over England*, Translated by Ozell, London, 1718.

Monro, D.A., *Treatise on Mineral Waters*, London, 1770.

Montaigne, Michael, *The Diary of Montaigne's Journey to Italy in 1580 and 1581*, Edited by E.J. Trechmann, New York : Harcourt, Brace and Company, 1929.

Moore, Philip, *The Hope of Health*, London, 1565.

Morten, E.J., *Alderley Edge and its Neighbourhood*, Manchester, 1843.

Moulins, Scipio des, *A Short Account of the Mineral Waters Lately Found out in the City of Canterbury*, London, 1668.

Moulton, Thomas, *This is the Myrour or Glasses of Helthe......*, London, 1531.

Neale, George, *Spadecrene Eboracensis*, London, cir., 1690.

North, Dudley, *A Forest Promiscuous of Several Seasons Productions*, London, 1659.

Paynell, Thomas, *Regimen Sanitatis Salerni*, London, 1528.

Pepys, Samuel, *The Diary of Samuel Pepys*, Edited by Henry B. Wheatley, New York : Random House, 1959.

Peter, John, *A Treatise of Lewisham Wells in Kent*, London, 1680.

Petty, William, *The Advice of W.P. to Mr. Samuel Hartlib*, London, 1648.

Philander, Eugenius, *A Quaere Concerning Drinking Bath - Water*, London, 1673.

Pierce, Robert, *A Catalogue of Eminent Cures Every Year*, London, 1697.

_____, *The History and Memoirs of the Bath*, London, 1697.

Pownall, Henry, *Some Particular Relating to the History of Epsom*, London, 1825.

Proceedings in the Court of Star Chamber in the Reign of Henry VII and Henry VIII, Edited by G. Bradford, Somerset Record Society 27, 1911.

Rawlins, Thomas, *Tunbridge-Wells, or A Days of Courtship*, London, 1678.

Register of Thomas Bekynton, Bishop of Bath and Wells, 1443~1465, Somerset Record Society Publication 49, 1934.

Robertson, William Henry, *A Hand-book of the Peak of Derbyshire*, Buxton, 1886.

Rouse, Lewis, *A Physico-Mechanical Dissertation Concerning Water*, London, 1725.

_____, *Tunbridge Wells*, London, 1725.

Rozee, Lodwick, *The Queens Well*, London, 1671.

Schellinks, William, *The Journal of William Schellinks' Travels in England 1661~1663*, Translated by M. Exwood and H.L. Lehmann, London : Royal Historical Society, 1993.

Scot R., *The Discoveries of Witchcraft : A Discourse of Devils*, London, 1584.

Seventeenth-Century Poetry, Edited by Paul Driver, London : Penguin Book, 1996.

Shadell, Thomas, *Epsom Wells*, London, 1673.

Shaw, Peter, *An Enquiry into the Contents, Virtues, and Uses of the Scarborough Spaw-Waters*, London, 1734.

Short, Thomas, *History of Mineral Waters*, London, 1734.

Simpson, William, *Hydrologia Chymica, or the Chymical Anatomy of the Scarborough and Other Spaws in Yorkshire*, London, 1669.

_____, *Hydrological Essayes, Or, A Vindication of Hydrologia Chymica*, London, 1670.

_____, *Philosophical Dialogues Concerning the Principles of Natural Bodies*, London, 1677.

_____, *The History of Scarbrough-Spaw.* London, 1679.

_____, *Zymologia Physica*, London, 1675.

Smith, H., *The Poore Mans Teares*, London, 1592.

Stanhope, Michael, *A Catalogue of Such Persons as Have Received Benefit or Cure by Mineral Waters of Kanresborough*, London, 1631.

_____, *Cure without Care*, London, 1631.

_____, *News out of Yorkshire*, London, 1627.

Stow, John, *A Survey of London : Written in the Year of 1598*, Edited by Henry Morley, Phoenix Mill : Alan Sutton, 1994.

Taylor, John, *Drink and Welcome*, London, 1637.

The Accounts of the Chamberlains of the City of Bath 1568~1602, Edited by F.D. Wardle, *Somerset Record Society 38*, 1923.

The New Bath Guide, Improved and Much Enlarged, Bath, 1795.

The New Bristol Guide, Bristol, 1799.

The Statutes of the Realm, London : Dawsons, 1963.

The Victoria History of the County of Essex. The Victoria History of the Counties of England Series 1, Oxford, 1977.

Toland, John, *The Description of Epsom*, London, 1711.

Tonstall, George, *A New-Year Gift for Doctor Witty*, London, 1672.

_____, *Scarbrough Spaw Spgyrically Anatomized*, London, 1670.

Turner, William, *A Booke of the Natures and Properties, as well of the Bathes in England*, Cologne, 1562.

Venner, Tobias, *The Baths of Bathe*, London, 1628.

W.G., *News out of Cheshire of the New Found Well*, London, 1600.

Walker, Anthony, *Fire out of Water*, London, 1684.

Ward, Edward, *A Step to the Bath*, London, 1689.

_____, *A Walk to Islington : With a Description of New Tunbridge-Wells and Sadler's Music-House*, London, 1699.

_____, *The Miracles Perform'd by Money*, London, 1692.

Warner, R., *The History of Bath*, Bath, 1801.

Whalley, Peter, *The History and Antiquities of Northamptonshire*, London, 1791.

Whittock, Trevor, ed., *A Reading of the Canterbury Tales*, Cambridge : Cambridge Univ. Press, 1968.

Wilson, Edward, *Spadacrene Dunelmensis : Or, A Short Treatise of an*

Ancient Medicinal Fountain or Vitrioline Spaw near Durham, London, 1675.

Wittie, Robert, *Pyrologia Mimica : or, An Answer to Hydrologia Chymica of William Sympson in Defence of Scarbrough-Spaw*, London, 1669.

_____, *Scarborough Spagyrical Anatomizer Dissected*, London, 1672.

_____, *Scarborough Spaw*, London, 1660.

Wood, John, *An Essay towards a Description of Bath*, London, 1749.

2차 사료

Addison, William, *English Spas*, London : B.T. Batsford, 1951.

Atkinson A.B., *The Economics of Inequality*, Oxford : Clarendon Press, 1975.

Beier, A.L., *Masterless Men, The Vagrancy Problem in England, 1560~1640*, London : Methuen, 1985.

Beier, Lucinda M., *Sufferers and Healers*, London : Routledge & Kegan Paul, 1987.

Bennett, H.S., *English Books and Readers 1603~1640*, Cambridge : Cambridge Univ. Press, 1989.

Birley, Derek, *Sport and the Making of Britain*, Manchester : Manchester Univ. Press, 1993.

Black, William G., *Folk Medicine*, London, 1883.

Borsay, Peter, *The English Urban Renaissance : Culture and Society in the Provincial Town, 1660~1770*, Oxford : Clarendon Press, 1989.

Brailsford, Dennis, *A Taste for Diversion : Sport in Georgian England*, Cambridge : The Lutterworth Press, 1999.

_____, *Sport and Society : Elizabeth to Anne*, London : Routledge & Kegan Paul, 1969.

Bucher, C.A., *Recreation for Today's Society*, Englewood Cliff, N. J. : Prentice-Hall, 1984.

Burke, Peter, *Popular Culture in Early Modern Europe*, London : T. Smith, 1978.

Burke, Thomas, *English Night-Life*, London : B.T. Batsford, 1941.

Burnby, J.G.L., "A Study of the English Apothecary from 1660 to 1760," *Medical History Supplement* 3, 1983.

Bynum, W.F. and R. Porter, *Medical Fringe and Medical Orthodoxy*, London : Wolfbro, 1986.

Carus-Wilson, E.M., ed., *Essays in Economic History*, London : E. Arnold, 1962.

Chris Rojek, "Did Marx Have a Theory of Leisure?" *Leisure Studies* 3, 1984.

Clark, Peter, ed., *Country Towns in Pre-Industrial England*, New York : St. Martin's Press, 1981.

Cook, Harold J., *The Decline of the Old Medical Regime in Stuart London*, Ithaca : Cornell Univ. Press, 1986.

Cope, Z., *The Royal College of Surgeons of England, A History*, London : Blond, 1959.

Corbin, Alian, *The Lure of the Sea : The Discovery of the Seaside in the Western World, 1750~1840*, Translated by Jocelyn Phelps, London : Penguin Books, 1994.

Coulton, George G., *Social Life in Britain*, Cambridge : Cambridge Univ. Press, 1938.

Davies, Horton, *Holy Days and Holidays*, Lewisburg, Pa. : Bucknell Univ. Press, 1982.

Dickens, A.G., *The English Reformation*, Pennsylvania : Pennsylvania State Univ. Press, 1989.

Dickinson, J.C., *The Shrine of Our Lady of Walsingham*, Cambridge : Cambridge Univ. Press, 1956.

Dowse, Ivor, *The Pilgrim Shrines of England*, London : Faith Press, 1963.

Dyer, Alan, *Decline and Growth in English Towns, 1400~1640*, Cambridge : Cambridge Univ. Press, 1995.

E.A. Underwood, ed., *Science, Medicine and History* 2, Oxford : Oxford Univ. Press, 1953.

Elias, Norbert, *Quest for Excitement : Sport and Leisure in the Civilizing*

Process, Oxford : Blackwell, 1986.

Exwood, M., *A New History of the Epsom Wells and Epsom Salts*, Epsom and Eweel : Borough Council, 1979.

Fabricius, Johannes, *Syphilis in Shakespeare's England*, London : Jessica Kingsley, 1994.

Fawcett, Trevor, "Late 17th-century Shops in Bath," Typescript, Bath : Bath Record Office, 1990.

_____, "Chair Transportation in Bath," *Bath History* 2, 1988.

Finucane, Ronald C., *Miracles and Pilgrims*, London : J.M. Dent, 1977.

Foord, A.S., *Springs, Streams and Spas of London*, London : Fisher-Unwin, 1910.

Gasquest, Francis A., *The Eve of the Reformation*, Port Washington : Kennikat Press, 1971.

Gennep, Arnold van, *The Rites of Passage*, Translated by Monika Vizedom, Chicago : Univ. of Chicago Press, 1960.

Getz, Faye Marie, ed., *Healing and Society in Medieval England*, Wisconsin : Univ. of Wisconsin Press, 1991.

Gillett, H.M., *Walsingham and Its Shrine*, London : Burns & Oats, 1934.

Gilmore, Myron P., *The World of Humanism 1453~1517*, New York : Harper and Brother Publishers, 1952.

Given, J.C.M., *Royal Tunbridge Wells*, Tunbridge-Wells : Courier Printing Co., 1946.

Green, E., "Bath Lay Subsidies, Henry IV to Henry VIII," in *Bath Field Club* 6, 1889.

Green, Maureen and Timothy Green, *The Good Water Guide*, London : Rosendale Press, 1985.

Hall, D.J., *English Medieval Pilgrimage*, London : Routledge & K. Paul, 1965.

Hall, S. and T. Jefferson, *Resistance through Rituals*, London : Hutchinson, 1975.

Hamilton, B., "The Medical Professions in the 18th Century," *Economic History Review* 4, 1951.

Hartley, Dorothy, *Irish Holiday*, Dublin : Lindsay Drummond Ltd., 1938.

_____, *Water in England*, London : Macdonald, 1964.

Haworth, J.T., and M.A. Smith, eds., *Work and Leisure*, London : Lepus Books, 1975.

Heape, R. Gruncy, *Buxton Under the Dukes of Devonshire*, London : Hale, 1949.

Hembry, Phillis, *The English Spa, 1560~1815*, London : Athlone, 1989.

Henricks, Thomas S., *Disputed Pleasure : Sport and Society in Preindustrial England*, New York : Greenwood, 1991.

Holland, Elizabeth, "The Earliest Bath Guildhall," *Bath History* 2, 1988.

_____, "Citizens of Bath : Occupations in Bath in the Reign of James I," Typescript, Bath : Bath Record Office, 1988.

_____, "This Famous City : the Story of the Chapmans of Bath," *The Bath Survey* 1, 1994.

Home, Gorden, *Epsom, Its History and Its Surroundings*, Menston : Scolar Press, 1971.

Huizinga, J., *The Waning of the Middle Ages*, New York : A Doubleday Anchor Book, 1949.

James, P.R., *The Baths of Bath in the Sixteenth and Early Seventeenth Centuries*, Bristol : Arrowsmith, 1938.

Jansen-Verbeke, Myriam, "Women, Shopping and Leisure," *Leisure Studies* 6, 1987.

Jennings, Bernard, ed., *A History of Harrogate and Knaresborough*, Huddersfield : Advertiser Press, 1970.

Jones, G. Hartwell, *Celtic Britain and the Pilgrim Movement*, New York : AMS Press, 1980.

Jones, Whitney R.D., *William Turner Tudor Naturalist, Physician and Divine*, London : Routledge, 1988.

Jordan, W.K., *Philanthropy in England 1480~1660*, London, 1959.

Jusserand, J.J., *English Wayfaring Life in the Middle Ages*, London : T. Fisher Unwin, 1925.

Kando, Thomas, *Leisure and Polular Culture in Transition*, St. Louis : Mosby, 1975.

Knipe, Henry, ed., *Tunbridge-Wells and Neighbourhood*, Tungridge-

Wells : Pleton, 1916.

Langham, Mike and Colin Wells, *Buxton Waters*, Derby : J.H. Hall & Son Ltd., 1986.

Lehmann, H.L., "The History of Epsom Spa," *Surrey Archaeological Collections* 69, 1973.

Macfarlane, Alan, *The Origins of English Individualism*, Oxford : Basil Blackwell, 1978.

Malden, H.E., "An 18th Century Journey through Surrey and Sussex," *Surrey Archaeological Collections* 29, 1916.

Manco, Jean, "The Cross Bath," *Bath History* 2, 1988.

_____, "Bath and the Great Rebuilding," *Bath History* 4, 1992.

Mandell, Richard, *Sport : A Cultural History*, New York : Columbia Univ. Press, 1984.

Masani, Rustom P., *Folklore of Wells*, Bombay : D.B. Taraporevala Sons, 1918.

Masters, B.R. and E. Ralph, eds., *The Church Book of St. Ewen's Bristol 1454~1584*, Bristol : Bristol & Glocestershire Archaeological Society, 1967.

McCracken, Grant, *Culture and Consumption*, Bloomington : Indiana Univ. Press, 1988.

McIntyre, Sylvia, "The Mineral Water Trade in the Eighteenth Century," *The Journal of Transport History, New Series* 2, 1973.

McKendrick, Neil, *The Birth of a Consumer Society*, London : Europa Publications, 1982.

McMeeken, Luis, G., *A Companion to the Peak Villeges and Beyond*, n. p., 1991.

Milton, W. Allan, *Historic Places around Buxton*, Buxton : Derbyshire Printin Co., 1926.

Mitchell, Brigitte, "English Spas," *Bath History* 1, 1986.

Moncrieff, A.R. Hope, *Black's Buide to Buxton and the Peak Country of Derbyshire*, London : A.C. Black, 1910.

Moorst, Harry Van, "Leisure and Social Theory," *Leisure Studies* 1, 1982.

Morinis, Alan, *Sacred Journeys : The Anthropology of Pilgrimage*, New York : Greenwood Press, 1992.

Mullett, Charles F., "Public Bath and Health in England, 16th~18th Century," *Supplement to the Bulletin of the History of Medicine* 5, Baltimore : The Johns Hopkins Press, 1946.

Mullin, Redmond, *Miracles and Magic*, London : Mowbray, 1979.

Olson, Clair C. and Martin M. Crow, eds., *Chaucer's World*, London : Oxford Univ. Press, 1948.

Onslow, the Earl of, "Racing in Surrey," *Surrey Archaeological Collection* 44, 1936.

Osborne, Bruce and Cora Weaver, *Aquae Britannia : Rediscovering 17th Century Springs and Spas*, Malvern : Aldine Press, 1996.

Pimlott, J.A.R., *The Englishman's Holiday : A Social History*, London : Faber and Faber, 1947.

Plumb, J.H., *The Commercialization of Leisure in Eighteenth-Century England*, Berkshire : Univ. of Reeding Press, 1972.

Porter, Roy, ed., *The Medical History of Waters and Spas*, London : Wellcome Institute for the History of Medicine, 1990.

_____, *The Making of Geology : Earth Science in Britain 1660~1815*, Cambridge : Cambridge Univ. Press, 1977.

_____, *Disease, Medicine and Society in England 1550~1860*, Basingtoke : Macmillian, 1987.

Poynter, F.N.L., ed., *The Evolution of Hospital in Britain*, London : Pitman, 1964.

Reay, Barry, ed., *Popular Culture in Seventeenth-Century England*, London : Croom Helm, 1985.

Reeves, Compton, *Pleasure and Pastimes in Medieval England*, Oxford : Oxford Univ. Press, 1998.

Riis, T., ed., *Aspects of Poverty in Early Modern Europe. Publication of the European University Institute* 10, 1981.

Rolls, Roger, "Asylum Chronicorum Morborum : Medical Practice in Stuart Bath," Typescript, Bath Record Office, 1992.

Rosser, Gervase, *Medieval Westminster, 1200~1540*, Oxford : Clarendon Press, 1989.

Rowntree, Arthur, ed., *The History of Scarborough*, London : J.M. Dent

& Sons Lit., 1931.

Rowntree, B.S., *Poverty, A Study of Town Life*, London : Macmillan, 1901.

Rowse, A.L., *The Elizabethan Renaissance : The Life of the Society*, London : Macmillan, 1971.

Rye, William B., *England as Seen by Foreigners in the Days of Elizabeth and James the First*, New York : B. Bloom, 1967.

Sabine, G.H., ed., *The Works of Gerrad Winstanley*, Itacha : Cornell Univ. Press, 1941.

Salusbury-Jones, G.T., *Street Life in Medieval England*, Sussex : Harvester Press, 1939.

Sargent-Baur, Babara, ed., *Journeys toward God*, Kalamazoo : Western Michigan Univ. Press, 1992.

Scarisbrick, J.J., *The Reformation and the English People*, Oxford : Basil Blackwell, 1984.

Sim, Alison, *Pleasure and Pastimes in Tudor England*, Pheonix Mill : Sutton Publishing, 1999.

Slack, Paul, *Poverty and Policy in Tudor and Stuart England*, London : Longmans, 1988.

_____, *The Impact of Plaque in Tudor and Stuart England*, London : Routledge & Kegan Paul, 1985.

Smith, Brian S., *A History of Malvern*, Leicester : Leicester Univ. Press, 1964.

Smith, Lacey Baldwin, *Henry VIII*, Frogmore : Panther Books, 1973.

Smith, Michael A., Stanley Parker, and Cyril Smith, *Leisure and Society in Britain*, London : Allen Lane, 1973.

Smith, R.L. *Bath*, London : B.T. Batsford, 1945.

Smith, Toulmin, *English Gilds*, Oxford : Oxford Univ. Press, 1924.

Smith, Valene L., ed., *Hosts and Guests*, Philadelphia : Univ. of Pennsylvania Press, 1977.

Southern R.W., *The Making of the Middle Ages*, New Haven : Yale Univ. Press, 1953.

Stone, Lawrence, *The Family, Sex and Marriage*, New York : Harper and Row, 1979.

Sumption, Jonathan, *Pilgrimage*, London : Faber and Faber, 1975.

Sunderland, Septimus, *Old London's Spas, Baths and Wells*, London, 1915.

Talbot, C.H., *The Anglo-Saxon Missionaries in Germany*, London : Sheed & Ward, 1954.

Tawney, R.H., *Religion and the Rise of Capitalism : A Historical Study*, Gloucester, Mass. : Peter Smith, 1962.

Thomas, J.H., *Town Government in the Sixteenth Century*, New York : A. Kelly, 1969.

Thomas, Keith, *Man and the Natural World*, London : Allen Lane, 1983.

_____, *Religion and the Decline of Magic*, New York : Charles Scribner's Sons, 1971.

Thompson, Radford, *Pleton's Illustrated Guide to Tunbridge-Wells*, Tunbridge-Wells : S.R. Publisher Ltd., 1970.

Thomson, J.A., *The Later Lollards 1414~1520*, London : Oxford Univ. Press, 1965.

Turner, Victor, *Image and Pilgrimage in Christian Culture : Anthropological Perspectives*, New York : Columbia Univ. Press, 1978.

Underdown, David, *Revel, Riot, and Rebellion : Popular Politics and Culture in England 1603~1660*, Oxford : Oxford Univ. Press, 1987.

Underwood, E.A., ed., *Science, Medicine and History* 2, Oxford : Oxford Univ. Press, 1953.

Veblen, Thorestein, *The Theory of Leisure Class*, New York : The Modern Library, 1934.

Vester, Heinz-Günter, "Adventure as a form of Leisure," *Leisure Studies* 6, 1987.

Vigarello, Georges, *Concept of Cleanliness*, Cambridge : Cambridge Univ. Press, 1988.

Wear, Andrew, *Medicine in Society*, Cambridge : Cambridge Univ. Press, 1992.

Webster, Charles, ed., *Caring for Heallth*, Buckingham, Phil. : Open Univ. Press, 1993.

_____, ed., *Health, Medicine and Mortality in the Sixteenth Century*, Cambridge : Cambridge Univ. Press, 1979.

Whiting, Robert, *The Blind Devotion of the People*, Cambridge : Cambridge Univ. Press, 1968.

Whittaker, M., *The Book of Scarborough Spaw*, London : Barracuda, 1984.

Wilson, Anne, *Food and Drink in Britain*, London : Constable, 1973.

Yegul, Fikret, *Baths and Bathing in Classical Antiquity*, New York : Architectural History Foundation, 1992.

찾아보기